学校转型变革中的教研组创新研究

朱利霞◎著

广东高等教育出版社
Guangdong Higher Education Press
·广州·

图书在版编目（CIP）数据

学校转型变革中的教研组创新研究/朱利霞著．—广州：广东高等教育出版社，2023.4

ISBN 978－7－5361－7415－3

Ⅰ．①学…　Ⅱ．①朱…　Ⅲ．①教学研究　Ⅳ．①G420

中国版本图书馆 CIP 数据核字（2022）第 241708 号

出版发行	广东高等教育出版社 地址：广州市天河区林和西横路/510500 营销电话：（020）87553335 网　址：http://www.gdgjs.com.cn
印　刷	东莞市雅达彩印有限公司
开　本	787 mm×1 092 mm　1/16
印　张	11.5
字　数	252 千
版　次	2023 年 4 月第 1 版
印　次	2023 年 4 月第 1 次印刷
定　价	40.00 元

前　　言

教研组是我国国家、省、市、县、校五级教研体系中的基础性组织，依托教研组开展校本教研活动是一项非常重要而又颇具中国特色的学校制度设计。学校教研组在其70余年的发展过程中对于促进教育教学质量提升、推动教师专业成长等方面都具有无可替代的实践优势。

学校转型变革必然推动教研组的创新发展，而教研组的创新发展本身也是学校转型变革中的重要构成部分。在学校转型变革的背景下，一方面，教研组在促进教学改进和教师专业成长中的独特地位正在被重新认识；另一方面，教研组的组织属性、功能定位、工作内容以及运作方式等也面临着转型变革的挑战。在学校整体性、转型性的变革推动下，教研组将迎来什么样的挑战与机遇，教研组的组织属性与功能定位如何重新界定，教研组的制度机制将做哪些方面的改革，教研组中的"人"将会发生什么样的变化：这些是新时代基础教育高质量发展必须回答的重要命题。从组织属性与功能定位来看，当前的教研组存在着重功能体建设轻共同体发展、"重教轻学"、"重分数轻育人"等偏差，与其他组织职能的边界也较为模糊；从建设效能来看，存在着经验型、被动式、碎片化发展等问题，总体效能还有较大提升空间；从教研组的相关研究来看，由于理论与实践的隔阂，教研组建设虽然在实践中呈现生机勃勃的态势，但其内涵、功能、理论基础、运作机制等相关学理研究并不多见，在理论界尚属于一个边缘课题。我国基础教育课程改革正处于内涵发展的关键时期，为厘清教研组在新时期如何再出发、如何继续保持发展态势，有必要对其内在机理进行总结与反思，并对未来的发展方向进行探寻。

本书以社会转型与学校变革为背景，在对教研组历史与现状进行梳理的基础上，通过理论研究和实践研究两条路线，探索学校转型变革的时代背景下学校教研组创新的理论基础、向度及其内涵，并从自上而下的制度创新与自下而上的实践探索中构建、完善学校教研组创新的实践策略与路径，同时形成区域、学校、学科等层面教研组创新的实践案例。

教研组变革需要进行系统的、整体的建构，这既涉及教研组组织属性与功能定位的重新界定、内部诸要素之间的整合与协作，也涉及教研组自身与外部环境之间的关联与互动。从这个视角来看，实践共同体为界定教研组的组织属性提供了目标和方向，文化生态为教研组系统性变革提供了方法论意义上的支持。实践共同体是基于情境学习理论构建的一个社会学习系统。与传统的行为学习理论或认知学习理论不同，情境学习理论强调学习和实践不可分割，认为学习存在于实践中，实践是学习的一种形式。实践共同体对学习现象提出了一种替代性解释，对推进教师持续性地专业成长具有重要的指导意义，因而也被教育学界广泛运用于教师发展的理论与实践中。本书希冀借助于实践共同体的概念及其理论，从文化生态的角度对学校教研组进行整体的改造与提升，从而推动学校教研组的创新发展。文化生态具有整体性、主体性、关联性等显著特征，从文化生态的三个基本特征出发，本书建构了教研组变革的基本框架，形成三大变革策略：一是整体性策略，主要关注教研组作为一个整体，其在组织形态、组织功能上的变革走向；二是主体性策略，主要关注组织中的两类成员，即教研组长和教师自身在思维方式、行为方式、活动方式等方面的变革走向；三是关联性策略，主要关注的是组织外部环境，即学校组织管理导向以及主观性、客观性的支持状况等。

本书具有以下特点：①在研究价值取向上注重理论与实践的融合。努力探索理论建构与实践研究两条路线的融合，在理论研究部分，主要采取自上而下的顶层设计方式；在实践研究部分，主要采取自下而上的行动研究方式进行。理论研究和实践研究分头推进又互相补充、互相印证、互相促进。②在研究方式上注重整体性的建构。力求突破以往教研组经验总结研究的局限，以历史梳理和问卷调查为研究起点，从理论基础、创新向度、创新内涵、实践策略、实施路径等多个维度整体性构建了教研组发展框架，并在实践中予以验证，从而推动教研组的科学化建设。③在研究策略上注重区域性的推进。以区域为样本，从区域、学校、学科层面开展验证性研究，极大地丰富了实践案例，为不同地区、不同学校、不同学科的教研组建设提供了可资借鉴的样例和参考。

本书的成稿，来自于在工作中亲历、观察、体验到的生动鲜活的教育教学实践，并得益于所在单位领导与同事的大力支持以及创造性的工作，也得益于我的教育科研专家工作室的伙伴们的共同努力与探索。在此衷心致谢！

目录

第一章

学校转型变革推动教研组创新

改革开放以来，伴随着波澜壮阔的社会变革浪潮，教育变革也呈现了前所未有的繁荣景象。从宏观层面的教育体制改革到微观层面的基础教育课程改革，从外延式的教育条件改善到内涵式的教育质量提升，教育变革逐渐向纵深推进。在此过程中，学校作为承担教育实践活动的主要服务机构，也在发生着巨大的变化。教研组是学校中由某一学科的教师组成的教学研究组织，它与学校组织是被包含与包含的关系。因此，学校转型变革必将对教研组的创新发展产生重大影响，而教研组的创新发展本身也是学校转型变革中的重要构成部分。它们之间是相互制约、相互促成的关系。

一、学校转型变革的内涵特征

如果将教育变革分成宏观、中观、微观三个层次，那么学校变革便是其中的中观层次。学校变革既是对微观教育变革的统筹，也是对宏观教育变革的呼应，更是教育领域与外部社会交互作用的媒介。当学校变革由局部走向整体、由改进走向范式变化，可以将这种变革称为“转型变革”。如何实现学校整体转型，已经成为学校变革的核心问题。

（一）学校转型变革的概念界定

1. 变革与转型变革

在汉语中，“变”的意思是性质、状态或情形和以前不同。如《说文解字》释义：“变，更也。”《小尔雅》释义：“变，易也。”“革”在《说文解字》中释作“兽皮治去其毛”，也就是指去毛加工好的兽皮，引申为变革义。“变”和“革”二字在古代汉语中均有改变之意。如《礼记·大传》中提到“立权度量，考文章，改正朔，易服色，殊徽号，异器械，别衣服，此其所得与民变革者也”。北宋史学家曾巩在《自福州召判太常寺上殿札子》中提及“变革因循，号令必信，使海内观听，莫不震动”。在现代汉语语境中，“变革”一词意为改变事物的本质，多指社会制度和管理体制的改变。

在实际生活中，“变革”与“改革”往往混用。在现代汉语中，“改革”的词义是，改掉事物中陈旧的、不合理的部分，使之合理、完善，更加适合需要。从这里看出，改革的实质是既有框架内的优化和完善，并不会改变原有的制度本身，其目的在于能够适应时代发展变化的要求。这与“变革”所指的“改变事物的本质”有较大区别。本书采用“变革”一词基于以下考虑：①现代学校发展不仅仅是既有框架内的调整与改变，而是一种突破现有框架、与传统学校具有根本性区别的发展。②更体现学校发展中人的主体地位和作用，更强调校长和教师主动作为的意识。

“转型”作为一个现代词汇，是指事物的结构形态、运转模型和人们观念的根本性转变过程。从内涵上讲，“转型”一词比“变革”更为丰富多彩，涉及观念、形态、制度、结构等方方面面，在形式上更具结构性、完整性和更加体系化。黛布拉·L. 纳尔逊（Debra L. Nelson）、詹姆斯·坎贝尔·奎克（James C. Quick）在《组织行为学：基础、现实与挑战》一书中也提出，根据变革的规模不同，可以将其分为渐进式变革、战略性变革和转型性变革三类。渐进式变革，或称进化性变革，其变革规模最小，是学校组织的系统微调；战略性变革的变革规模较大，能使组织在可控时间内从过去的老样子变为可知的新模样；转型性变革的变革规模最大，组织转变为一种完全不同，有时甚至是未知的超前状态。① 本书采用“转型变革”这一概念，一方面是指学校变革的规模巨大，另一方面也指学校变革是一种整体性、体系化的根本性变革。

2. 学校转型变革

对于学校变革的理解，国内学者有不同的视角。杨小微认为，学校变革是学校作为一种社会机构和教育组织，在受到外力（如社会转型）或/和内力（如学校自主发展的强烈愿望）的推动下发生的组织形态、运行机制上的更新与改造。② 李家成认为，学校变革是在当代中国教育改革背景下，以学校为单位主动开展的、自觉的、综合而富有深度的变革，就是我们在当前教育变革情境下可以感知、可以体验的学校自我变革“这件事”“这个活动”。③ 刘国艳认为，学校变革是指学校在社会转型及学校内部多种矛盾、冲突的驱使下所产生的一种持久、长期的革新活动。④ 王加强认为，学校变革是以学校为变革单位，以学校文化为变革对象，以适应或引导学校生态环境要求为目的的系统活动。⑤ 总体而言，他们的界定有如下共同点：①学校变革是外力与内力共同作

① 纳尔逊，奎克．组织行为学：基础、现实与挑战［M］．桑强，译．3 版．北京：中信出版社，2004：579.

② 杨小微．全球化进程中的学校变革［M］．上海：华东师范大学出版社，2004：19.

③ 李家成．透析学校变革的复杂性：当代中国学校变革理论建构的起点之一［J］．教育理论与实践，2006（6）：21－24.

④ 刘国艳．试论学校变革中的制度基础［J］．学术论坛，2008（5）：198－201.

⑤ 王加强．学校变革的生态分析［D］．上海：华东师范大学，2008.

用的结果，学校变革不仅仅受外部社会因素的推动，还受内部因素的主动驱动。②学校变革是一种持续的、综合的、深度的变革。③学校变革具有很强的自主性和生成性。④学校变革反映了一种美好的预期，但并不意味着一定会取得美好的变革成果。变革本身就存在一定的风险，具有很大的不确定性。

叶澜教授认为，现代学校变革是一种转型性质的变革，其内涵就是学校教育的整体形态、内在基质和日常的教育实践实现从“近代型”向“现代型”的转换。① 在这个意义上，学校转型变革的实质是学校发展范式的变革、秩序的变革。

综上，学校转型变革指的是学校在外部环境与内部因素相互作用的推动下，主动或被动地突破现有发展框架，以一种新范式取代一种旧范式、一种新秩序取代一种旧秩序的持续性革新活动。

（二）学校转型变革的主要特征

1. 学校转型变革是外力与内力共同作用的结果

从系统论的角度来看，学校作为社会系统中的一个子系统，必然受着经济社会发展状况的制约，经济社会的转型是学校发生转型变革的外部动力和根本动力。同时，学校作为一个相对独立的系统，其自身也有发展特点、发展需求和发展困境，这是推动学校转型变革的内部动力和直接动力。

首先，学校无一例外受制于所处社会、所处时代的精神特征和思维方式。今天的学校变革应该面向着21世纪人类的生存状况，面向着当下的时代特征和精神状态。近40年来，世界已经开始且正在经历着一场全面的、深刻的社会转型。其全面性、深刻性主要体现在三个方面：一是生产方式发生根本性转变，人类社会开始由工业经济时代迈向信息经济时代，由物质形态转向信息形态；二是国际竞争空前激烈，社会转型前的意识形态与军事实力的竞争已经演变为综合国力的竞争；三是人口、环境、资源、贫困等全球性问题凸显，并已成为影响人类命运的共同问题。由于教育与社会本质的内在关联性，因而“作为在社会中生存，且是社会重要构成的教育，也随着社会的变革在不断地变化着”②。在这种情况下，作为教育实施主体的学校，也被卷入变革的浪潮中，持续不断在发生着变化。

其次，学校这一主体自身也有转型变革的愿望与需求。学校是人类社会发展到一定历史阶段的产物。自19世纪末我国近代意义上的一批新型学校产生之后，学校自身便在一批先驱者、教育家的引领下，在教育宗旨、组织形态、学校制度、课程教材、教法学法、教学组织形式等方面发生着系统性的变革。改革开放以后，随着“大包大揽”的办学体制被打破，学校办学自主权不断扩大，逐渐形成了在校长领导下的教师、学生、家长以及社区共同参与、共同决策的一种“共治”局面，学校办学活力不断增强，自我改进、自主变革的能力不断提升，极大地推动了学校的转型发展。

---

①② 叶澜. 实现转型：新世纪初中国学校变革的走向［J］. 探索与争鸣，2002（7）：10－14.

2．学校转型变革是一种范式变革

范式是美国科学史学家托马斯·库恩（Tomas S. Kuhn）提出的一个概念，指的是特定的科学共同体在从事某一类科学活动时必须共同遵循的范例或模型，包括共有的世界观、假说、理论、准则和方法等与科学研究有关的所有要素的总和，“一个范式就是一个公认的模型或模式”①。范式的原则可以在本体论、认识论和方法论三个层次中体现出来。当一个稳定的范式不能提供解决问题的适当方式时，它就会变弱，从而出现范式转移。改革开放以来，我国中小学校一直处在由以知识为本的近代型学校转向以素养为本的现代型学校的变革过程中，学校发展在目标、内容、路径和评价等方面都发生了根本性的变化，这种变化就是一种范式变革。

其一，在目标上，由过去追求大规模的硬件提升转向内涵式的质量提升。中华人民共和国成立以来，经过70多年的努力，我们建成了世界最大规模的教育体系，保障了亿万人民群众受教育的权利；教育投入大幅增长，办学条件显著改善，教育改革逐步深化，办学水平不断提高。当学校在投入、设备、制度、队伍等方面的基础条件已经得到保障后，教育质量提升便作为一个有深度的问题被推到了学校变革的面前。因此，《国家中长期教育改革和发展规划纲要（2010—2020年）》把提高质量作为教育改革发展的核心任务，鼓励学校办出特色、办出水平，出名师，育英才。《中国教育现代化2035》也提出，发展中国特色世界先进水平的优质教育，推动各级教育高水平高质量普及。

其二，在内容上，由局部变革转向整体推进。在很长一段时间里，学校的变革往往局限于某一方面、某一领域、某一层次上。这虽然有利于重点突破，重点推进，但不利于整体改善和提升学校的发展水平。进入21世纪以后，有不少学者呼吁学校改革必须从课堂教学层面上升到学校组织层面，要推进学校整体性的变革实践与研究。

其三，在路径上，由自上而下转向多种方式推进。学校变革的路径大致有自上而下、自下而上以及自上而下与自下而上结合三种方式。传统上的学校变革主要还是通过行政力量自上而下的组织来完成，这也是科层管理制度的特点。在政府职能转变的大背景之下，学校变革的路径将更加多元和丰富，扩大参与度、让教师成为变革主体将是今后一个重要的发展趋势。

其四，在评价上，由重结果转向过程与结果并重。传统上，对学校的评价往往都是通过指标体系是否达成来衡量的，其中办学业绩（学生成绩、教师获奖情况、学校承担项目）通常是核心指标。推进学校整体的转型变革，除了重视办学业绩的评价，将更为关注学校在发展过程中的变化与突破、创新与特色。

3．学校转型变革主要是指学校组织变革

关于学校性质的界定，大致有三种观点：一是场所说。学校的教育教学活动总是在一定的场所展开的。这是学校之所以成为学校的最朴素的表述。有日本学者指出，

① 库恩．科学革命的结构［M］．金吾伦，胡新和，译．4版．北京：北京大学出版社，2012：24.

“学校定义就其本质来说，就是教的和学的两种性质完全不同的人集聚在一起从事教育活动的场所”①。国内有不少学者也持类似的观点。二是机构说。机构泛指机关、团体或其他工作单位。我国现行《中华人民共和国教育法》对学校的界定：“指经主管机关批准或登记注册、实施学制系统内教育为主的教育机构。”这是一个法律意义上的界定，缺少对主体以及主体活动的描述。三是组织说。认为学校是指为实现一定的目标，按照一定结构方式组合起来，互相协作结合而成的集体或团体。这个定义考虑到了主体及主体活动方式，比较契合时代性、发展性。

本书从组织的角度看待学校转型变革。不同的学者和流派对组织有不同的认识视角，这些视角并不相互排斥，而是相互补充。综合诸多学者观点，大致有五种组织观②：①职能结构组织观。马克斯·韦伯（Max Weber）从事实出发，把人类行为规律性地服从于一套规则作为社会学分析的基础，有一套支配行为的特殊规则的存在，是组织概念的本质所在。他认为，组织是组织成员为完成共同的目标或从事特定的活动而联结起来的整体，组织通过职能分工和部门划分权责来协调人们的活动。②系统论组织观。切斯特·巴纳德（Chester Barnard）认为，组织是将两个或两个以上人的活动或力量加以有意识地协调的系统。他打破了把组织看作是一个封闭的机械结构的传统组织观，深化了对组织本质的认识。卡斯特（Fremont E. Kast）和罗森茨威克（James E. Rosenzweig）进一步从系统论的角度将组织定义为一个开放的社会技术系统，这个系统是由目标与价值分系统、社会心理分系统、技术分系统、结构分系统和管理分系统组成的大系统。③决策论组织观。赫伯特·西蒙（Herbert A. Simon）进一步发展了切斯特·巴纳德的思想，指出组织是由人组成的集体平衡系统，组织为组织成员个人提供的诱因和组织成员个人对组织的贡献之间存在着相互依存的互动关系。组织是一个决策过程，组织的基本功能就是决策；组织的目标就是追求决策的合理性，而合理性取决于为实现某一目的而合理选择的手段。④综合的组织观。斯蒂芬·罗宾斯（Stephen P. Robbins）在分析诸多组织定义的基础上，将组织归纳为 10 类，并提出组织是一种人们有目的地组合起来的社会单元，它由两个或两个以上的个体组成，在一个相对连续的基础上运作，以实现一个或一系列的共同目标。③ ⑤文化组织观。威廉·大内（William Ouchi）在对“二战”后日本企业的研究中得出结论——让工人关心企业是提高生产率的关键。这种组织观主要从文化的视角来看待组织，认为组织不仅是人们工作的地方，还是人们生活的场所，人们到组织中不仅是谋求利益，还借助组织来实现自己的价值观，去追求生活的意义和成功的途径。

伯里尔和摩根（Gibson Burrell & Gareth Morgan）以稳态和变化为划分依据，从四

① 大河内一男，海后宗臣. 教育学的理论问题［M］. 曲程，迟凤年，译. 北京：教育科学出版社，1984：45－50.

② 齐振宏. 企业组织变革研究［D］. 武汉：华中农业大学，2002.

③ 罗宾斯. 组织行为学［M］. 孙健敏，王震，李原，译. 16 版. 北京：中国人民大学出版社，2016：5.

个维度来理解组织：①稳态的功能主义。把组织看作是一种客观现象，一个稳定的社会系统，可以以自然科学的方法进行研究，包括对组织进行分析、测量、实验等。②稳态的解释主义。从构成组织的个体的主观经验来看待组织，组织是可以被解释的，但这种解释与个体的经验有关。构成组织的一些要素如组织结构、工作满意度、组织氛围等本身并不是有形的，但它可以使组织有形。③激进的人文主义。认为个体创造了他所生活的世界，世界充满了冲突和斗争，人们需要斗争。④激进的结构主义。更为关注组织的结构，认为变革的重心不在于认识世界，而是改变世界，主要是改变它的结构。①

根据上述分析，我们认为组织意义上的学校具备了四个特征：①学校是人群的集合体，它把分散的人和事组合起来，使其具有一定的系统性或整体性。②学校具有一定的目标和宗旨。③学校中的个体按照一定结构方式组织起来。形成分工体系的个人、群体、部门是组织的一部分，他们在活动中相互协作与沟通是完成目标的关键。④学校是开放的动态系统。它与外部环境之间进行着物质、能量、信息的交流和互动，它在适应外部环境中保持着自身的动态平衡。

学校组织与转型变革是密切关联的，只有通过转型变革的组织才能成为符合时代精神的组织，而把握了组织的基本特征也就为组织转型变革指明了方向。组织意义上的学校转型变革，其实就是学校为了适应内外环境的变化，对学校的组成要素进行改变和创新，从而更好地实现学校目标的过程。学校转型变革意味着学校的现状与学校的发展目标之间存在差距，这种差距有可能是学校与外部环境间的问题，也有可能是学校内部的问题。因此，学校转型变革的内容主要体现为两个方面：一是学校如何在社会转型和教育改革的大环境下获得生存与发展；二是学校如何实现自身变革，打造核心竞争力，从而获得组织的可持续发展。这就包括学校目标愿景的重塑、组织结构的调整、组织文化的新生等内容。②

4. 学校转型变革是一个持续的过程

美国斯坦福大学管理心理学教授哈罗德·利维特（Harold J. Leavitt）认为组织是一个由技术、人员、结构和任务四个因素组成的系统，从而引起组织变革。各要素之间、要素与系统间彼此相互关联，又互为条件，任何一个因素的变化都会牵动和引起系统的变化。因此，学校变革既涉及整个组织系统的变革，也包括组织的构成因素的变革。这种变革不是用一本教科书代替另一本教科书，或者是对课程或时间的分配进行结构变革，要使变革持续下去，每所学校必须进行系统的工作。③ 这就意味着，不管是以人为中心的变革，还是以技术或任务为中心的变革，抑或是以组织结构为中心的变革，学校转型变革都是一个持续的过程，而非一次事件的发生。

---

① 李登祥. 西方组织管理思想概要［M］. 北京：知识产权出版社，2016：1－2.

② 葛新斌. 学校组织与管理［M］. 北京：北京师范大学出版社，2015：329－330.

③ 达林. 理论与战略：国际视野中的学校发展［M］. 范国睿，译. 北京：教育科学出版社，2020：161.

从比较有代表性的组织变革研究来看，卡斯特（Fremont E. Kast）的“六步骤”理论、沙因（Edgar H. Schein）的适应循环模式、勒温（Kurt Lewin）的“三阶段”模型、薛恩（Edgar Schein）的“六步骤”理论等都充分阐释了组织变革是一个复杂的、系统的、动态的过程。① 这些学者的研究，都不仅仅把学校变革当成是一项具体任务来完成，而是关注到了变革中的阻力和障碍，以及这种阻力和障碍与促进变革的积极因素之间的互动关系，从而把变革当成一个不断尝试、不断调整、不断探索的问题解决过程。

二、学校转型变革的多维视角

国际上，学校变革作为一个较新的实践和研究领域，肇始于20世纪70年代末80年代初，至今已有近40年历史。在这段时间里，学校变革作为一项教育改革的策略越来越受到世界各国的重视。西方国家已经有较为丰富的学校变革相关文献，我国学者也进行了重点的引进、翻译和介绍。其中对我国影响较大的著作，包括迈克尔·富兰（Michael Fullan）所著的《变革的力量》三部曲以及《教育变革的新意义》，本杰明·莱文（Benjamin Levin）的《教育改革——启动到成果》，藤田英典的《走出教育改革的误区》，波·达林（Per Dalin）的《理论与战略：国际视野中的学校发展》，约翰·古德莱德（John Goodlad）的《一个名叫学校的地方》，戴维·霍普金斯（David Hopkins）的《变革时代中的学校改进》，杰夫·惠迪（Geoff Whitty）等的《教育中的放权与择校：学校、政府和市场》，等等。进入21世纪以后，随着学校转型变革成为教育改革与发展中的一个重要议题，我国学校转型变革研究也逐渐活跃，相关的理论研究与实践探索也在蓬勃开展，形成了诸多的实践与研究成果。

（一）学校转型变革的趋势走向

叶澜教授较早地研究了中国学校变革的走向，她提出：当代学校变革是一种转型性变革。她在对当代中国社会转型特征和中国教育改革进程进行分析的基础上，将21世纪初中国学校变革的走向定为“实现转型”，即学校教育的整体形态、内在基质和日常的教育实践要完成从“近代型”向“现代型”的转换。中国近代型学校初建于清末民初，其基本特征是按工业化、批量性生产的模式来“塑造”学生，基本任务是知识的传递和培养社会不同领域需要的规范化人才。21世纪初中国社会的生存环境发生了巨大的变化，迫切要求创建不同于近代型学校的现代型学校。与近代型学校相比，现代型学校具有五方面的特质：一是价值提升，从近代型学校的以知识为本转向现代型学校的以培养人的主动发展的意识与能力为本。二是重心下移，教育对象与目标由精英教育转向大众教育，教学内容由学校科目知识为主转向关注学科领域与生活领域、社会职业世界的沟通，管理重心由中央、地方、地区下移到学校和教师。三是结构开

① 孙绵涛. 教育组织行为学［M］. 福州：福建教育出版社，2012：380－384.

放，对外向网络、媒体开放，对社区、社会开放，以及学校、相关教育机构间的相互开放；对内向师生开放，向学生发展的可能性开放。四是过程互动，与近代型学校以单向传递为主形成鲜明的对照。五是动力内化，学校形成自己内在的发展需求、动机和动力机制，而不是单纯回应外部社会的发展和变化。①

范国睿、张兆芹、李春玲等学者以学习型组织理论为指导，提出当代学校应当变革为学习型学校。范国睿认为，与企业组织相比，学校更能体现学习型组织的特征，这是因为学校教育活动更能体现现代管理的以人为本的宗旨，而且更能体现学习的意义与价值。学习型学校具有以下特点：一是学校组织拥有共同的愿景，包括学校组织的个性化的教育理念、学校组织的长远目标和近期目标、学校领导和每一位教师的教育哲学等；二是学校领导的作用发生了新变化，他是教育观念的先行者、共同愿景的启发者、学习活动的发起者；三是建立高效能的组织结构，建设具有创造性的教师团队；四是建立终身学习、全员学习、全程学习和团队学习的机制；五是学校建立了自主管理机制，教育管理由集中、封闭走向自主、参与；六是学校组织向社会、社区开放，向虚拟社会开放。学习型学校的建立需要确立三个策略：目标构建—认同策略、文化维持—创新策略、师生一体化研究—学习策略。② 张兆芹在对学习型组织的特征和有代表性观点评析的基础上，提出了在中国建构学习型学校的理念框架。学习型学校的理念框架由六个维度构成：一是学习的维度，包括学习层次、类型和技能；二是组织的维度，指组织变革创新，包括组织的教育理念、愿景和目标、学习的文化、组织的结构以及学校行动计划；三是领导的维度，包括学习型领导、决策分享和对员工授权赋责；四是知识管理的维度，指注重创新改变，不断促进知识分享与创新，包括知识获取、知识分析、知识创造、知识储存、知识分享和知识应用；五是支持的维度，指支持学习条件，包括计算机信息系统、学习资源和鼓励学习弹性机制和制度；六是效果的维度，包括变革能力和师生员工的满意度。这六个维度相互关联、共同作用，促进学习型学校的建构。③

还有学者基于当代社会网络化、信息化、智能化、个性化发展的趋势，提出了未来学校形态的构建设想。祝智庭、管珏琪、丁振月在透析 AltSchool、可汗实验学校、虚拟学校、STEM 课程学校、达·芬奇学校、“野趣学习”学校和 MTC 学校等典型案例的基础上，指出未来学校具有六大特征：一是强调个性化教育理念、“做中学”思想；二是课程设置弹性化、跨学科，面向真实世界的问题；三是教学组织打破固定班级的藩篱，采用弹性课表；四是注重基于项目的学习，突破校园边界；五是学习空间灵活

① 叶澜. 实现转型：新世纪初中国学校变革的走向［J］. 探索与争鸣，2002（7）：10－14.

② 范国睿. 走向学习型组织的现代学校［J］. 教学与管理，2001（12）：3－7.

③ 张兆芹. 在中国构建学习型学校的理念框架初探［J］. 现代教育论丛，2005（6）：15－19，25.

多样，突破教室空间；六是技术赋能、各有所为。[①] 罗生全、王素月提出，未来学校是在新一轮工业革命（以新技术、新能源、新材料与互联网的深度交互融合与创新为代表）背景下发生的学校系统性变革，是基于未来人才培养需求与人工智能技术深度融合创新而形成的处于持续动态发展进程中的新形态育人场域。未来学校具有虚实交融的泛在学校时空、人机环境融合的学校结构性系统以及基于学习者自适性学习的学校教育服务形态等表现形态。[②] 苏州大学朱永新教授提出，未来学校的形态将由传统意义上的学校（school）转型为新型的学习中心（learning centre），学习的内在本质会走向个性化，学习的外在形式会走向丰富化，学习的时间会走向弹性化，学习的内容会走向定制化，学习的方式会走向混合化，教师会走向多元化，学习的费用会走向双轨化，学习的评价会走向过程化，学习的机构会走向开放化，学习的目标会走向幸福化。[③]

以上的研究，或者从经济社会转型的视角，或者从组织变革的视角，或者从新技术发展的视角，对学校转型变革的内涵、性质、特征等进行了描述。上述视角，都是构成学校赖以生存与发展的“土壤”，当“土壤”发生变化时，它同时也对教育与学习等提出了新的更高要求，对学校形态构成了新的重塑。

（二）学校转型变革的路径设计

从宏观层面来看，西方研究者将学校变革的路径分为三条：第一条路径相对比较激进，要求打破现有的教育体制，将市场机制引入学校，从而以竞争的方式来促进学校发展。例如，约翰·丘伯（John E. Chubb）和泰力·默（Terry M. Moe）认为市场配置资源的方式是最有效的学校管理体制，学校的发展要依赖于市场和家长的选择，依赖于政府对学校的问责、评估和调控，要赋予学校充分的自主权和赋予学生家长选择权。第二条路径是传统学校管理体制的强化，主张自上而下的改革策略，即政府通过编制国家课程标准以及更严格的教育标准，提供更多的资助来实现学校发展。第三条路径是组织学、行为学视野下的学校变革，主张政府权力下放，通过改造学校组织，形成扁平化管理，为师生创造共享文化，从而获得持续不断的进步。

对于微观层面的学校变革路径研究，西方学者大多借鉴了公共政策研究中的政策过程阶段论，对学校变革的过程或阶段进行分析和阐述（见表1－1）。政策过程阶段理论是20世纪70年代以来占主流地位的一种理论模型，该理论不仅描述了公共政策在事实上如何制定的，而且描述了应该如何制定公共政策。其贡献在于，它把复杂的、抽象的政策制定过程分解为若干简单具体的阶段，为开展大量的比较研究、经验研究提

---

① 祝智庭，管珏琪，丁振月．未来学校已来：国际基础教育创新变革透视［J］．中国教育学刊，2018（9）：57－67.

② 罗生全，王素月．未来学校的内涵、表现形态及其建设机制［J］．中国电化教育，2020（1）：40－45，55.

③ 朱永新．未来已来，学校将面临转型：关于未来学校的研究综述［EB/OL］．http://news.cssn.cn/zx/bwyc/201901/t20190103_4805497.shtml.

供了可能性。由于其高度的抽象性、概括性，研究者认为这一模型适用于不同的政策领域和不同的文化。①

表1-1 国外学者关于学校变革过程的研究②

提出者	观点	具体内容
Edmund King	四阶段论	现实“危机”阶段、决定阶段、实施阶段、反馈调节阶段
Yves L. Doz & Coimbatore K. Prahalad	四阶段论	培育（观念、需求、见识、任务）阶段；发生变化（识别满足变革的可能方法）阶段；权力转移（地位的不稳定）阶段；重新聚焦（更新和重新冻结）阶段
David Buchanan & David Boddy	九阶段论	识别问题、收集相关数据、分析数据、提出各种可能的方案、选择方案、考虑实施方法、实施、评价实施情况和结果、继续改进
Paul Clarke	六阶段论	研究内外环境，鉴别变革的方向和需求；预期可能存在的阻力和障碍；在组织中形成分享的意愿；取得成员对变革的承诺义务；变革中的计划安排和沟通；变革的持续化
Benjamin Levin	四阶段论	启动、采纳、实施、成果
Robert H. Palestini	十步骤论	营造变革氛围、评价变革需求、制造紧迫感、评估优势和阻力、挑选方案、授权、提供人员发展前景、实施变革、评价变革、变革制度化

其中，本杰明·莱文（Benjamin Levin）的四阶段论影响较大。第一阶段是启动。关注的焦点是关于变革的提议来自哪里，这些提议包含着哪些假设，为什么这些提议能够成为政府议程的一部分，不同参与者和势力团体在发起变革方面的不同作用，等等。这就涉及变革动因和变革的价值取向问题。第二阶段是采纳。最初的政策提议最终成为确定性的改革方案，这个过程包括确立目标、设计方案、预测可行性、推动方案合法化等环节。需要关注的是最终的方案与最初的提议存在哪些差异，影响这些差异的因素有哪些，等等。第三阶段是实施。在实施过程中需要考虑如下问题：采取什么样的模式和步骤将方案付诸实施，可以运用什么样的政策杠杆激活变革的发生，等等。第四阶段是成果。变革可能产生许多结果，有些结果是政策主导者想要的，有些则不是。主要是看变革如何影响了学生在学校的学习过程及其成绩。本杰明·莱文运用这个模式，对英国、新西兰、加拿大、美国的学校变革案例进行了分析，提出学校

① 魏姝．政策过程阶段论［J］．南京社会科学，2002（3）：64－69.

② 李春玲．国外学校组织变革研究进展［J］．全球教育展望，2007（4）：63－66.

变革必须集中于那些确定能够给学生及其学习活动带来积极变化的方面。[①] 英国的埃德蒙德·金（Edmund King）在《比较研究和教育决策》一书中详细分析了学校变革的四个阶段：①现实“危机”阶段。发现教育现状中存在的问题，感到变革的迫切性，做好变革的准备工作。②决定阶段。广泛宣传变革的意义，提出明确的变革方案，并进行可行性的验证或修正。③实施阶段。综合考虑影响变革的因素，将变革方案转化为可操作的程序，并说明要点，对有关人员进行培训。④反馈调节阶段。把变革方案的执行结果及时反馈到决策或管理机构，目的在于对变革方案进行控制和调整。[②]

从上述研究可以看出，宏观层面的路径设计，主要是从学校变革的体制、机制维度展开，涉及学校、政府、市场三个教育利益相关主体间的关系结构变化，以及随之而来的权力（权利）和资源的重新分配与平衡。微观层面的路径设计，将学校变革过程化、阶段化，把纷繁复杂的变革内容分解为若干具体的阶段，从而构建了学校变革的简化模型，为广泛开展实践研究、比较研究提供了可能。不管是宏观层面，还是微观层面的路径设计，其主要的推动者都是各国政府。[③]

（三）学校转型变革的策略研究

为了提高变革的效率，大部分的研究者都对变革的策略进行了研究。因此，制定能够计划、管理和控制变革的战略和战术，也是当代学校变革研究的主流。

国外学者关于学校变革的策略研究如表 1－2 所示。

表 1－2 国外学者关于学校变革的策略研究[④]

提出者	具体内容
Robert Chin 等	经验—理性策略：偏重于理性的价值，忽视情感、意志等因素的影响以及外在权力的支持；权力—强制策略：重视权力因素，忽视理性、情感等人的社会心理特征；规范—再教育策略：在重视情感因素的同时，强调理性因素的价值，相对忽视权力因素
Per Dalin	个体策略：通过影响个人来引起学校变革，以起始者作为变革的“单位”，对教师和学校领导进行有计划的培训；组织策略：以单个学校为单位推进学校变革，重点是促进学校组织发展和专任教师的角色发展；系统策略：以学校系统为单位的变革，是用于推进学校改革的工具

① 莱文．教育改革：从启动到成果［M］．项贤明，洪成文，译．北京：教育科学出版社，2004：20－21.

② 黄志成，程晋宽．现代教育管理论［M］．上海：上海教育出版社，1999：188.

③ 朱利霞．国家观念、市场逻辑与公共教育：转型期西方公共教育研究［M］．济南：山东教育出版社，2010：91－97.

④ 李春玲．国外学校组织变革研究进展［J］．全球教育展望，2007（4）：63－66.

续上表

提出者	具体内容
Marshall Sashkin & John Egermeier	着眼于部分的策略：革新学校里的某一部分；着眼于人的策略：改变人的态度、知识和技能；着眼于单个学校的策略：变革作为机构的单个学校；着眼于系统的策略：改变整个学校系统功能
Ronald G. Havelock	研究发展推广策略：在研究的基础上设计学校变革的过程与成果的模型，不断检验修正，最后加以推广；社会互动策略：采取非权威、非行政的改革线路，变革的动力主要来自人际关系的变革与人的情感意志因素的推动，是一个自然沟通、传递、扩散、深化的过程；问题解决策略：由学校一线教师自行设计与实施，以解决实际问题为目标

其中，罗伯特·钦（Robert Chin）等提出的三种变革策略影响较大，具体内容如下：①经验—理性策略。这种策略旨在通过有计划、有组织的普及策略，迅速普及新思想和新做法，以代替传统上那种无计划地向学校传播新思想的做法。经验—理性策略假定，个体和群体是能够被“客观性知识”说服的理性群体，当一项变革被充分说明是合情合理的时候，人们便会迅速行动起来。这种策略有多种模式，如“研究、开发和普及”（RDD）、“知识、生产和利用”（KPU）以及农业模式等，它们都试图建立一种有条不紊的变革过程，拥有一系列相连步骤，指导人们从新知识的创始到新知识在实践中的运用，其目的就是要填补理论和实践之间的鸿沟。②权力—强制策略。这是一种自上而下的方法，其假定是，所有的合理性、理智、人际关系在影响变革的能力上，都不及运用权力的效果好。因此，这种策略主张通过政治、经济、道德等制裁手段，迫使使用者屈服，从而推动变革。但是，这种策略在执行过程中，可能会产生抵抗，其效果的可持续性较差。③规范—再教育或组织自我更新策略。前面两个策略都有一个共同点，就是通过外力推动学校变革。规范—再教育策略是一种自下而上的方法，其设想是，组织的相互作用—影响系统（态度、信仰、价值观等）的规范，可以通过组织中人们的合作活动有意识地转变为更加有效的规范。这种策略更关注通过组织内部推动变革，认为学校变革的关键是实现人的态度、信仰、价值观的转变，激发人的情感、意志等心理动力。这三种策略各有侧重，或倾向于理性因素，或倾向于权力因素，或倾向于非理性因素。①

叶澜教授主持的新基础教育研究，在其推进过程中逐渐形成了以下四种学校变革的策略：①在不确定性中生成确定性。在承认现实的不确定性无法避免的基础上，研究和开发不确定性中存在的发展可能性和可转化因素，以积极的态度生成新的变革因素和形成变革推进的确定性事实。②在推广性研究中生成发展性。新基础教育研究在探索性研究结题后，从“推广”切入，在推广中形成新基础教育的发展性因素，依靠

① 欧文斯. 教育组织行为学：适应型领导与学校改革［M］. 窦卫霖，温建平，译. 8 版. 北京：中国人民大学出版社，2007：189－206.

发展性因素的生成增强推广的力度、提升推广的质量和为扩大推广范围提供可能。③在多元主体合作中提升个体自主创造能力。④在教育改革中推进评价改革。在处理改革与评价的关系上，并不否定评价的重要性，但也不把评价改革作为教育改革能否有效开展的前提，而是纳入到学校变革的过程，与改革实践几近同步并相互渗透。①

（四）学校转型变革的方法论

杨小微从方法论的角度研究了学校变革，他认为在什么样的方法论思想指导下形成学校变革的理论、选择和运用变革的策略，对于变革的成败来说关系重大。关于学校变革的方法论，他建立了如下分析框架：①对于变革对象——学校的理念、目标、制度、结构、功能等如何进行重新认识；②基于社会转型和个人发展需求如何确定变革任务；③为实现变革任务而提出什么样的变革策略或策略体系；④在上述过程中人们的思维方式及研究方法体系发生了什么样的变化。他通过对20世纪西方学校变革的若干典型范例以及我国学校变革实践的研究，提出了运用复杂性思维重新建构学校变革范型的设想，强调学校变革要从人的观念更新开始，实现人与人、人与物的多样互动。具体的策略就是要实现哲学的、艺术的和科学的多种方法的“具体综合”——在开放的、具体的情境中发生的情理交织的、“有血有肉”的综合。②

还有学者站在不同的学科视角研究了学校变革问题。李书磊从人类学、社会学的视角对文化变迁中的乡村学校进行了考察，阐述了乡村学校的教育困境以及乡村学校与乡村社会的割裂等，给人们提供了一份“中国情境”中乡村学校如何实现现代化的经验材料。③ 徐书业从文化学、生态学的角度对学校变革进行了研究，他对学校文化危机、学校文化生态的主要问题等进行了分析，提出转型期的学校变革需要自身的文化自觉，凝结“生命—创造—审美”的学校文化精神。④ 王有升则从社会学的视角思考了学校变革问题，提出学校改革的过程是在新的教育理念的指引下迈向教育理想的过程。新的教育理念得到真正实施的内在机制在于：思想的理解与对话、经验的学习与借鉴、实践的反思与重建。⑤ 朱利霞通过比较研究的眼光，从经济学、政治学的视角研究了西方公立学校的变革问题，提出应重新构建国家、市场与公共教育的关系，使得政府主导、产权明晰、主体多元和服务公益成为学校教育体制的突出特征。⑥

---

① 叶澜.“新基础教育”论：关于当代中国学校变革的探究与认识［M］.北京：教育科学出版社，2006：393－399.

② 杨小微.社会转型时期学校变革的方法论初探［D］.上海：华东师范大学，2002.

③ 李书磊.村落中的“国家”：文化变迁中的乡村学校［M］.杭州：浙江人民出版社，1999.

④ 徐书业.变革的趋向：转型期的学校文化生态研究［D］.重庆：西南师范大学，2003.

⑤ 王有升.理念的力量：基础教育学校改革的社会学研究［D］.上海：华东师范大学，2004.

⑥ 朱利霞.国家观念、市场逻辑与公共教育：转型期西方公立学校改革透析及其对中国的启示［D］.上海：华东师范大学，2004.

（五）学校转型变革的实践探索

1. 西方国家学校变革实践探索

西方国家关于学校变革的实践探索大致可以分为两个阶段。

第一阶段从20世纪70年代末到20世纪末。当时整个西方社会都弥漫着对学校教育的焦虑，认为学校教育的失败将会使国家受到威胁。人们开始关注学校层面的变革，并因此而掀起了学校变革的浪潮。世界经济合作与发展组织（OECD）在1982年发起了“国际性学校改进计划”（International School Improvement Project，ISIP），历时4年，共有来自14个国家的150人参与。在美国，这一时期的改革是以学校为中心展开的，具体策略包括校本管理、教师赋权、家长选择、为理解而教等。其中，校本管理是一项主要的改进策略。校本管理主要有以下特点：各个地区和学校、学校管理者和教师共同分享决策权，在学校建立一个具有多方代表性的决策委员会，由决策委员会发起学校变革项目。在英国，这一阶段教育改革体现为放权与集权两方面：一方面，地方教育当局的权力被削弱，学校被赋予了一定的自主权；另一方面在国家层面又实现了集权，提高教育标准，颁布实施国家统一课程以及全国统一测试等。这一改革让学校变革变得非常重要而迫切。在这一阶段的初期，英国的学校变革并没有形成一套统一的、清晰的方案。影响较大的包括“教师即研究者”运动、学校自我评鉴和检视运动，基本上采取的是自下而上的方式，教师是学校变革的主要参与者。到了后期，地方教育当局开始强力介入并发起变革项目，学校与政府、学术机构建立了伙伴关系，共同在学校变革中总结经验，形成了较为明确的变革策略。而且学校效能研究的成果也逐渐被吸纳到学校变革项目中，为学校变革提供了参考依据。

第二阶段从21世纪初持续至今。学校变革进入全面推进阶段，而且某些学校变革项目取得明显的成效，例如霍普金斯（David Hopkins）的“Improving the quality of the education for all”计划。在这一阶段，主要的策略是推行全面的学校变革。这种策略认为，系统变革对于学校变革是非常必要的，它强调在校本管理的基础上更加关注多层面的介入，更加关注课程与教学、学校不同层面的变革以及教师的专业成长。全面的学校变革策略具有如下四个特点：①它是一种涉及课程与教学乃至学校各个层面变革的系统方法；②它是一项以提高所有学生的学习成就为目标的计划、过程；③它是一个有研究基础的架构，这种基础从以往多重的、零碎的教育计划转变为一个以提高学生学业成就为唯一焦点的完整的计划；④它是一项由学校员工、家长和学区人员共同协作，长期努力创造出的成果。[①] 在这一阶段，学校变革已经由过去仅仅关注组织层面的变革，拓展和延伸到关注学生的学习、教师的专业发展、学校领导、专业学习社群以及学校持续变革的内外部条件等。

2. 我国学校变革的实践探索

我国学校转型变革的实践探索大致可以分三个阶段：第一阶段是20世纪80年代，

---

① 梁歆，黄显华. 学校改进：理论与实证研究［M］. 上海：华东师范大学出版社，2010：26.

侧重于改革宏观的教育管理体制，实行简政放权，扩大学校的办学自主权。1985 年，《中共中央关于教育体制改革的决定》提出，实行基础教育由地方负责、分级管理的原则，并明确规定“基础教育管理权属于地方。除大政方针和宏观规划由中央决定外，具体政策、制度、计划的制定和实施，以及对学校的领导、管理和检查，责任和权力都交给地方”。1986 年，《中华人民共和国义务教育法》以法律的形式明确了“义务教育事业，在国务院的领导下，实行地方负责、分级管理”原则。基础教育学校的管理权已经明确由中央下放到地方。在这一时期，学校变革主要聚焦于组织变革以及办学基础条件的改善上。在组织层面，有两方面的变化：①学校逐步实行校长负责制。《中共中央关于教育体制改革的决定》要求，有条件的学校要设立由校长主持的、人数不多的、有威信的校务委员会，作为审议机构。②学校要建立和健全以教师为主体的教职工代表大会制度，加强民主管理和民主监督。必须紧紧地依靠教师，认真听取他们的意见，充分发挥他们的作用，有关学校自身的重大改革都必须经过教师充分讨论。

第二阶段是 20 世纪 90 年代，侧重于改变政府包揽办学的格局，进一步扩大办学自主权。1993 年，中共中央、国务院颁布的《中国教育改革和发展纲要》在总结前一阶段改革经验的基础上，明确提出“教育体制改革要采取综合配套、分步推进的方针，加快步伐，改革包得过多、统得过死的体制，初步建立起与社会主义市场经济体制和政治体制、科技体制改革相适应的教育新体制”。这一时期，学校主要的变革实践有：①基础教育全面实行校长负责制。要求校长要全面贯彻国家的教育方针和政策，依靠教职工办好学校。②逐步建立以政府办学为主体、社会各界共同办学的体制。国家对社会团体和公民个人依法办学，采取积极鼓励、大力支持、正确引导、加强管理的方针。1994 年，国务院颁布的《关于〈中国教育改革和发展纲要〉的实施意见》还明确提出，“有条件的地方可实行‘民办公助’‘公办民助’等形式。企业举办的中小学应继续办好，有条件的地方在政府统筹下也可以逐步交给社会来办”。随后，各地纷纷开展了部分公办学校参与办学体制改革试点探索，掀起了教育领域内市场化改革的浪潮。③学校变革重心开始逐渐由关注基础条件转向关注内涵式发展。这一时期，虽然教育改革的重点还是在改善学校发展的外部保障性条件和宏观的教育体制机制建设上，但在后期改革的重心已经有所转移。1998 年，教育部颁布《面向 21 世纪教育振兴行动计划》，提出实施“跨世纪素质教育工程”和“跨世纪园丁工程”，突出强调了新教师队伍建设和新课程体系建设。1999 年，中共中央、国务院颁布《关于深化教育改革全面推进素质教育》，提出要改革教育观念、教育体制、教育结构、人才培养模式、教育内容和教学方法，加强对人的创新精神与实践能力的培养，适应 21 世纪中国社会发展需要。

第三个阶段是进入 21 世纪以后，侧重于规范义务教育办学行为，通过深化学校内部管理体制改革扩大学校办学自主权。政府与学校关系的改革得到重视，学校争取办学自主权的意识明显增强。2004 年教育部颁布的《2003—2007 教育振兴行动计划》提出了“深化学校内部管理体制改革，探索建立现代学校制度”。在这一时期，学校变革实践主要有以下特点。

其一，学校变革以构建现代学校制度为中心。2001 年，国务院颁布的《关于基础教育改革与发展的决定》提出，遵循“从严治教、规范管理”的原则，加强学校制度建设，逐步形成“自主管理、自主发展、自我约束、社会监督”的现代学校制度。2010 年，《国家中长期教育改革和发展规划纲要（2010—2020 年）》提出，继续深化建立现代学校制度的探索，构建政府、学校、社会之间的新型关系。2019 年，中共中央、国务院颁布的《关于深化教育教学改革全面提高义务教育质量的意见》提出，激发学校生机活力，推进现代学校制度建设，落实学校办学自主权，保障学校自主设立内设机构，依法依规实施教育教学活动、聘用教师及其他工作人员、管理使用学校经费等。这说明，以建立现代学校制度为中心的学校变革是这一阶段的主要任务，学校内部管理变革成为教育改革的着力点。

在现代学校制度实践探索方面影响较大的，是朱小蔓教授主持的“基础教育阶段现代学校制度的理论与实践研究”。2003 年 11 月，该项目被列为国家社会科学基金“十五”规划（教育类）国家重点课题，由当时的中央教育科学研究所和教育部基础教育司共同承担。该项目既是一项教育科研课题，又是一项教育行政改革实验项目，所建立的 13 个国家级实验区，都是由区人民政府牵头的。各个实验区分别开展了学校民主化管理制度、学校评价制度、学校文化制度、学校经费管理制度、学校人事管理制度、学习型学校建设制度等方面的实验研究，为其他地区开展现代学校制度建设提供实验典型、理论支持和可操作的样本。①

与此同时，学校自主权在基础教育课程改革中得到进一步落实。2001 年，教育部颁布《基础教育课程改革纲要（试行）》，明确提出实行国家、地方和学校三级课程管理体制，规定“学校在执行国家课程和地方课程的同时，应视当地社会、经济发展的具体情况，结合本校的传统和优势、学生的兴趣和需要，开发或选用适合本校的课程”。这表明学校在课程管理中可以独立地、因地制宜地开发适合于本校的校本课程。

其二，学校变革的重心转向关注内涵式发展。以素质教育的深入推进为主线，聚焦学校日常生活的改善，关注课堂行为的改进，成为当今学校内涵式变革面临的重大课题。学校制度变革、组织建设、课程与教学改革、教师发展、校本培训、校本研究、文化建设等都成为被关注的中心问题，这揭示出学校内涵式发展不断走向深入的动态。同时，以学生发展为本成为学校的主动选择。2001 年，《基础教育课程改革纲要（试行）》明确强调发挥学生学习的积极主动性，使他们在获得基础知识与基本技能的同时，学会学习和形成正确价值观。主体性教育、成功教育、愉快教育、“新基础教育”和“新教育”等一系列学校教育改革都在关注学生主体性的培养，彰显了人的主动性与能动性。

其三，规范公办学校办学体制改革行为。针对教育市场化改革中出现的乱象，强调加强对公办学校办学体制改革试验的领导和管理。2001 年，国务院颁布的《关于基础教育改革与发展的决定》指出，“公办学校办学体制改革要有利于改造薄弱学校，满

---

① 雅闻．“基础教育阶段现代学校制度的理论与实践研究”结题鉴定会综述［J］．教育研究，2006（12）：90－91.

足群众的教育需求，扩大优质教育资源”“薄弱学校、国有企业所属中小学和政府新建的学校等，在保证国有资产不流失的前提下，可以进行按民办学校机制运行的改革试验”。2004年颁布的《中华人民共和国民办教育促进法实施条例》还规定实施义务教育的公办学校不得转为民办学校。

综上，我国学校变革的实践探索，主要表现出以下特点：①从价值取向来讲，是由关注社会价值转向关注人的价值与社会价值高度统一的过程，以学生发展为本成为当代学校变革的价值坐标。②从制度层面来讲，是学校办学自主权不断扩大的过程。从全面推行中小学校长负责制，到公办民助学校、民办公助学校、民办学校等新型学校办学形式出现，再到现代学校制度建设的探索，学校组织转型变革逐渐成为教育改革的新趋势。③从变革内涵来讲，是不断深化和拓展的过程。在第一阶段，主要围绕着学校发展的基础性条件和扩大学校办学自主权展开，围绕逐步完成普及九年制义务教育的任务而开展。在第二阶段，学校物质条件得到了改善，信息技术手段在教育教学中的运用得到逐步推广和加强；学校办学自主权进一步扩大。在第三阶段，学校变革由关注基础条件转向学校内涵式发展，为适应21世纪发展需要的基础教育课程改革启动，素质教育纵深推进，学校内部制度变革、教师组织建设、课程与教学等全面推进。从整体来看，我国学校变革以自上而下、大规模、集体性的变革行为为主，未来需要加强对自下而上的组织变革的重视，加强学校组织与社会环境的互动，重视社会支持系统的建立，等等。

根据美国学者欧内斯特·R. 豪斯（Ernest R. House）和挪威学者波·达林（Per Dalin）等人的研究，学校转型变革从宏观视野来看有三种观点或模式：一是技术的观点。这种观点认为，可以从技术的角度发现解决问题的方法，因此学校变革的关键在于找到最有效的特定目标的手段。技术的观点以理性—科学观念为基础，将技术创新作为学校变革的关键因素。例如，信息技术的广泛应用，可以改进学校教育教学，提高教育教学效率。二是政治的观点。这种观点认为，学校变革的过程就是权力、权威和利益博弈的过程。谁在特定的变革中受益，谁在支持变革过程，变革伴随什么样的回报和代价，谁掌握发展的过程，等等，这些都是影响学校变革的关键因素。三是文化的观点。这种观点认为，一个群体、组织或社区的价值观和规范对变革过程起决定性作用。学校中的规范和价值的形成、工作架构的形成、人际关系的发展与维持、变革和革新思想在学校怎么被解释等，是影响学校变革的关键因素。特别是变革所体现的价值观与规范在多大程度上与组织的基本价值观协调一致。①

这三种变革的观点或模式对我国的学校组织变革实践也有很大借鉴和启示意义。我国学校组织变革应该立足于当代中国社会转型的宏观背景，吸取国外学校组织变革的经验教训，借鉴已有的、较为成熟的组织变革理论，从而探究我国学校组织变革的机制、内容和方式，促进学校的转型性发展。

---

① 达林. 理论与战略：国际视野中的学校发展［M］. 范国睿，译. 北京：教育科学出版社，2002：113－119.

三、学校转型变革中的教研组研究

教研组是学校组织中的一个非常重要的基础性组织，因为学校中的每一位教师都会隶属于一个教研组，并在这个组织中获取教育教学的经验，获得自身职业身份认同。作为学校中的基础性组织，教研组是我国国家、省、市、县、校五级教研体系中的重要构成单元，依托其开展教研活动已经成为一项重要的学校制度设计。在学校整体性、转型性的变革推动下，教研组将面临什么样的挑战与机遇，教研组的功能定位如何重新界定，教研组的制度机制将做哪些方面的改革，教研组中的“人”将会发生什么样的变化，这是新时代基础教育高质量发展必须回答的重要命题。我们需要在已有研究的基础上，基于教研组发展实际和学校转型变革的要求，建构新时代教研组发展新体系。

截至2021年3月19日，在中国学术期刊网络出版总库（CNKI）中，以“教研组”为关键词进行“主题”搜索，有8 774条记录；以“教研组”为关键词进行“关键词”搜索，有3 853条记录；以“教研组”为关键词进行“篇名”搜索，有2 148条记录。从发表时间来看，20世纪90年代以前研究成果数量偏少，每年大约100篇；进入21世纪，研究成果数量猛增，每年大约400篇。在专著方面，有梁威等著的《夯实基础——中国特色教研组建》和《撬动中国基础教育的支点——中国特色教研制度发展研究》、陆伯鸿著的《上海教研素描——转型中的基础教育教研工作探讨》、从立新的《沉默的权威：中国基础教育教研组》等代表性的著作。

（一）组织属性研究

关于教研组组织属性的研究可以分为实然和应然两方面。关于教研组性质的实然属性，研究者普遍认为，虽然从早期的政策文本看，教研组是源于教师专业需要而成立的教学研究组织，但在实践层面，一直都承担了相当的行政职能，兼具专业性与行政性。

陈桂生教授较早梳理了教研组的组织属性。他指出，学校教研组从表面看，是借鉴苏联先例建立的，但其实是我国特殊历史条件下的产物。其特殊性表现在，它不是单纯的教学研究组织，还是学校基层行政组织。同时，他也分析了教研组运作的得失及其积极作用、消极影响。① 胡艳梳理了中小学教研组的职能与性质，指出教研组是中华人民共和国成立后学习苏联教学管理模式的结果，但它不是一个单一的行政组织和学习组织，而是一个集行政管理、教学研究、专业学习、党派组织等职能为一体的混合体。它具有如下特征：第一，教研组是学校的正式组织，是所有学校必须设立的基层行政组织；第二，教研组的活动内容受制于上级部门，其成员包括所有该学科的教师，具有强制性；第三，教研组事实上在开展旨在提升教师素质的学习活动，并使之

① 陈桂生．“中国的教研组现象”平议［J］．南通大学学报（教育科学版），2006（4）：1-4.

制度化；第四，教研组从事的学科教学研究，具有专业团体的性质；第五，我国的教研组有纯化教师思想的职能。我国的教研组一方面摆脱了非正式组织的随意、散漫导致难以持久的问题，从而使中小学教师在有限的条件下获得较好的专业发展；另一方面也因强制性造成组织体内缺少足够的自由空气妨碍教师专业自主。① 梁威等将学校教研组纳入了中国特色教研系统研究，系统梳理了学校教研组的发展历程与职能，指出教研组制度是中国特色教研制度的组成部分，教研组具有教学、研究、培训、管理等职能，并形成了一定的工作流程。② 也有研究者通过对中华人民共和国成立至今中小学教研组建设的考察，大致勾勒出从专业型到管理型再到学习型的教研组发展轨迹。③

关于教研组性质的应然定位，学界已达成初步共识，即教研组应该是一个专业性的学术组织。但是在此共识下，也有两种不同的观点。一种观点认为，教研组应该是单纯的专业组织，而不是行政组织。同时还引入了共同体、学习型组织等概念，提出教研组是教师专业发展共同体，教研组是学习型组织。例如有研究者提出，教研组是学习型组织，教研组在共同愿景的驱使下，可以最大可能地发挥教师的潜能和创造力，推动教师改变旧的心智模式，并以教育实践和教育科研为载体，以团队学习、集体研讨为形式，最终促进教师专业成长。还有一种观点认为，教研组兼具行政性和专业性两种特征，这是由教研组的组织特性决定的。教研组不应回避行政性和专业性的矛盾，而是应该避免以精细化管理和绩效问责的行政逻辑来引领教师的专业发展活动。④ 在《中学百科全书·学校管理卷》中，也将教研组界定为“将同一学科的教师组织在一起的教学单位”“它既是学校教学的业务单位，如组织本学科教师开展集体备课、制定学科教学进度计划、开展教学交流，同时又是学校的一级行政单位”。⑤

教研组的作用，主要体现在两个方面：一是促进教师专业发展。从新任教师的角度来看，有助于新任教师尽快提升教育教学能力。同时，教研组更是教师专业发展的重要途径，教研组所开展的活动，无论在内容上还是形式上，对教师教学都产生了直接的指导作用。⑥ 二是促进教育教学质量提升。通过教研组集体备课、课例研究、课题研究等活动，可以帮助教师解决教育教学中的实际问题，从而提高教师教育教学质量。

（二）组织建设研究

对自身组织建设的研究是教研组研究的重要内容，国内学者主要从制度建设、运

---

① 胡艳．新中国17年中小学教研组的职能与性质初探［J］．教师教育研究，2011（6）：50－55．

② 梁威，卢立涛，黄冬芳，等．夯实基础：中国特色教研组建设［M］．北京：北京师范大学出版社，2014：32－35．

③ 李叶峰．建国以来中小学教研组建设的历史考察［J］．教学与管理，2010（1）：20－22．

④ 赵萍．教师专业发展制度研究：学校教研组——基于三种理论视角的探讨［J］．教师发展研究，2017（1）：37－43．

⑤ 周敬思．中学百科全书：学校管理卷［M］．哈尔滨：东北师范大学出版社，1994：260．

⑥ 单志艳．走向中国特色教师专业学习共同体的教研组变革［J］．教育研究，2014（10）：86－90．

作方式、教研组长领导力等方面进行研究。在制度建设上，强调教研组不仅仅要做好每个学期的教研计划，更要从长远发展的角度思考学科发展规划和组织发展规划，引领组织和教师发展。研究者指出，在学校层面要建立促进教研组发展的评价与激励制度，提出评价要遵循导向性、客观性、科学性、认同性和发展性的原则；评价结果要纳入教师发展评价体系，使评价过程成为促进教研组团队建设的过程。广州市天河区构建了学校教研组督导评估指标体系，制定出了学校教研组评估标准，并构建了学科教研组指标体系，包括4个一级指标领域、11个二级指标项目、24个要素（见表1-3）。①学校根据评估标准进行自评并准备资料，接受教研管理部门和督导部门定期评估鉴定。

表1-3　广州市天河区学校教研组评估指标体系

一级指标	二级指标	权重	自评分数
1. 教学管理	1.1 教学理念 1.2 教学计划	0.1	
2. 教学保障	2.1 教学人员 2.2 教学条件	0.1	
3. 教学过程	3.1 教学常规 3.2 教学研究 3.3 教学评价 3.4 教学资源	0.6	
4. 教学效果	4.1 课程达标 4.2 学业水平 4.3 充分发展	0.2	

在运作方式上，受社会科层管理的影响以及中小学自身办学规模等因素的制约，教研组在组织架构上是一种自上而下的“金字塔”结构，相应地在运作方式上也是一种自上而下的指令式推进。教研组长处于最高一级，直接对教学主任负责；各学段备课组长起着承上启下的作用，一方面要负责执行教研组工作计划、完成所分派的任务，另一方面也要负责制订本小组的活动计划，组织本小组的教研活动；组内教师则承担执行各级任务、完成各项指令的责任。在这种运作方式下，组织成员间更多是一种单向性的关系，即由圆心向外围辐射的关系。组长、备课组长或资深教师处在核心地位，其他组织成员，则处于集体活动的外围，通常也是组织活动中最安静的群体。②

① 刘永东. 中小学教研组督导评估体系及有效教研模式之探索：基于广州市天河区的实践[J]. 教育测量与评价，2015（10）：23-28.

② 刘群英. 我国中小学教研组研究：从历史发展的角度[D]. 上海：华东师范大学，2007.

教研组长领导力是研究者关注的热点问题。顾伶沅认为，在掌握相应的专业知识的基础上，教研组长还需具备一定的技能、能力和品质，包括教研活动策划的技能、教学经验共享的技能、合作解决教学问题的技能、经验理性化技能，以及一定的领导能力、决策能力、组织交流能力、自我管理能力和责任感、亲和力、求真务实的良好品质。① 上海市徐汇区“中小学教研组长专业发展的行动研究”项目组提出教研组长要从单纯的管理统筹型，拓展到引领研究型，进而发挥一个学校基础性教学领导（甚至课程领导）的作用。教研组长教学领导力体现在三个方面：改善和提高学生的学习成效；激活和培育教师的研究意识；建构对话、合作、反思、慎思的教研组文化。② 杨向谊认为，教研组长作为团队中的“首席”，应该具备本专业、本学科以及实施教学领导的基本知识，并通过具体的运用来体现教学的领导能力，具体包括两类专业知识、六种专业能力、五方面人格特质和两种思维品质。③

（三）组织变革研究

研究者从不同的视角进行了组织变革研究。胡艳用实证的方式分析了教研组建设的现状之后，提出应改革教研组的组织定位，使之成为专业组织；提高教研组素质，增加其专业领导力；改善教师的工作状态，提升教师的工作积极性；改革不公平的学校生存状态，给普通学校教研组更好的生存空间。④ 伍红林认为，教研组建设需要策划并落实“抓手”，即如何策划一系列的教研活动；强化资源转化，将资源转化为研究的深化和教师的发展；及时更新教研制度，突出对教师发展的引领性与激励性。⑤ 也有研究者从组织多元化的角度拓展了教研组变革内涵。上海市打虎山路第一小学在保持原有正式组织结构不变的基础上，打破学科、年级的限制，建构了五种类型教研组织：教育研究志愿者组合、青年教师专业发展小组、学科教师合作研讨小组、学科代表群体和级组长组织，旨在为各个层面的教师提供更多的平等合作的机会（见图 1－1）。⑥

---

① 陈骁．教研组：提升教师实践智慧的重要阵地——访上海市教育科学研究院副院长顾伶沅教授［J］．现代教学，2007（3）：10－12.

② 上海市徐汇区“中小学教研组长专业发展的行动研究”项目组．中小学教研组长：角色、培养与管理［J］．教育发展研究，2006（6B）：52－56.

③ 杨向谊．如何当好教研组长：中小学教研组长专业素养与行动［M］．北京：中国轻工业出版社，2016：2－8.

④ 胡艳．专业学习共同体视角下的教研组建设：以北京市某区中学教研组为例［J］．教育研究，2013（10）：37－43.

⑤ 伍红林．当代学校转型变革中的教研组建设［J］．教育发展研究，2014（24）：70－74.

⑥ 胡惠闵．教师专业发展背景下的学校教研组［J］．全球教育展望，2005（7）：21－25.

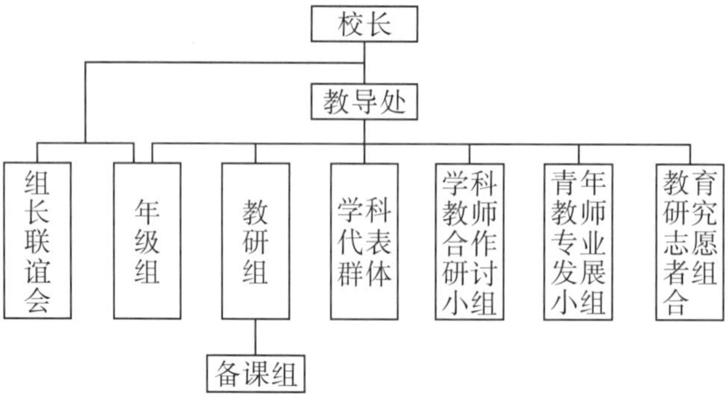

图1－1　上海市打虎山路第一小学教研组织结构

教研组文化构成了教研组运行发展的内在机理，对置身于教研组文化之中的教师个体的生存和发展具有潜在的影响，从而深层制约着教研组建设的方向。良好的教研组文化为师德培养搭建了平台，为课程改革注入了活力，是校园文化建设的新亮点。“新基础教育”研究从文化的角度对教研组变革进行了研究。首先，教研组文化包括三个方面：教研组文化是其成员共有的行为规范体系，它表明了成员以何种规范性要求为基础进行备课、听课以及研究教学问题；是其成员自觉的精神和价值观念体系；是其成员的生活方式，即在日常的活动中如何思考和行动。其次，教研组的文化转型体现在六个方面：一是价值观念的转型。从以“事”和“物”为核心的价值观念，转向以“人”和“生命成长”为核心的价值观念。二是思维方式的转型。由散点状态、表层状态以及点状思维、割裂性思维转变为结构性思维、整体性思维、关系性思维和过程性思维。三是职能转型。通过文化转型，教研组将从“传声筒”变为“孵化器”和“转化器”。四是文化重心转型。从学校文化转向教研组文化，由教研组文化转向备课组文化。五是制度转型。由限制性、约束性的制度效应转向育人效应、转化效应和创新效应。六是教研组长角色的转型。教研组长的角色由组织者和沟通者转变为教师状态的解读者和教师发展的促进者。① 也有研究者从学科教研组文化建设的实践出发，梳理了基于社群（共同体）文化的教研组变革策略：一是构建有吸引力的社群文化；二是聚焦有引领性的社群理念；三是策划有参与感的社群行动；四是培育有引领力的社群核心。②

（四）教研活动研究

梁威、卢立涛、黄冬芳、金利等从六个方面梳理了教研组的教研活动，包括以集体备课为主的教研、以听评课为主的教研、以课例研究为主的教研、以课题研究为主

---

① 李政涛.“教研组文化”的当代转型［J］. 上海教育科研，2006（8）：21－23.

② 郑建忠. 基于现代社群文化的教研组建设：以初中语文学科组建设为例［J］. 江苏教育，2019（54）：24－26.

的教研、以业务学习为主的教研、以教学测量与评价研究为主的教研。① 还有研究者从信息技术革新的角度拓宽了教研组的研修内容和形式，基于网络学习共同体的教研组教研已经兴起，“教师网络研修社区”成为推进研修专题化、常态化的重要组织形式。

集体备课是目前教研组最重要的活动之一。一般的做法有“主备人形成初案—集体研讨初案—修改形成定案—课后评价反馈”等环节。在我国，集体备课主要存在两种操作模式：一是整体提高模式，主要是备课组内常规备课研讨；二是个案辅导模式，针对组内个别执教教师的备课辅导。② 在前一种模式中，教师合作文化的培育、教研组长的领导力对于提高集体备课的有效性具有重要作用。在后一种模式中，一般是以教师执教公开课为契机开展，让教师个体探索尝试不同的教学策略和方法。

听、评课是教研组最经常、最普遍的活动。听、评课体现了教师之间的互帮互学，起到了诊断评估、示范推广和自我反思的作用。根据任教者的不同，课的形式有达标课（新教师任教）、示范课（骨干教师任教）和研讨课（基于教研主题而确定）等。听、评课是学校教学管理中的重要一环，因此，对教师往往会做听、评课次数，以及写教学反思等规定性的考核要求。听、评课有质性分析和量化分析两种方式，传统上采取质性分析较多，因此经验主义的色彩比较浓厚，基于评课者主观判断的成分较重；量化分析是将课堂中的教学现象或行为分类，然后做定量的记录，根据记录到的数据对课堂教学做出分析。例如，华东师范大学崔永漷团队开发了课堂观察 LICC 模式。③ 该模式假设，课堂教学由学生学习（Learning）、教师教学（Instruction）、课程性质（Curriculum）与课堂文化（Culture）组成。然后按照研究的逻辑，将每个维度又分解成 5 个视角，再将每个视角分解成 3 ~ 5 个可供选择的观察点。这样就构建了一个完整的课堂观察框架，根据这个观察工具，形成观察数据，做出对课堂的合理评价与建议。④ 质性分析和量化分析各有其优势与不足，前者缺少证据、缺少合作、缺少研究，后者局限于记录可视、可感知的行为，难以对课堂进行整体、综合的把握，需要将两

---

① 梁威，卢立涛，黄冬芳，等. 夯实基础：中国特色教研组建设［M］. 北京：北京师范大学出版社，2014：95 – 219.

② 单志艳. 走向中国特色教师专业学习共同体的教研组变革［J］. 教育研究，2014（10）：86 – 90.

③ 崔允漷. 论指向教学改进的课堂观察 LICC 模式［J］. 教育测量与评价，2010（3）：4 – 8.

④ LICC 模式设计了完整的课堂观察过程，包括课前会议、课中观察与课后会议三个阶段。一是课前会议阶段。首先，上课教师陈述本课的内容主题、本班学生的情况以及教学目标；然后观察者提问或上课教师做进一步说明，以便观察者确定观察点；最后经过双方协商，明确观察点或观察任务。二是课中观察阶段。观察者依据 LICC 课堂观察量表中的观察点，选择恰当的观察位置和观察角度，并通过不同的记录方式（如录音、摄像、笔录等技术手段），记录所观察到的课堂关键行为和自己的思考。三是课后会议阶段。首先，上课教师陈述这节课学习目标是否达成，谈谈各种主要教学行为的有效性；然后观察者从不同的角度报告并交流课堂观察的结果，报告时要基于证据、言简意赅、倡导对话、避免重复；最后综合所有的观察结果，形成几点结论和行为改进的具体建议。

种方式结合起来综合应用。

课例教研是以课堂教学案例为研究对象的研讨活动。课例教研往往带有特定的主题或问题，因此，提供的课例并不是所有课堂教学过程的罗列，而是带着主题或问题进行教学设计，在教学中探求解决问题的策略和方法，并由此引发多方对话和深度思考。课例教研一般按“问题设计—教学设计—教学行为—教学反思”四个相互依存的过程进行。“新基础教育”研究强调理论与实践处于相互生成的关系中，其课例教研的过程，既是教师教学的过程，也是教师研究的过程，还是教师学习的过程。从决定主题到前移式研讨、正式研讨、后续拓展，再进入下一轮的课例研讨，它实现了教师教学、研究与学习的整合（见图 1 - 2）。

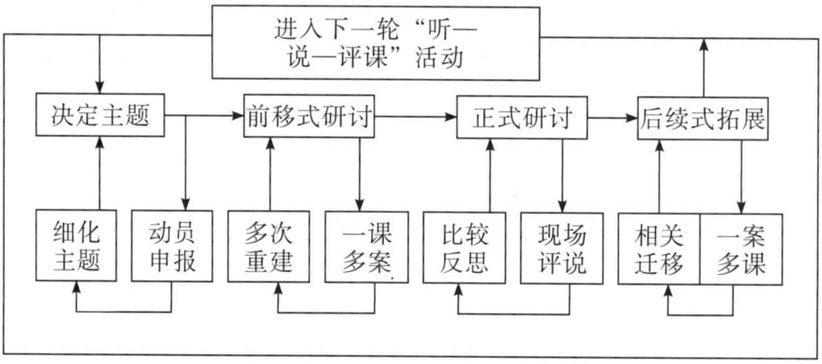

图 1 - 2　“新基础教育”课例研究流程①

课题教研是中小学教师自身作为研究主体，用科学的理论和方法改进自我实践的一种系统活动。在这类研究中，中小学教师实现了从研究对象到研究主体的角色转换。② 课例教研体现了基础教育课程改革以来“教师成为研究者”的专业发展导向，也是对传统教研欠缺科学的研究方法的一种改进。上海市久隆模范中学毛东海老师的“化学课堂‘有效共识’研究”，是历时 10 年的“长课题”。“长课题”即教师长期研究的课题，它的价值在于：第一，帮助教师全面认识有效课堂的基本要素，形成对一堂好课相对完整的认识。第二，培养系统研究问题的方法。“长课题”一方面是要研究解决问题的策略，并使其上升为理性的思想或观念（即形成理论成果）；另一方面，是要将形成的思想或观念及时地转化为课堂实践（即实现成果转化），检验研究成果的质量和效果。“长课题”最终促成教研组学科教学特色，促进同组教师的专业发展。③

综上，随着学校转型变革的整体推进，学校教研组的研究呈现以下特点：一是研究视角在不断拓展，从其历史发展、组织属性、组织建设、组织变革、教研活动等多

① 杨小微．当代学校变革中运行机制的探寻［J］．教育研究与实验，2008（2）：31 - 34，55．

② 朱利霞．中小学教师教育科研有效性的实证研究［J］．天津师范大学学报（基础教育版），2018（3）：1 - 7．

③ 毛东海．“长课题”：教研组特色、教师成长的孵化器——化学课堂“有效共识”十年研究回顾、总结与反思［J］．中学化学教学参考，2017（21）：61 - 65．

个视角、多个维度较为全面地分析与阐述了教研组的发展现状、发展特点、存在的问题等，比较客观地反映了当代教研组的发展全貌。还有一些研究拓展了理论视角，借鉴了国外最新研究成果，如共同体理论、组织理论等，试图用一种国际的视角分析、考察、反思与建构中国的本土实践经验。二是研究内涵不断丰富，特别是对于教研组性质、功能和作用的重新定位，将教研组从行政附属组织的界定中解放出来，阐明其作为自主专业组织的特性，具有重要的实践意义。对于教研组长的地位和作用的充分认可与赋权，也体现了研究的深化。三是研究方式不断更新。在经验总结研究和思辨研究的基础上，增加了调查研究、案例研究、国际比较研究，还通过访谈、观察、文本收集等手段对研究个案进行深入分析，研究方式不断丰富和拓展，也增加了研究的可信度和有效度。

现有研究不足之处在于：第一，缺少一种整体性、系统性、全局性思维。将教研组放在社会转型和学校变革的时代背景下进行思考和分析的研究较少，对教研组本身对于教师专业发展的意见和价值认识尚且不够。在研究方式上，基于工作取向的研究还较多，未来需要整体规划教研组的研究方式，将思辨研究与基于事实、证据的研究有效结合起来，推进多样化的研究方式整合。第二，缺少理论框架的建构和整体内容的设计，较多的研究尚且是一种经验式、操作式的研究，或者直接套用了组织学理论或共同体理论对教研组进行重新理解和定位，缺少一定的教育学改造和解释。鉴于我国教研体系的复杂性，单纯运用某一理论视角审视教研组具有其局限性，未来的研究或可尝试运用心理学、组织学、传播学、社会学等多种学科理论，将教研组置于复杂的教研生态系统中，充分关照教研组与教师个体及制度体系的联系。① 第三，对于教研组的功用价值（提高课堂教学效率、提升教师专业水平）关注颇多，对其文化价值（促进教师生命成长、提升职业幸福）等研究不够。未来要立足教研组的组织性质和教育教学实践需求，研究教研组创新的价值追求、目标取向，体现我国学校组织变革的独特性、本土性和个体性。

本书力求在借鉴已有研究成果的基础上，探索在学校转型变革的大背景下，如何从文化生态观的立场推动学校教研组的创新发展。具体而言，是基于文化生态系统建构的视野，以实践共同体的创建为组织目标和方向，在对教研组历史与现状进行梳理的基础上，通过理论研究和实践研究两条路线，探索学校转型变革的时代背景下学校教研组创新的理论基础、向度及其内涵，并从自上而下的制度创新与自下而上的实践探索中构建、完善学校教研组创新的实践策略与路径，同时形成区域、学校、学科等层面教研组创新的实践案例。

① 陈丽翠．国际视野下的中国教研组研究述评［J］．外国中小学教育，2018（4）：1－10.

第二章 教研组的历史溯源与现状调查

教研组是“教学研究组”的简称，作为中小学中的一个基层性组织，已经有较长的发展历史。本章将通过对教研组的历史溯源与现状调查，分析其在当前新时代教育改革与发展中的问题与挑战，把握教研组发展的阶段、特征、内涵及其流变。

一、教研组的历史溯源

从表面来看，学校教研组是借鉴苏联经验而设立的，但其实为我国特殊历史条件下的产物，① 其产生有着历史的根源与现实的需求。1949 年 12 月召开的第一次全国教育工作会议提出，建设新教育是一个长期的奋斗过程，要以老解放区新教育经验为基础，吸收旧教育某些有用的经验，借助苏联教育的先进经验。② 学校教研组的肇始与对这三类经验的吸收均有一定渊源。

从历史的根源来看，自晚清新学堂大规模兴建以来，便有着教育研究与教育指导的需求。民国时期国民政府陆续出台了有关教育教学的政策，要求各省、市、学区分别设立教育研究会，研究中小学行政、课程、教学方法、训育方法等问题；各中学“依所设学科情形”设立各科教学研究会，从事课程标准实施结果讨论、教学方法研究、乡村教材搜集、每学期教学进展预定、学生课外作业规划及指导以及教员进修与阅读图书杂志及讨论等事项。各科教学研究会较为接近教研组建制，但还算不上真正

① 陈桂生.“中国的教研组现象”平议［J］. 南通大学学报（教育科学版），2006（4）：1－4.

② 中国教育年鉴编辑部. 中国教育年鉴 1949—1981［M］. 北京：中国大百科全书出版社，1984：147.

意义上的教研组。[①] 而在老解放区，因人力资源缺乏，无力形成各种教育研究组织，但也形成了中心学校辅导制度。中心学校集中了学区内较好的教育资源，辅导所在区的各个学校，指导教师工作、交流教学经验、组织课堂观察等，并负有向上级行政部门反映意见的职责。[②]

从当时的需求来看，中华人民共和国成立初期，教育开始向工农敞开大门，出现了大规模的学校扩张，师资较为匮乏，放宽条件又使大量不合格的教师进入教学岗位。为了尽快提高教师教学水平、规范其教学行为，加之又有教育旧思想改造的任务，设立这样一个教学研究组织确有必要。[③] 在当时“以俄为师”的背景下，苏联教学法小组模式便成为我们学习的样板。苏联在大、中、小学中都建立了较为完备的教学研究组织。根据 1947 年苏联的《中小学校教学法研究工作规程》《农村小学教师联合教学法规程》《区教育研究室规程》，小学一般是一个年级或跨年级建立一个教学法小组，中学一门学科建立一个教学法小组。学科人数较少的教师，可以参加学科相近的教学法小组，或找懂得这门学科的教师进行互助，或与附近其他学校的教师组成同教材的联合教学法小组。教学法小组是中小学中的“常设集体研究组织”，其目的在于“提高教师的思想政治水平和教学法水平”，其主要任务在于完善教学的方式方法。同时，各学校也可以根据实际情况，制定教学法小组工作计划。[④]受苏联教学法小组的影响，我国在 1952 年 3 月提出建立学科教学研究组织。

从其 70 余年的发展历程来看，学校教研组的变革大致可以分为三个阶段：一是中华人民共和国成立 17 年的全面创建期，二是改革开放以来的重建与发展期，三是新基础教育课程改革以来的变革与转型期。

（一）全面创建期（中华人民共和国成立 17 年）：以教学研究为主

我国教研组的建立以 1952 年 3 月国家教育委员会颁布的《中学暂行规程（草案）》《小学暂行规程（草案）》为标志。在这两份文件中，对教研组的设立和如何开展活动进行了规定。这一时期，学校教研组的组织属性、组织职能、工作内容、工作方式等都基本确立，初步形成了学校教研组体制。在这两份文件发布之后，各地中小学开展了教研组创建工作，不少教师在教研组活动中钻研教材、改进教学方法、运用教学原则和启发学生积极思维以及通过课堂教学进行思想政治教育等方面都取得成效，形成了教学研究的氛围，培养了一批优秀的教师。[⑤]

中华人民共和国成立之初，各地对文件解读的不同，导致各中小学在创建教研组的过程中产生了一些问题，主要是对教研组的性质、任务不明确，工作范围、组长职

---

①④　刘群英．我国中小学教研组研究：从历史发展的角度［D］．上海：华东师范大学，2007．

②　中央教育科学研究所．老解放区教育资料［M］．北京：教育科学出版社，1986：424．

③　漆涛，胡惠闵．基础教育职能变迁 70 年的回顾与反思：兼论教学研究的概念演化［J］．课程·教材·教法，2019（9）：79－87．

⑤　刘绳祖．改进中学教研组的工作［J］．人民教育，1957（5）：46－47．

责不清楚，把教研组当成行政组，增加了教师负担；教研内容单调贫乏，教师参加积极性不高；组织过多，在大教研组下又有互助组或年级组，分散了力量，教研工作流于形式；等等。① 因此，国家教育委员会在 1957 年颁布了《中学教学研究组工作条例（草案）》和《关于〈中学教学研究组工作条例（草案）〉的说明》两个文件，进一步明确了教研组的名称、性质、任务、工作内容和组织方式等。

1. 明确教研组的组织属性为专业组织

在《关于〈中学教学研究组工作条例（草案）〉的说明》中对教研组有“三是”“三不是”的明确规定：教学研究组是教学研究组织，而不是行政组织的一级。它的任务是组织教师进行教学研究工作，以提高教育质量，而不是处理行政事务。教研组长负责组织领导本组教学研究工作，而不是介乎校长、教导主任和教师之间的一级行政干部。② 在组织设置方面，同一学科教师在 3 人以上者成立教研组，不足 3 人者可联合相近学科教师成立教研组。教研组设组长 1 人，由校长聘请有教学经验的，并有一定威信的教师担任。教研组长负责组织领导教研组的工作。教研组的教学研究工作计划经校长或教导主任批准后执行。

山东实验中学教研组长的要求与职责③

教研组长的要求：

甲、有一定思想业务水平；乙、肯积极钻研教学问题并有教学热情；丙、有一定组织领导能力，在本组有一定威信。

教研组长的职责：

甲、经常了解和检查教师备课、课堂教学、作业批改、教学进度及教学观点、态度、表现等情况；乙、经常听课；丙、随时检查教学计划教案等；丁、组织教材研究、集体备课和观摩教学；戊、组织教学会议和业务学习；己、及时介绍（本组教师或其他先进地区）和总结经验；庚、帮助新教师熟悉业务、协助原有教师解决教学中的困难。

2. 明确教研组的活动内容是教学研究

1952 年颁布的《中学暂行规程（草案）》第三十三条提出：中学各学科设教学研究组，由各科教员分别组织之，以研究改进教学工作为目的。第三十七条提出：各科教学会议由各科教学研究组分别举行之，以组长为主席，校长、教导主任分别参加指导。其任务为讨论及制定各科教学进度、研究教学内容及教学方法。④《小学暂行规程

① 刘绳祖．改进中学教研组的工作［J］．人民教育，1957（5）：46－47.

② 教育部．中学教学研究组工作条例：草案［EB/OL］. http://ncct.moe.edu.cn/2012/policyDocumentRes_0619/961.html.

③ 宁汉戈．我们领导教学的经验［J］．人民教育，1953（9）：32－35.

④ 教育部．中学暂行规程：草案［EB/OL］. http://www.jyb.cn/info/jyzck/200908/t20090812_302299_3.html.

（草案）》第三十七条要求：举行教导研究会议，由全体教师依照学科性质，根据本校具体情况，分别组织研究组，各组设组长一人，主持本组教导研究会议，研究改进教学内容和教导方法，并交流、总结经验。① 1957 年颁布的《中学教学研究组工作条例（草案）》进一步明确了中学教学研究组的任务和工作内容等。其中，教研组的任务是：组织教师进行教学研究工作，总结、交流教学经验，提高教师思想、业务水平，以提高教育质量。教研组的工作内容是：学习有关中学教育的方针、政策和指示；研究教学大纲、教材和教学方法；结合教学工作钻研教育理念和专业学科知识；总结、交流教学和指导课外活动的经验。

江西东乡中学数学教研组的几点做法②

一、以老带新，边教边学，新老教师相互学习，共同提高。配备有经验的老教师担任备课小组长，领导和帮助新教师把课备好。新学期初，请老教师给新教师介绍每个单元、每一章节的重难点和自己的心得体会。

二、采取“三固定”的跟班听课方法，有计划地为下学年准备师资，以满足学校事业发展的需要。即：在每学年的开始，根据学校事业发展的需要和各个教师的实际条件，本着教什么学什么的原则，在教师的自愿原则下，每人固定听一门学科、一个班级、一定时间的课，系统地钻研和熟悉下学年所要讲授的高一年级的教材。并把这一听课任务安排在教课表上，与教学任务并重。

三、从实际出发，开展多种形式的教学研究活动。（1）加强各年级集体备课，研究解决有关课程中的重点、难点的教学问题；（2）组织专题讲座，针对教师教学中存在问题或课程中的重点难点，请有经验或水平较高的教师做专题讲座；（3）互相听课，彼此观摩，交流经验；（4）组织经验交流会并集体研究如何根据不同年级的特点，采用不同教学方法，以及数学教学中如何进行精讲多练等。（5）组织教师下农村参观访问，使教学密切结合实际，更好地为生产服务。

四、组织教师参加函授学习，系统提高文化知识水平。指定基础好、水平稍高的教师先走一步，采取先学后教的办法，定期讲辅导课，或辅导基础较差、水平稍低的教师做作业。

从教学研究的主要内容来看，以钻研教材和改进教法为主。在 1953 年政务院颁布的《关于改进和发展高等师范教育、整顿和改进小学教育的指示》中，明确要求所有

① 教育部. 小学暂行规程：草案［EB/OL］. http://www.gzzxws.gov.cn/gzws/gzws/ml/32/200808/t20080816_1140_5.htm.

② 东乡中学数学教研组. 我组培养提高教师文化业务水平的几点做法［J］. 江西教育，1961（7）：27－28.

教师都要学习苏联教学法小组的经验，“着重钻研教材，并以此来改进教学方法”①。1953年9月，山东实验中学在介绍教学经验时，把掌握教材作为改进教学的首要问题，要求教师钻研教材、熟悉教材从而正确地讲解教材，发挥教材的科学性和思想性，在掌握教材思想内容、重点及学生实际情况的基础上，提高教学目的性、计划性，运用适当的教学原则、教学环节和方法。② 其中，地理教研组的教材研究分为两种形式：一种形式是“同教材的集体研究”，由同年级同教材的教师组成备课小组，定期研究单元教学提纲，通过中心发言和集体讨论，确定教学目的、重点和进度、补充教材和作业布置等；另一种形式是“不同教材的集体研究”，以原则性问题为主，如怎么样撰写教学提纲、怎么样运用教具等。③

3. 教研组的运作方式以会议为主

《中学暂行规程（草案）》和《小学暂行规程（草案）》均提出要建立教学研究的会议制度，并且明确规定教学会议每两周举行一次，必要时举行各组联席会议。《中学教学研究组工作条例（草案）》进一步明确，教研组每两周或三周开会一次，每次会议以不超过两小时为原则。《关于〈中学教学研究组工作条例（草案）〉的说明》还进一步强调：除在定期会议上进行教育研究工作之外，教研组还可采取多种多样的方式进行运作。例如，有些学校组织同年级同一学科教师经常在一起研究教材教法，组织老教师给新教师讲课等方式，都是可以采用的。这一时期教研组集体备课、观摩教学、听评课以及学习等活动已经普遍开展，但主要还是以教学经验的交流与传递为主。

山东实验中学召开教学会议的要求④

甲、组内教学工作必须有计划，然后按计划及工作发展情况，事前确定会议内容。如数学组计划学习数学大纲，先计划要讨论几次；乙、组长要善于在平时教师备课、拟订课时计划、教材教法研究等活动中收集和形成中心问题，作为讨论内容；丙、将讨论的问题预先公布并组织中心发言；丁、每次会议应有明确结果；戊、领导要经常参加并要经常与教研组长交换意见，帮助组长掌握会议。

在这一时期，集体备课这一重要的教研形式初步形成。集体备课的主要目的是，把握教材内容重难点和教学目的、要求，同年级保证教学进度、教学步骤与作业布置大体一致。山东实验中学的做法是，在个人充分准备的基础上进行集体讨论，讨论前组织大家有准备地发言，避免出现依赖别人的现象；集中研究教材思想内容、教学重点、教学目标要求及贯彻思想教育等问题，避免枝节问题横生；适当进行批评与自我

---

① 佚名. 贯彻政务院关于改进和发展高等教育、整顿和改进小学教育的指示［J］. 人民教育，1954（1）：3.

②④ 宁汉戈. 我们领导教学的经验［J］. 人民教育，1953（9）：32－35.

③ 山东实验中学地理组. 我们怎样进行地理教学的课前准备工作［J］. 人民教育，1953（6）：46－48.

批评，展开争论，形成互相虚心学习气氛。①

互相听课和观摩教学也开始成为教研常规。1953 年 5 月，北京市 14 所中学组织了历时 3 周的校际观摩教学活动。1954 年，中央人民政府发出《关于改进 1954—1955 年度中学教育工作的通知》，要求在新的学年组织教师“加强业务学习，特别是教育理论学习，结合教材教法的研究，通过听课、观摩等多种方式进行”②。观摩教学的程序和要求如下：首先是举行一次报告会，讲明观摩的目的要求和要解决什么中心问题，并结合介绍一些现代教育理论；其次，整个过程必须是有组织地开展，必须发挥群众智慧，同时领导也要参与其中；再次，评议总结时，先让被观摩教师谈体会，然后大家根据中心问题来提建议，不能只看缺点不看优点，让被观摩者失去信心；最后，在观摩活动结束前，要由领导做明确的总结，肯定成绩，指出下一步改进的方向。同时，观摩教学在学期教研计划中就要体现出来，在学期中分期推进，逐步进行。③

4. 教研组具有纯化教师思想的职能④

组织教师学习政治理论，把旧知识分子改造成拥护社会主义、拥护中国共产党、为人民服务的教育工作者，也是教研组的任务之一。例如，北京第三十五中学提出要加强“教职员思想、业务学习”，从 1953 年 4 月起，教职员学习《实践论》《政治常识读本》，每周 4 小时直到学期结束。⑤ 1953 年，北京市在组织各中学进行观摩教学活动时，指出课堂教学要联系实际，贯穿思想政治教育，例如地理老师讲《西北区总论》，应该结合国家建设和西北矿产畜牧事业的蓬勃发展来鼓励学生坚定建设祖国西北的决心；语文老师讲《孔雀东南飞》，应该宣传新的婚姻法；等等。⑥ 这些要求都体现在了当时的教研组活动中。江西东乡中学数学教研组除了组织教师学习《为人民服务》《改造我们的学习》《纪念白求恩》等文章之外，还“注重掌握的思想动态，发现问题，及时向党支部汇报”⑦。

在这一时期，除了在学校设立教研组，各省、市、县还相继成立教研机构，配备教研员，以此来指导学校教学工作。1954 年，国家教育委员会在《关于全国中学教育会议的报告》中提出，“为了加强中学的业务指导，在地方党委和政府的批准之下，可以成立教育研究室，负责管理当地中学的教学研究与教师学习问题”“教研室的人员可在当地编制之内，予以调剂”⑧。学校教研组和各地教研机构的成立，标志着我国中小学教研制度的正式形成。1955 年《人民教育》还发表了《各省市教育厅局必须加强教

---

①③ 宁汉戈. 我们领导教学的经验［J］. 人民教育，1953（9）：32 – 35.

② 中央人民政府. 关于改进 1954—1955 年度中学教育工作的通知［C］//中国教育事典编委会. 中国教育事典. 石家庄：河北教育出版社，1994.

④ 胡艳. 新中国 17 年中小学教研组的职能与性质初探［J］. 教师教育研究，2011（6）：50 – 55.

⑤ 温寒江. 北京第三十五中学团结教师改进教学的经验［J］. 人民教育，1953（11）：22 – 26.

⑥ 王宜民. 北京市中学进行观摩教学总结［J］. 人民教育，1953（8）：13 – 15.

⑦ 东乡中学数学教研组. 我组培养提高教师文化业务水平的几点做法［J］. 江西教育，1961（7）：27 – 28.

⑧ 胡惠闵，汪帅. 我国教研员角色的历史变迁［J］. 中国民族教育，2017（6）：27 – 29.

学研究工作》一文，从行政层面提出了加强教学研究，无疑为学校教研组发展提供了有力的支撑。

梳理这一时期教研组的发展，我们可以发现，教研组在成立之初就是一个目标清晰、结构明确、运作规范、形式灵活的组织。这一时期，它有如下特点：①在文件表述中和实践活动中都是学校正式的专业组织。虽然文件表述不认可教研组的行政属性，但在实际运作中教研组还是承担了一定的行政职能，比如协同上级部门检查教师教学、纯化教师思想等。②已经是学校科层组织结构中的重要组成部分。虽然《关于〈中学教学研究组工作条例（草案）〉的说明》中强调教研组不是学校行政组织，但从实际运行来看，教研组的设立是文件要求，教研组长要由校长聘请，教研组的教学研究工作计划要“经校长或教导主任批准后执行”等，这都表明了教研组是隶属学校行政管理的。此时，中小学已经初步形成了“学校校长—教导处—教研组—学科教师”这样一个垂直组织结构，并延续至今。③其教研活动具有制度化特征。虽然《关于〈中学教学研究组工作条例（草案）〉的说明》指出，“教研组的教学研究工作是建筑在教师个人教学研究的基础之上的”“应以教师自愿为原则，不应做硬性规定，并且不宜占用过多的时间，以免流于形式，加重教师负担”，但同时也要求所有的教师都要参加教研活动，并对教研活动的时间、频率和形式都做了具体的规定，体现了制度化的刚性要求。

（二）重建与发展期（改革开放至 1999 年）：以教育教学研究为主，呈现行政化特征

“文化大革命”的十年，特殊的政治背景和时代背景使得“以学为主”的学校教育教学秩序受到严重破坏，学校教研随时被政治活动挤占，教研组活动也难以正常开展。这一时期教研组工作基本上是空白。“文化大革命”结束后，学校教育教学秩序逐渐恢复。1985 年，中共中央颁布了《关于教育体制改革的决定》，认为教育结构上的问题是“基础教育薄弱，学校数量不足、质量不高、合格的师资和必要的设备严重缺乏”；在教育思想、教育内容、教育方法上，培养学生独立生活和思考的能力不够，不少课程内容陈旧，教学方法死板，实践环节不被重视。要从根本上改变这种状况，必须从教育体制入手，系统性地进行改革。同时，还提出建立一支有足够数量的、合格而稳定的师资队伍，是实行义务教育、提高基础教育水平的根本大计。因此，国家把发展师范教育和培训在职教师作为发展教育事业的战略措施。在教育体制改革的大背景下，学校教研制度也得以恢复并越来越规范。

进入 20 世纪 90 年代，随着社会主义市场经济制度的逐步建立，我国改革开放和现代化建设事业进入了一个新阶段。以中共中央、国务院 1993 年颁布的《中国教育改革和发展纲要》为标志，基础教育改革也逐步走向深入发展时期，推进素质教育成为学校教育改革的主旋律。与此同时，对中小学教师素质也提出了更高的要求。在这一政策导向下，中小学以教研组为载体，制定了教师培训学习制度，加强了教师工作管理，开展了丰富多彩的教研活动。这一时期教研组的组织属性、工作范围、工作方式等较

之中华人民共和国成立初期有了明显的变化，较为突出的是行政化的趋势逐渐增强。

1. 教研组的组织属性呈现行政化特征

改革开放以后，随着学校规模扩大以及日常事务的复杂化，教研组的规模也逐渐扩大，小学语、数、外三科教研组教师普遍在10人以上，规模较大的中学语、数、外三科教研组教师20人以上也较为普遍。因此，学校除了设有学科教研组，还出现了同年级备课组，设组长一人，配合教研组工作。为了应对学校规模的普遍扩大，此时还出现了一种新的学校管理组织——年级组，即以年级为单位，配合学校各处室开展工作。年级组与教研组并行的管理体制，一方面是适应了学校管理新发展的需求，解决了学校规模扩大带来的管理难度问题，另一方面也在一定程度上导致了教研组在学科教研方面的功能弱化。教研组在事实上承担了更多的行政性、事务性的活动，教研组长的职能也逐渐呈现行政化的趋势。在一些规模较大的学校，教研组长或年级组长甚至已经等同于学校行政干部。

例如，上海市教研室在1980年制定的《中小学教研组工作和组长职责》，规定教研组长不仅要管理教师日常教学，还要负责日常考勤、业务考核、职称评定、校外培训、师德建设、科研工作等各方面事务。① 这说明，教研组在实践中的确承担了不少行政性和事务性的工作。教研组已经成为学校行政体系中的重要一环，在学校日常管理中发挥着重要的职能。

2. 教研组的工作内容包括教育教学研究和教师管理

这一时期教研组的活动有明了较为明显的拓展。主要原因是改革开放后，基础教育得到蓬勃发展，学校数量和规模不断扩大，对学校教研的需求不断增多。教研组活动也在教学研究的基础上，有了较大的拓展。

首先，是原有教学研究拓展为教育教学研究。1978年，《全日制中学暂行工作条例（试行草案）》和《全日制小学暂行工作条例（试行草案）》发布，② 要求中学“要充分发挥教学研究组的作用”“教师备课应该以个人钻研为主，同时注意集体研究”；③ 小学“应该组织教师研究教材和教学方法”“注意组织有经验的教师，帮助水平较低、经验较少的教师提高教学质量，交流教学经验”。④ 这一阶段尚属于恢复教育教学秩序时期。随着教育改革的逐渐深入，教研组工作内容已经不局限于教学研究，教育政策、教育思想、教育理论、教育评价、教育手段、教师培训等都纳入到了教研组的研究范畴。在素质教育改革的背景下，要求中小学教师充分发挥学生学习的积极性、主动性，让学生学会学习，成为学习的主体。对于教研组的工作要求，也由以往的钻研教材、关注教法等逐渐过渡到研究学法、关注学生的主体作用等。在这一背景之下，国内出

---

① 李卫霞. 走向专业自主的教研组变革［D］. 上海：华东师范大学，2019.

② 1963年，中共中央曾对1952年规程进行修改，印发了《全日制中学暂行工作条例（草案）》和《全日制小学暂行工作条例（草案）》。1978年的条例是在1963年的基础之上修订而成的。

③ 教育部. 全日制中学暂行工作条例：试行草案［J］. 安徽教育，1978（12）：1－8.

④ 教育部. 全日制小学暂行工作条例：试行草案［J］. 安徽教育，1978（12）：8－13.

现了一些有影响力的教育教学改革实践，如魏书生的“六步教学法”、“青浦数学教改”、上海育才中学的“读读、议议、练练、讲讲”八字教学法、江苏洋思中学的“先学后教、当堂训练”、山东杜郎口中学的“三三六”自主学习模式、江苏东庐中学的“教学合一‘讲学稿’”等，各地中小学也掀起了一股学习和推广热潮。一些高校研究者也不余遗力发起了教育教学改革实验，如裴娣娜教授的“主体教育”研究和实验、熊川武教授的反思性教学研究等，在各地中小学也引起较大反响。

其次，教师管理也成为教研组的工作内容。随着中小学校长负责制的推行，一些学校校长把部分权力下放给各处室，把原来属于各处室的某些权力也下放给教研组，例如学科教学计划制定、教学检查、考试安排等，教研组长还参与处理教师进修、业务考核、人事管理等事务。根据《宁夏教育》1986 年第 2 期上的一篇工作总结，教研组工作分为三个方面：一是完成教学任务，组织教学研究；二是提高教师业务水平和教学能力；三是其他工作。其中，“其他工作”包括：①协助教导处做好教师业务档案，如一学期或一学年的工作总结、先进事例、进修成绩单以及报刊上发过的论文等。学校评选先进教师，以教研组为单位开始，报送教师的业务档案材料。②组织教师开展学生“第二课堂”活动，落实有特长的教师担任辅导员。③组织教师轮流编写墙报，一月一期。④组织教师开展文体活动，除经常性活动外，还可组织临时性活动，包括配合全校性的活动和组际间比赛等。[①] 不难看出，“其他工作”实际就是教师管理方面的职能。而 20 世纪 90 年代北京市第一一九中学的二级管理体制改革则更是将教研组“全能化”。在二级管理体制中，校长是第一管理层级，第二管理层级是教研组、各处室等。教研组长直接对校长负责，教研组长不仅具有本学科的教育教学、科研等的行政管理权，在本教研组内还有人、财、物三权。[②] 在这里，教研组已经不是一个教学研究组织，而是一个“小学校”组织。

3. 教研组的运作方式逐渐规范化、协同化

随着学校工作步入正轨、步入常规，教研组规范化建设也提上议事日程。许多中小学都根据上级文件精神，结合学校实际，制定并完善了教研组发展的规章制度，使教研组工作逐渐程序化、常态化。除了传统的召开会议交流经验，这一时期较为常态化的活动还有集体备课、听评课活动、公开课活动、课题研究以及师徒结对等。其中，公开课是有组织、有计划、有目的地面向特定人群（学科专家、学科教研员、同行、学校领导等）进行公开授课展示的一种教研活动形式。公开课具有较强的研究性和展示性，因而公开课已经不是一种个人教学行为，往往是专家或同行集体智慧的结晶，但也容易被人诟病为“表演课”。课题研究活动是一种较为新型的教研组运作方式。20 世纪 80 年代以来，随着“科教兴国”战略思想的提出，“科研兴教”逐步成为我国教育决策部门和社会各界的一种共识，“科研兴校”也逐步纳入到学校发展战略中。与此

---

① 谭说. 中小学教研组工作和组长的职责［J］. 宁夏教育，1986（2）：9－10.

② 刘兴华. 建立高效的学校管理机制：北京市 119 中学校长修先平访谈录［J］. 人民教育，1994（1）：18－20.

同时，“教师成为研究者”逐渐成为对教师专业发展的要求。一般的中小学都成立了教科室或科研处等独立的教育科研管理机构，建立完善了选题、立项、开题、中期检查、结题等教育科研管理程序。教研组也开始承担各级各类的教育教学课题研究工作。师徒结对活动，一般是在教研组内找一个经验丰富的教师，指导刚入职的新教师，形式以一对一居多，两人往往以师徒相称。年资较长的教师通常会采取听、评课或指导备课的形式来提升新教师的教学水平。

由于省、市、区、校教研体系的建立与完善，学校教研组活动也不再是各自为政，而是上下协同，形成了多级教研网络。在教育体制改革和素质教育改革的推动之下，各省、市、区纷纷开展了形式多样、生动活泼的教育教学改革实验，教研组成为教育行政部门、教研机构、高校、科研机构等开展教育教学改革活动的重要实践基地。

此外，与早期教研组没有或缺少评价相比，这一时期学校开始有意识地制定教研组考核评估的标准或要求，通过标准或要求督促教师参与教研组活动，指导和约束教研组行为，以此来促进教研组的发展。

在这一时期，整个教育系统的教研制度也得以恢复、重建和发展。1990 年，国家教委下发《关于改进和加强教学研究室工作的若干意见》，对教研室工作方针、工作职责、教研员要求、教研员编制等做出规定，并明确要求各省、地（市）、县（区）都要设立教学研究室。① 这个文件的出台，标志着我国省、市、县、校四级教研体系的正式建立与规范化。各地教育行政部门也制定出台了相应的教研文件，规范教研组织的各项工作和建设，教研机构逐渐形成教学研究、教学指导和教学管理三大职能。国家教研制度的系统建设无疑极大地支持了教研组的改革与发展。

（三）变革与转型期（2000 年至今）：以全面育人研究为主，重心倾向于课程化

进入 21 世纪，教育改革也迈向新纪元。为贯彻落实 1999 年中共中央、国务院《关于深化教育改革全面推进素质教育的决定》和 2001 年国务院《关于基础教育改革与发展的决定》，教育部于 2001 年颁布《基础教育课程改革纲要（试行）》，正式启动我国第八次基础教育课程改革。此次课程改革提出要全面推进素质教育，实行国家、地方、学校三级课程管理体制，下放国家课程管理的部分权力。2002 年，教育部颁布《关于积极推进中小学评价与考试制度改革的通知》，要求“建立以校为本、以教研为基础的教师教学个案分析、研讨制度，引导教师对自己或同事的教学行为进行分析、反思与评价，提高全体教师的专业水平”，首次提及以校为本的教学研究制度。2003 年，教育部《关于改进和加强基础教育教学研究工作的指导意见》再次强调，“改进和完善教学研究制度，形成开放、民主的教学研究机制”“推进以校为本教研制度的建设，促进教师的专业化成长”。随后，84 个县区被教育部确定为“全国首批创建以校

---

① 国家教育委员会. 关于改进和加强教学研究室工作的若干意见[EB/OL]. http://www.chinalawedu.com/falvfagui/fg22598/35366.shtml.

为本教研制度建设基地”，这标志着校本教研制度建设正式进入实践探索阶段。校本教学研究制度的建立与运行，将教学研究的重心下移到学校，教研组的地位和作用更加凸显。

中国改革开放进入新时代，高质量发展成为这一时期的发展新目标。以构建高质量体系为引领，教育进入“总体实现现代化”的新阶段，人民群众的教育需求正在由“有学上”向“上好学”转变，基础教育由基本均衡向优质均衡迈进，亟须进一步深化基础教育课程改革。为贯彻党的十九大精神和2018年全国教育大会的部署，中共中央、国务院于2019年颁布《关于深化教育教学改革全面提高义务教育质量的意见》，提出构建德、智、体、美、劳全面培养的教育体系，健全立德树人落实机制。在深化关键领域改革部分，首次提及“发挥教研支撑作用”，加强和改进新时代教研工作，理顺教研管理体制，完善国家、省、市、县、校教研体系；完善区域教研、校本教研、网络教研和综合教研制度。2019年，教育部还颁布《关于加强和改进新时代基础教育教研工作的意见》，继续强调教研工作是保障基础质量的重要支撑。要求健全校本教研制度，开展经常性教研活动，充分发挥教研组、备课组、年级组在研究学生学习、改进教学方法、优化作业设计、解决教学问题、指导家庭教育等方面的作用。

上述文件的出台，一方面对教研组的发展提供了更为强有力的制度保障，教研组在提高教育质量和教师培养中的独特地位和作用更加彰显；另一方面也对教研组的组织属性、工作内容和运作方式提出了新的挑战和要求，教研组迎来了新的历史发展阶段。

1. 教研组的组织属性呈现新的内涵和特征

从近20余年的发展来看，教研组在保留原有教学研究组织的属性的基础上，还增加了教师专业发展组织这一新的组织内涵和组织特征。促进教师专业发展也成为教研组的重要职能，教研组成为教师专业发展的重要组织。特别是生态取向的教师发展观认为，教师之所以成为教育专业人员，是因为他们隶属于某一组织（如某一学校、某一教研组等），这一组织给予了他们“教师”这个身份，而不是其他。① 教师专业成长的过程，如同一个个体社会化过程一样，是在“具体的社会”中完成的。教研组就是这样一个特定的“具体的社会”，它对教师的教育信念、观念、知识和教育行为产生规范性的影响。哈格里夫斯认为，教师除了向专家学习，最主要和最有效的方式就是向同伴学习。因为教师在专业发展中所遇到的问题和困难，往往与同伴遇到的具有同质性特征，而同伴已经在较长时间内形成了一套沿用至今的解决方案，对于解决问题具有较高的参考价值。② 教研组天然具有这样的优势，为教师的合作学习提供保障性条件。

作为教师专业发展的重要组织，学习型组织理论、学习共同体理论逐渐被应用于教研组发展的实践与研究中。上述理论中的“共同愿景”“合作文化”“共享机制”

① 王建军. 学校转型中的教师发展［M］. 北京：教育科学出版社，2008：26－27.

② 李卫霞. 走向专业自主的教研组变革［D］. 上海：华东师范大学，2019.

"对话交流"等思想精髓在教研组发展实践中得以广泛应用。教研组不仅仅是一个制度规范下的专业或行政组织，还是一个价值追求、身份认同上一致的学习共同体或学习型组织。

2. 教研组的工作内容指向全面育人

（1）教研组的工作目标发生了变化。

教研组内部达成的一致共识是，只有全面育人取得实效，立德树人的根本任务才能完成。全面育人观的发展与完善，与基础教育课程目标的发展变化密切相关。中华人民共和国成立以来，基础教育课程目标经历了由最初的关注"双基"（基础知识、基本技能），转向21世纪初以来的"三维目标"（知识与能力、过程与方法、情感态度与价值观）实现，再到2014年以来的学科核心素养培养这一历程。这一历程表明，基础教育改革越来越关注人的发展，只有人的发展才是社会发展的关键所在。

从相关的文件表述来看，1952年《小学暂行规程（草案）》提出"使儿童具有读、写、算的基本能力和社会、自然的基本知识"；《中学暂行规程（草案）》提出"得到现代化科学的基础知识和技能，养成科学的世界观"。关注基础知识和技能的"双基"教学目标由此确立。"文化大革命"时期，"双基"教学被彻底否定。改革开放以后，"双基"教学得到重新的强化和发展。1978年《全日制小学暂行工作条例（试行草案）》提出"使学生具有初步的阅读、写作和计算的能力，具有初步的自然常识和社会常识"；《全日制中学暂行工作条例（试行草案）》提出"使学生在小学教育的基础上，进一步掌握语文、数学、外国语等课程的基础知识和基本技能，逐步具有自学能力和分析问题、解决问题的能力，具有一定的生产知识"。进入到20世纪90年代以后，"双基"目标获得了进一步的丰富和发展。在1992年《九年义务教育全日制小学、初级中学课程计划（试行）》中，除了仍然强调"双基"目标，小学还强调"良好品德和个性品质""自我管理以及分辨是非的能力""基本的观察、思维、动手操作和自学的能力"；中学还强调"良好品德和个性品质""自学能力、动手操作能力、运用所学知识分析和解决问题的能力""分辨是非和自我教育的能力""健康的志趣和爱好"等。

2001年，教育部颁布《基础教育课程改革纲要（试行）》，明确提出要从知识与技能、过程与方法、情感态度与价值观三个维度来构建基础教育课程目标体系。这既是对改革开放以来"双基"目标的反思，也是对应试教育的反思，其重点在于培养学生的创新精神和实践能力。2011年，教育部印发义务教育学段各学科课程标准，基于育人为目标的指导思想，从三维目标出发来研制课程目标。

2014年，教育部颁布《关于全面深化课程改革　落实立德树人根本任务的意见》，要求基于立德树人的根本任务来构建学生发展的核心素养体系。核心素养的提出，较之于三维目标既有传承的一面又有超越的一面。传承更多地体现在"内涵上"，而超越更多地体现在"性质上"。作为核心素养主要构成的关键能力和必备品格，实际上是三维目标的提炼和整合，把知识、技能和过程、方法提炼为能力，把情感、态度、价值观提炼为品格。能力和品格的形成即是三维目标的有机统一。① 2018 年教育部印发《普通高中课程方案和语文等学科课程标准（2017 年版）》，阐明了高中学段的课程目标以及各学科具体的核心素养目标。从关注知识点的落实转向核心素养的养成，促进学生德智体美劳全面发展、健康成长。

（2）教研组的工作重心转向课程化。

从第八次基础教育课程改革开始，我国的教育研究话语体系中出现了一个重要的变化趋势，即由“教学论”转向“课程论”或“课程与教学论”。由此，学校教研的重心也开始由教育教学研究转向课程与教学研究。国内关于“教学论”与“课程论”的关系，大致经历了“大教学观”时期（中华人民共和国成立 17 年）、分离期（20 世纪 80 年代至 90 年代）、整合期（20 世纪 90 年代至 21 世纪初）和大课程观（21 世纪基础教育课程改革之后至今）四个阶段。②

“大教学观”认为，“教学大”“课程小”，教学包含课程，课程只是教学的内容，专指教学科目或教材。“大教学观”主要是接受了苏联凯洛夫教育体系的观点，在我国有着深远的影响。即使在 20 世纪 80—90 年代，尽管国内研究者的课程意识在不断加强，但从高等院校教育系的课程体系与专业设置来看，“大教学观”还是占了主流。“大课程观”与“大教学观”相反，认为“课程大”“教学小”，课程包括教学，教学是课程实施的一个过程。甚至有学者认为，“大课程观”下可以分为课程论、教学论、分支课程论、分支教学论和教育技术学等五个下位学科，每个下位学科又包含着大量的次下位学科。③ 2001 年，教育部《基础教育课程改革纲要（试行）》明确提出，“教学过程是课程实施环节的一部分，是执行课程改革新理念的核心环节”。这是从政策层面传递了一个两者关系的话语逻辑。随着基础教育课程改革的深入推进，教育研究者、一线教师的“课程论意识”“课程研究意识”逐渐增强，并成为主流。与此同时，教研组的工作也开始由单方面的关注教转向关注多维度的教与学，由单一的智育研究转向全方位的德、智、体、美、劳全面发展的研究。在这一时期，影响较大的教育改革实践，包括叶澜教授的新基础教育实验和朱永新教授的新教育实验等。

从总体来看，学校教研正在由传统教研向现代教研转变，向符合时代需要的教研转变，向“以人为本”的教育教学的总体需要转变。④

3. *教研组的运作方式更加制度化、开放化*

教研组运作方式由规范化走向制度化，一个最明显的标志就是在国家层面推动校本教研制度的建立。所谓校本教研制度，是以学校为基地，以教师为主体，以学校教

---

① 余文森. 从三维目标走向核心素养［J］. 华东师范大学学报（教育科学版），2016（1）：11－13.

② 熊和平. 课程与教学的关系：七十年的回顾与展望［J］. 高等教育研究，2019（6）：40－51.

③ 黄甫全. 大课程论初探：兼论课程（论）与教学（论）的关系［J］. 课程·教材·教法，2000（5）：1－7.

④ 田慧生. 从传统教研向现代教研转变［J］. 人民教育，2014（22）：1.

师面临的各种教学具体问题为对象，以行动反思为基本形式的一种教研制度。根据郑金洲的解释，校本为“以学校为本”“以学校为基础”，它包含三方面的含义：一是为了学校，二是在学校中，三是基于学校。① 校本教研制度对教研组运作方式的影响在于：首先，将非常态化的教研活动转变为一种常态化的组织活动，并被作为一种正式的学校制度文化确立下来。校本教研已经成为教师的基本学习方式和专业发展方式。其次，校本教研具有基本的构成要素与研究方法，可以较好地解决教研组活动碎片化和无序化的弊端。与传统学校教研相比，校本教研更加倡导自下而上的问题发现与解决，它具有教师的自我反思、同伴互助和专业引领三个基本的要素。其中，自我反思是基础，是教师走向研究型、专家型教师的必由之路；同伴互助是关键，实现教师之间的知识共享和共同发展；专业引领是先导，其实质是对教师进行教育思想和教育榜样的引领。三大要素构成一种全新的教研模式，促进教师专业成长。② 在实践中，校本教研主要是通过行动研究的方式来展开研究。例如，上海青浦教改实验以课例为载体，强调专业引领和行为跟进，通过共同经历原行为阶段、新设计阶段和新行为阶段来改进教师的课堂教学。③

在这一时期，教研组的运作方式更为开放、灵活。除了传统的集体备课、听评课、公开课活动外，还出现了综合化、项目化、课题化、主题化、网络化等创新性的教研活动形式。特别是随着信息技术的日新月异，信息技术与教研活动不断整合，区域间、学校间都建立了开放、动态、交互的网络教研平台，展开了对教学过程、教学资源、教学评价、教学管理等的全方位研讨，突破了原有的时空局限，实现了资源的交流与共享。在教研机制上，一是突破原有单一的学科教研组活动的界限，出现了跨区域、跨学校、跨学科的教研活动；二是建立与政府、高校、研究机构合作的U（大学）—G（地方政府）—S（学校）机制，丰富了教研内涵。在教研评价上，大力扭转教研单纯为考试服务的导向，将“以学生的考试成绩论英雄”的单一教师评价转变为基于教师的发展性评价。

在教研工作体系建设方面，从2012年首届全国教研工作会议召开开始，教育部基础教育课程教材发展中心就开始承担国家层面的教研职能；2014年，教育部正式将“联络服务地方教研部门”的职责正式委派给教育部基础教育课程教材发展中心。2019年，教育部在《关于加强和改进新时代基础教育教研工作的意见》中再次明确，教育部基础教育课程教材发展中心组织开展基础教育教研工作，发挥专业引领作用，组织实施重大教学改革研究项目，建设基础教育教研基地，指导各地教研工作。这标志着我国五级教研制度的进一步完善和优化，也顺应了进一步深化课程改革，以及落实立德树人根本任务的教育发展需要。

纵观教研组的发展历史，可以发现教研组一方面是以教学改进和教师发展为目的

---

① 郑金洲．走向“校本”［J］．教育理论与实践，2000（6）：11－14．

② 韩江萍．校本教研制度：现状与趋势［J］．教育研究，2007（7）：89－93．

③ 顾泠沅，王洁．促进教师专业发展的校本教学研修［J］．上海教育科研，2004（2）：4－13．

的专业性组织，另一方面也是兼具教学管理和教师管理的半行政性组织。教研组的组织属性、职能及其工作内容、运作方式在不同的时代呈现了不同的形态特征，这些变化与我国社会变革、学校转型密切相关。

同时，教研组在发展过程中形成了无可替代的实践优势。首先，提供了教育政策转换为教育教学行为的中介支持。各级基础教育教研系统一直承担着将国家教育方针、政策转换为教育教学行为的重要职能，一方面会对宏观、中观的教育政策法规进行研究和解读，并据此指导学校课程实施、教师培训、课题研究等工作；另一方面也会针对学校课程改革中出现的重点、难点以及热点问题开展调查研究，寻找解决方案，为各级教育行政部门和学校决策提供专业建议。教研组作为基础教育教研系统的终端环节，通常也会围绕学校课程建构、课程实施、课堂改革以及考试评价等问题展开业务学习或实践观摩，并自主开展教学模式、教学方法、教学手段等方面的实践变革，从而更好地解决课改要求与教师教学行为不一致的“两张皮”现象。其次，提供了课堂改进与教学质量提升的制度保障。教研组的核心制度是集体备课制度，集体备课是以教研组或备课组为单位，组织教师集体研讨课程标准或教材、制定阶段性教学计划、撰写教案或学案、反馈交流教学效果等系列活动，它是提高备课质量和课堂教学实效的重要保障。此外，还有集体的研修、学习、研究、反思等制度，都发挥了教师的集体智慧效应，实现了教师团队间的优势互补、团结协作和齐头并进。再次，构建了教师专业成长的合作与竞争机制。中国传统文化中有非常强烈的集体主义导向，这直接推动了学校教研组成员共同愿景和价值观的达成，这构成了合作的前提。在学校教研活动中，无论是内容上，还是形式上，合作是无处不在的。从内容上讲，有集体备课、听课评课、课后反思交流以及校本课程开发、课题研究等活动，都需要发挥教师的集体智慧效应，实现教师团队间的优势互补、团结协作和齐头并进。从形式上讲，比较普遍的有教研组研讨、师徒结对、课题组合作、名师工作室引领等。名师引领和同伴互助对教师个体教学形成了有效的指导与帮助，最终实现了教师个体与团队的共同发展。在合作的同时，竞争也同样存在，教师基本功比赛、评优评先考核、职称评聘以及非常敏感的班级成绩等，都对教师之间的专业竞争有着长久而深远的影响。最后，搭建了新教师快速成长的支撑平台。从教研组成员构成来说，一般有一部分是优秀教师、成熟教师，也有一部分是新教师和发展期教师，这种老中青团队的组合，可以让新教师尽快熟悉教学职场、教学流程。新教师通过对优秀教师的观察、学习、模仿、交流、反思，逐步确立自身对于教师职业的身份建构，获得对于所在组织的归属感和认同感。相对于其他职后培养方式来说，来自于优秀教师的引领，将更可能帮助新教师把抽象的教育理论和复杂的教育技能转化为自身的教育信念和教育行为，从而大大缩短自身专业成长的过程。

教研组初创时虽然是借鉴了苏联经验，但后来的发展完全体现了中国化的特征，适应了我国基础教育发展的需求，是中国特色社会主义学校制度的重要组成部分。从苏联的教学法小组来看，它仅仅是一个教学法的研究机构，而非学校中的一级行政组织；而组长也仅仅是会议组织者，其职责是主持会议。而我国的教研组从成立伊始，便是实体性组织，虽在政府文件中并无此规定，在实践运作中却承担了教师管理的部分职能，包括学科教学计划的制定与执行，组织教师的思想政治教育、教学考核与检查，参与教师职称评聘、评优评先，等等。

二、教研组的现状调查

作为教师个体和团队发展的组织载体，学校教研组的重要性不言而喻。因而，在学校整体性、转型性的变革趋势下，教研组建设的效能研究呼之欲出。教研组建设的效能如何，教研组如何满足教师的教研需求，基于上述问题的实证研究尚不多见。本书试图通过问卷调查，探讨教研组建设的现状及其效能发挥情况，把握教师的教研需求，从而提出相应的改进策略，为教研组建设提供相关借鉴。

（一）研究方法

1. 调查工具

根据对教研组、组织效能理论文献以及前人研制的量表的梳理，本研究自编《中小学教研组建设调查问卷》作为研究工具。问卷分为三部分：第一部分为人口学统计变量，包括性别、职称、教龄、任教学段（小学、初中、高中）、任教学科、任教学校性质（公办、民办）、学校办学水平、是否担任教研组长等类别。第二部分为教研组建设的评价量表，包括教研组的性质定位、组织生态、制度生态、实践生态、组织成效等五个维度，每个维度各有5~6条操作条目，共26个题目。此部分采用Likert-5计分法，以1~5分分别表示很不符合、不太符合、一般符合、比较符合、非常符合。第三部分为需求调研，包括对教研组的功能期待、教研组长的角色期待、教研组的活动组织及其组织特征期待等内容。

2. 项目分析及信效度分析

以广东省深圳市B区小学、初中、高中9所办学水平有明显差异（以调研测试成绩为划分标准）的公办、民办中小学教师为调研对象，各学校按学科组或综合学科组随机抽取一定数量的教师参加调查。共发放问卷388份，剔除同一选项重复率超过90%的问卷，得到有效问卷293份，有效率为75.52%。采用SPSS 20.0和Mplus 7.11进行数据分析与处理。

（1）区分度分析。区分度分析有两种方法，一种是计算临界比率（CR值），一种是计算条目与测验总分的相关性。本量表采用第二种方法进行分析，采用均值合成测验总分。结果发现，各项目与总分的相关系数均在0.70~0.90之间，且都达到显著水平，说明各项目区分度良好。

（2）信效度分析。效度分析一般分为内容效度、准则效度和结构效度。本研究采用结构效度的因子分析法。确定结构效度的因子分析法有探索性因素分析和验证性因素分析两种，二者结合使用，更能保证量表设计的科学性和准确性。将样本随机分成两部分，第一部分有效样本量为146人，用于做探索性因素分析；第二部分有效样本量为 147 人，用于做验证性因素分析。

①第一部分样本的探索性因素分析和信度分析。

第一部分样本的 KMO 值为 0.969，适合做因子分析。Bartlett 球形检验值为 4 091.690，Sig 值为 0.000 <0.05，说明原始变量的相关矩阵中有较多的公共因素存在，适合做因子分析。通过主成分分析法提取公共因子，累计方差解释率及碎石图均表明，提取一个因子为最佳结果。各题目因素负荷均大于 0.5，因此不考虑删除题目。对本部分数据进行 Cronbach α 信度检验，包含 26 个题目的量表的 Cronbach α 系数为 0.981。综上，通过探索性因素分析和信度检验，初步确定该量表为包含 26 个题目的单因子模型。

②第二部分样本的验证性因素分析和信度分析。

使用样本量为 147 的第二部分数据，通过 Mplus 7.11 软件，使用构建包含 26 个题目的单因子模型，进行验证性因子分析，发现各拟合指标均达到标准，拟合良好，因子载荷均在 0.65 ~0.90 之间，说明问卷具有良好的效度。对本部分数据进行 Cronbach α 信度检验，包含 26 个题目的量表的 Cronbach α 系数为 0.979，说明量表信度非常好。

3. 人口学变量分析

对 293 名有效被试的基本信息进行频数分析，以了解被试的基本情况，结果如表 2 -1所示。

表 2 -1　调查对象的人口学情况分布

背景变量	类别	人数/人	百分比/%
性别	男	98	33.45
	女	195	66.55
职称	正高级	0	0
	副高级	17	5.80
	中级	118	40.27
	初级	70	23.89
	未评级	88	30.03
教龄	5 年以下	99	33.79
	5 ~10 年	73	24.91
	11 ~20 年	80	27.30
	20 年以上	41	13.99

续上表

背景变量	类别	人数/人	百分比/%
学段	小学	126	43.00
	初中	93	31.74
	高中	74	25.26
学科	语文	54	18.43
	数学	75	25.60
	英语	54	18.43
	物理、化学、生物、科学	26	8.87
	道德与法治、政治	7	2.39
	历史、地理	24	8.19
	体育、音乐、美术或艺术	42	14.33
	信息技术、心理健康教育、劳技教育、研究性学习、综合实践	10	3.41
	其他学科	1	0.34
学校性质	公办	160	54.61
	民办	133	45.39
是否为组长	是	41	13.99
	否	252	86.01

（二）教研组建设效能分析

1. 教研组建设效能的整体情况

（1）当前中小学教研组建设效能总体处于中等水平。从统计结果来看，26 道题目平均值为 3.44 分（见表 2－2），标准差为 0.91。Likert-5 计分法通常以 3、3.75、4.25 作为判断被试得分高低的临界点，得分 3 以下为差，3～3.75 为一般，3.75～4.25 为较高，4.25 以上为非常高。这说明当前教研组建设效能还有较大提升空间。

表 2－2　教研组整体的得分情况

N	最小值	最大值	平均数	标准差
293	1.15	4.88	3.44	0.91

（2）中小学教研组在创造性地开展活动以及学校支持、让获得教师归属感和满足

感方面的得分相对较低。从均值来看，第9题“对于如何开展教研，我们教研组具有创新性的制度”得分为3.12，标准差1.110；第19题“我们教研组会经常性开展课题研究、校本课程开发等特色性的教研活动”得分为3.27，标准差1.179；第8题“学校对于教研组活动有时间、经费和专家支持等方面的保障”得分为3.10，标准差1.215；第22题“教研组让我产生了归属感和满足感”得分为3.30，标准差1.181。

2. 教研组建设效能的差异分析

为了进一步了解不同特征的教师群体对教研组建设效能的评价差异，本研究分别以各背景变量为自变量，教研组建设得分为因变量进行差异检验。本研究的背景变量包括性别、职称、教龄、任教学段、任教学科、任教学校性质、学校办学水平和是否担任教研组长等。在数据分析方法上，性别、任教学校性质、是否担任教研组长进行独立样本 *T* 检验，其余各项采用单样本方差分析。

（1）教研组建设效能在性别、教龄、任教学科维度方面不存在显著性差异，说明不同性别、教龄、任教学科的教师感知到的教研组建设情况是相似的。

（2）公办学校教研组建设明显好于民办学校。调查发现（见表2-3），公办学校教研组建设效能得分显著高于民办学校（$p<0.001$），说明民办学校教研组建设亟待加强。

表2-3　学校性质差异检验

学校性质	N	平均数	标准差	t	p
公办	160	3.69	0.82	5.24	0.001
民办	133	3.15	0.92		

（3）未评级的教师对教研组建设的效能评价显著低于已评级的教师。因样本中的高级职称教师仅17人，人数太少，故将高级职称与中级职称合并为中级及以上职称，然后进行方差分析。结果发现（见表2-4），职称差异显著（$p<0.001$）。事后检验结果（见表2-5）表明，初级职称、中级及以上职称教师感知到的教研组建设效能得分均显著高于未评级教师（$p<0.001$），初级职称教师与中级及以上教师之间感知到的教研组建设效能得分差异不显著（$p=0.480$），说明未评级的教师在教研组建设活动中处于相对劣势的地位。未评级的教师一般都是刚毕业第一年参加工作的年轻教师，他们刚入职，会经常奔波于各种岗前培训以及忙碌于适应学校的各项常规工作，所以在一般情况下，对自己所在教研组的性质、职能、氛围、功能和管理都没法深入全面地了解。

表2-4　职称差异检验

职称	N	平均数	标准差	F	p
未评级	88	3.15	0.94	7.02	0.001
初级	70	3.63	0.86		
中级及以上	135	3.54	0.87		

表 2－5　职称差异事后检验

I	*J*	平均数差异（*I*－*J*）	标准差	*p*
未评级	初级	－0. 48	0. 14	0. 001
	中级及以上	－0. 39	0. 12	0. 002
初级	中级及以上	0. 09	0. 13	0. 480

（4）高中教研组建设效能显著高于小学和初中。调查结果表明（见表 2－6），学段差异显著（$p<0.01$）。事后检验结果（见表 2－7）表明，小学与初中的教研组建设得分差异不显著（$p=0.594$），而高中的教研组建设得分均显著高于小学和初中（$p<0.01$）。说明高中的教研组建设情况明显好于小学和初中，而小学和初中之间相差不大。从知识的广度、深度和难度来看，高中学段的知识处于最高峰，同时也反映出高中学段的教师对教研组的效果需求最大。

表 2－6　学段差异检验

学段	*N*	平均数	标准差	*F*	*p*
小学	126	3. 37	0. 83	6. 04	0. 003
初中	93	3. 30	1. 01		
高中	74	3. 75	0. 85		

表 2－7　学段差异事后检验

I	*J*	平均数差异（*I*－*J*）	标准差	*p*
小学	初中	0. 07	0. 12	0. 594
	高中	－0. 38	0. 13	0. 004
初中	高中	－0. 45	0. 14	0. 001

（5）办学水平较低的学校，其教研组建设效能显著低于中等及优质学校。调查结果表明（见表 2－8），不同办学水平学校的差异显著（$p<0.001$）。事后检验结果（见表2－9）表明，办学水平较低的学校，教研组建设效能得分均显著低于中等学校及优质学校（$p<0.001$），而中等学校与优质学校的教研组建设效能得分差异不显著（$p=0.073$）。说明办学水平低的学校的教研组建设情况明显弱于中等的和优质的学校，中等和优质校间教研组建设差别不大。这也反映出提高教研组建设效能对于提升薄弱学校质量具有很大促进作用。

表 2-8 学校办学水平差异检验

学校办学水平	N	平均数	标准差	F	p
低	120	2.95	0.81	40.30	0.001
中	71	3.66	0.77		
优	102	3.88	0.82		

表 2-9 学校办学水平差异事后检验

I	J	平均数差异（$I-J$）	标准差	p
低	中	-0.71	0.12	0.001
	优	-0.93	0.11	0.001
中	优	-0.22	0.12	0.073

（6）教研组长对于教研组建设效能的评价显著高于普通教师。调查结果表明（见表 2-10），目前是否担任教研组长对教研组效能的评价差异显著（$p<0.01$），担任教研组长的教师认同教研组建设得分显著高于没有担任教研组长的教师。这种差异表明，一方面教研组长还需要提升组员对于组织的认同感和凝聚力，增强教研活动的实效性；另一方面未担任教研组长的教师也需要提高教研活动参与性。

表 2-10 是否担任教研组长差异检验

是否为组长	N	平均数	标准差	t	p
是	41	3.73	0.67	2.79	0.007
否	252	3.40	0.93		

（三）教研组建设的需求调查

使用上述有效样本量为 293 的数据，对第三部分的问卷题目进行选项分析，在多项选择题目中，对于各选项，未被选择记为“否”，被选择记为“是”。进行频数分析和频率分析。

1. 对教研组倾向于专业定位和共同体定位

如表 2-11 所示，96.6% 的教师认为教研组应该承担“教学研究”“教师培养和指导”，33.8% 的教师认为教研组应该承担“为学校决策提供服务”，11.6% 的教师认为教研组应该承担“学校行政事务”。

表 2－11　“教研组应该承担以下何种职能”选项分析

承担职能	频数		百分比/%	
	否	是	否	是
教学研究	10	283	3.4	96.6
教师培养和指导	10	283	3.4	96.6
学校行政事务	259	34	88.4	11.6
为学校决策提供服务	194	99	66.2	33.8
其他	290	3	99.0	1.0

在对教研组的组织特征进行描述时，中小学教师中有 68.6% 赞同教研组的组织特征是协商型的，25.6% 赞同自主型，只有极少数教师赞同权威型（4.1%）和指令型（1.7%）。“协商”“自主”都带有强烈的共同体特征，如表 2－12 所示。

表 2－12　“以下教研组的组织特征，你比较赞同哪一种”选项分析

组织特征	频数	百分比/%
指令型	5	1.7
权威型	12	4.1
协商型	201	68.6
自主型	75	25.6

如表 2－13 所示，从教师期待的教研活动特征来看，依然体现了较强的专业需求和共同体特征。期待程度从高到低排列的特征依次为“能够解决教学和管理中的实际问题”（82.6%）、“具有明确的目标和计划”（81.6%）、“形式上可以打破常规，避免老套”（78.5%）、“内容很丰富，可以满足不同的需求”（70.6%）、“具有让人感觉到安全和温暖的氛围”（65.9%）、“没有事务性活动的干扰，专注教学研究”（65.9%）。

表 2－13　“你期待中的教研活动具有以下哪些特征”选项分析

活动期待	频数		百分比/%	
	否	是	否	是
具有明确的目标和计划	54	239	18.4	81.6
形式上可以打破常规，避免老套	63	230	21.5	78.5
能够解决教学和管理中的实际问题	51	242	17.4	82.6
具有让人感觉到安全和温暖的氛围	100	193	34.1	65.9

续上表

活动期待	频数		百分比/%	
	否	是	否	是
内容很丰富，可以满足不同的需求	86	207	29.4	70.6
没有事务性活动的干扰，专注教学研究	100	193	34.1	65.9

2. 对教研组长的期待是专业引领和科研能力提升

如表2－14所示，中小学教师认为教研组长应该要扮演的角色主要是专业引领（96.6%）、统筹协调（88.7%）、教学管理（69.6%），小部分教师认为教研组长还应该扮演行政事务管理（15.0%）或其他（0.7%）角色。

表2－14 “教研组长应该要扮演的角色”选项分析

教研组长的角色	频数		百分比/%	
	否	是	否	是
专业引领	10	283	3.4	96.6
统筹协调	33	260	11.3	88.7
教学管理	89	204	30.4	69.6
行政事务管理	249	44	85.0	15.0
其他	291	2	99.3	0.7

如表2－15所示，中小学教师认为教研组长应该提升的方面从主到次依次为科研能力（92.5%），统筹协调、组织策划能力（86.3%），教学能力（82.9%），服务能力（52.6%），其他（0.7%）。

表2－15 “教研组长应该在以下哪些方面进行提升”选项分析

教研组长的能力	频数		百分比/%	
	否	是	否	是
科研能力	22	271	7.5	92.5
教学能力	50	243	17.1	82.9
统筹协调、组织策划能力	40	253	13.7	86.3
服务能力	139	154	47.4	52.6
其他	291	2	99.3	0.7

3. 教师还是相对倾向于传统的、常规的教研活动

如表2－16所示，中小学教师认为教研组开展活动有效性从高到低分别是听课评

课（90.8%）、外出观摩学习（90.8%）、集体备课（89.4%）、专家讲座（64.2%）、课题研究（59.7%）、命题与考试分析（57.7%）、团队建设（54.6%）、校本课程开发（52.2%）、其他（0.3%）。这也从一个方面说明创新性、特色性教研活动的实效性还需要加强。

表 2－16　“教研组开展以下哪些活动是比较有效的”选项分析

有效活动	频数		百分比/%	
	否	是	否	是
集体备课	31	262	10.6	89.4
听课评课	27	266	9.2	90.8
外出观摩学习	27	266	9.2	90.8
专家讲座	105	188	35.8	64.2
校本课程开发	140	153	47.8	52.2
命题与考试分析	124	169	42.3	57.7
团队建设	133	160	45.4	54.6
课题研究	118	175	40.3	59.7
其他	292	1	99.7	0.3

4. 对教研活动的收获期待聚焦于课堂教学

如表 2－17 所示，中小学教师希望从教研活动中得到的收获期待程度从高到低依次为“改进课堂教学”（95.6%）、“拓展眼界和视野”（85.0%）、“获取课件、试卷等教学资源”（76.1%）、“开展课题研究，发表论文”（69.6%）、“得到大家的认可和肯定”（48.1%）。

表 2－17　“你希望从教研活动中得到以下哪些收获”选项分析

活动收获	频数		百分比/%	
	否	是	否	是
改进课堂教学	13	280	4.4	95.6
获取课件、试卷等教学资源	70	223	23.9	76.1
开展课题研究，发表论文	89	204	30.4	69.6
拓展眼界和视野	44	249	15.0	85.0
得到大家的认可和肯定	152	141	51.9	48.1

5. 教师期待教研组活动的规范化、常态化

针对“你希望教研组在制度建设方面有哪些改进”这一问题，大部分的教师选择

"要建立一套完整的教研工作流程"（74.7%）、"建立考核激励机制，鼓励先进，鞭策后进"（68.6%）。这说明不少教研组的活动可能比较随意，缺少计划性，缺少主题设计，如表2－18所示。

表2－18 "你希望教研组在制度建设方面有哪些改进"选项分析

活动改进	频数		百分比/%	
	否	是	否	是
要建立一套完整的教研工作流程	74	219	25.3	74.7
加大专家资源支持	74	219	25.3	74.7
教研组可以较为自主地制定目标和计划	122	171	41.6	58.4
建立考核激励机制，鼓励先进，鞭策后进	92	201	31.4	68.6
加强时间和经费方面的保障	85	208	29.0	71.0

（四）分析与讨论

1．从定位来看，中小学教研组正逐渐回归专业型组织取向

从历史发展轨迹来看，教研组由原本的专业性组织定位呈现出越来越明显的行政化、事务化趋势，这种演变实际上是一种现实选择的逻辑使然，即行政性的定位反映了一定时期学校管理实践的需要。但是，如果从教育与社会的关系格局演变以及学校功能变迁的整体框架来理解，教研组的专业性特征必须得到回归与提升。特别是随着基础教育课程的深入推进，教研组及教研组长专业化发展的功能取向逐渐得到认同，并成为主流。教研组的组织建设以及如何构建更为科学合理的教研活动体系得到了理论界和实践界的同时关注。教研组不仅仅具有追求课堂改进、教师成长以及学校进步的显性价值，而且更具有让教师产生文化心理归属和职业认同等隐性价值。

2．从活动来看，中小学教研组内涵与形式还需要丰富和拓展

当前教研组活动主要还是以提升教学质量和学生成绩为主旨，集中于集体备课、听评课、命题与试卷分析、观摩学习等常规的教研活动，这的确是教研组自成立以来最重要的活动内容，也是教研组得以发挥作用的法宝。但是从这类活动的指向来看，聚焦的都是如何高效地完成"事"，完成任务。成"事"而不成"人"，最终会导致教研组价值取向的异化和窄化。任何教育的变革，都必须关注教育组织中的"人"，关注组织中"人"的生命成长及其成长环境。因此，那些对教师发展具有持续的动力支持的课题研究，以及校本课程开发等创新性、特色性活动应该得到重视。这就要求学校应该努力改变对于组织管理的过分精细化追求及其相关的评价考核方式。精细化管理是20世纪50年代源于日本的企业管理理念和文化，其主要特征就是目标化、标准化和流程化。学校中的精细化管理，比较典型的就是将考试目标按照时间、活动、程序逐一分解，责任到人，并按照工作任务进行相应的绩效问责考核。通过评价方式的变革，

可以撬动学校教研活动内涵的创新与发展。

3. 从区域来看，需要关注中小学教研组建设的校际不均衡现象

不同办学水平、不同性质的学校间教研组建设效能存在显著差异，这既说明薄弱学校的师资建设能力远远落后于优质学校，又说明教研组建设的确是提升学校发展品质，促进教师专业成长的一个重要抓手。教研组的校际不均衡，从根本上来说，还是制度安排与演化的结果，与20世纪80年代基础教育推行的重点学校政策有密切关系，90年代的择校热更是在某种程度上加剧了这种不均衡发展的状况。推动校际均衡发展依赖于适时的制度调整，以及改变不合理的教育供给方式。比如，组建校际间的教研组联盟体，在联盟体内鼓励优质学校和薄弱学校结对帮扶。由于这种联盟体的形式相对比较松散，需要建立比较合理、科学的考核机制来提升双方合作的积极性。又如，实施专门针对薄弱学校的教师提升计划，通过政策杠杆，制定奖惩办法，让优秀教师愿意到薄弱学校从教或支教，并获得更好的评优晋升机会等。

4. 从学校来看，学校需要提供给教研组更多的支持和保障

对于教研组而言，学校提供的各种支持是其最重要的条件保障。学校需要制定和修改符合师生发展需求的各种支持性条件，包括提供教研经费、专家资源等服务，构建教研工作流程与运作机制，改革教师评价激励制度，等等。从本次调研来看，小学、初中阶段的教研组特别需要学校提供支持性条件，这可能与小学、初中教师的发展程度与水平有关。

5. 从教师来看，新入职的教师应尽快融入包括教研组在内的学校组织

相关研究表明，教师之间开展同伴互助取得的学习效果最佳。事实上，教师作为社会关系中的一分子，已经决定了教师成长离不开集体，特别是在受集体主义影响甚浓的儒家文化圈当中。一方面，学校应采取有效的举措激励新教师尽快融入教研组。比如，建立基于团队表现而不是个体表现的教师评价机制，让新老教师都感受到个体发展与团队发展休戚相关，减少骨干教师不愿意参与分享而新教师又不知如何融入团队的问题。又如，建立校级骨干教师工作室，鼓励新教师基于自愿的原则，加入教师成长共同体，或者选择两三个“搭档”组建学习小组等，采取“通过教育集体影响个人，通过教育个人形成集体”的平行教育策略带动新教师成长。另一方面，新入职的教师也应调整心态，以积极的姿态融入到新组织之中。

6. 从组织建设来看，教研组长和普通教师之间的合力作用还有待加强

从调查中可知，教研组长与普通教师对教研组建设效能的评价具有较大差异，教研组长认可度高，普通教师认可度低。这说明，两个群体间的合力作用必须加强。一般来说，教研组长是由学校任命的，学校任命之前也通常会考虑其领导能力和学科专业水平。若尚处于学校认可阶段，要得到组织成员的认可和信服，还需要实现多重角色的自我重建和多项能力的持续提升。具体来说，就是要由具体事务的安排者转变为教研组发展的规划设计者，由上传下达的执行者转变为教研组活动的策划组织者，由教研活动的推动者转变为教研组文化的引领培育者。与此同时，不管是学校管理者，还是教研组的领导者，都应该采取相应的管理措施，比如示范、激励、传递等，推动教师心态的改变。而普通教师也需要进行自我心态和行为方式上的改造，对待组织要

有一种参与、合作与期待的心态，把自我当作组织中的一个组成细胞，成为自己所担负的那部分工作的主人。

三、教研组面临的问题与挑战

我国基础教育课程改革正处于内涵式发展的关键时期，教研组在新时期如何再出发，如何传承优势、改进不足从而提升其支撑作用，这些思考势必推动我们对于教研组进行深入探寻与研究。通过对教研组应当承担的使命和角色功能的转变进行理性的探讨，进一步理顺教研组的工作内容和方式，充分掌握教研影响学校教育质量的内在原理和机制，并尝试提出教研组创新的策略、路径。这是新时代赋予教研组的历史使命与应有之义。

（一）组织属性与功能问题

从实践层面来看，在学校转型变革的背景之下，一方面，教研组在教师专业成长和课堂教学改进中的独特地位正在被重新认识；另一方面，教研组的组织属性和结构功能面临着转型变革的挑战。

首先，关于组织属性的认识，存在一定程度上的偏差。在组织建设中更多地从工具价值出发，将教研组界定为一个功能体而不是共同体，其实践表现就是重功能体轻共同体建设，“重教轻学，重分数轻育人”。

其次，关于组织功能的界定，在实践层面存在着相当程度的弱化、异化现象。比较典型的就是教研组行政化、事务化倾向，与其他组织的职能存在着边界不清的问题。

最后，关于组织边界的划分，往往局限于学科边界、学校边界，缺少跨学科、跨学校的整合与交流。由于我国学校课程体系长期以分科课程为主，而教研组又是按照学科门类成立的，因而在活动组织上，基本以单科性的教研活动为主，这对于学校统一教学进度、教师完成教学任务、学生系统掌握文化知识具有非常高的效率，但对于学科间的借鉴、交流与整合则是极大的限制，在一定程度上弱化了教研组活动的功能，妨碍了教师自身专业知识的优化整合。

（二）组织建设效能问题

从建设效能来看，教研组还较多存在着经验型、被动式、碎片化的发展问题。经验型发展问题，主要表现为过分依赖教师个人经验对问题进行分析和判断，往往导致对问题本身的认识含糊、目标比较宽泛、证据相对缺乏，问题、目标、证据、成果的一致性较差。被动式发展问题，主要表现为教研主体参与度不足、合作性不足，教研组长的学科领袖作用没有发挥出来，教师本身也欠缺主动参与的积极性。这方面需要学校改进制度设计，提供更为充分的支持性条件。碎片化发展问题，主要表现为教研活动缺少基于教研组本身发展需要的计划与规划，主题式、项目化教研还没有全面深入地推进。

第三章

教研组创新的理论视角

教研组创新需要进行系统的、整体的建构，这既涉及教研组自身组织属性与功能的重新界定、组织内部诸要素之间的整合与协作，也涉及教研组自身与外部环境之间的关联与互动。从这个视角来看，共同体理论和组织理论为界定教研组的组织属性与功能提供了方向上的参考，文化生态理论则为教研组创新提供了方法论意义上的支持。

一、共同体理论及其对学校组织发展的影响

（一）共同体理论溯源

近几十年来，共同体概念被嵌入到不同学科、不同领域、不同情境之中，具有了不同的内涵、意义、类型和话语体系。1955 年，美国社会学家希勒里（George A. Hillery）在《共同体定义：共识的领域》中统计了 94 个“共同体”概念，指出“除了人包含于‘共同体’这一概念之外，有关共同体的性质，并没有完全相同的解释”①。共同体这个概念经历了由自然意义上的“原始共同体”，到社会、社区、共同体的概念辨析，再到现代意义上的“当代共同体”的发展历程，经历了从血缘共同体、地缘共同体与精神共同体的宏观描述到不同学科、不同领域、不同情境的具体阐述的发展历程。

1．早期的共同体研究

出于生存的需要，人类社会发展之前就已经自发形成了共同体形态。这是一种原始共同体，其目的是抵抗恶劣的自然环境，获取生产生活的各种条件。原始共同体是

① HILLERY G A. Definitions of Community：Areas of Agreement ［J］. Rural Sociology，1955，20：111 –123.

在自然生产力条件下人类为了生存做出的自发选择，它是以血缘、姻亲等自然关系为纽带而结成的群体。共同体构成了人类最基本的存在方式。随着社会生产力的发展进步，人类超越了血缘相连的原始社会，进入了具有社会和政治联系的社会，形成了人类社会发展的新单位——国家和民族。① 事实上，一部人类社会发展史，就是一部共同体的演化史，不同时期不同类型的共同体构成了人类生存发展的最基本形式。②

关于共同体的最早论述，来自于亚里士多德的“城邦论”。他认为：“所有城邦都是某种共同体，所有共同体都是为着某种善而建立的，很显然，既然所有共同体都在追求某种善，所有共同体中最高的并且包含了一切其他共同体的共同体，所追求的就一定是最高的善。”同时，亚里士多德将共同体的概念分为广义的和狭义的两种。广义的共同体相对来说比较泛化，指任何群体的聚集；而狭义的共同体是指人类基于本能形成的某种社会组织。狭义的共同体揭示了亚里士多德对共同体的真正理解：首先，形成共同体是人类的本性或本能；其次，在共同体中，其构成要素彼此之间的地位是平等的，但各自之间又存在差异；再次，共同体成员享有情感纽带和共享基础。亚里士多德所论述的共同体，目的是促进高尚的道德，从本质上说是一种精神共同体。

而系统论述共同体的是德国社会学家滕尼斯（Ferdinand J. Tonnies），他在 1887 年出版的《共同体与社会》一书中依据二分法原则，将共同体（Ge meinschaft）从社会这一概念中分离出来，作为独立的社会学概念。其中，共同体是较为初级的形式，社会则是较为高级的形式。他的共同体概念表示任何基于协作形式的有机组织形式，并以此来强调人与人之间的亲密关系、共同的精神意识以及对“Ge meinschaft”的独特归属感和认同感。③ 他将共同体分为血缘共同体、地缘共同体与精神共同体三种依次递进的类型，并认为精神共同体是“真正的人的和最高形式的共同体”。其递进路线是血缘共同体发展着并逐渐地分化成地缘共同体；地缘共同体直接地体现为人们共同居住在一起，它又进一步地发展并分化成为精神共同体；精神共同体意味着人们朝着一致的方向、在相同意义上纯粹地相互影响、彼此协调。④

法国社会学家涂尔干（Emile Durkheim）秉承了滕尼斯的二分法思想，将共同体和社会视作“统一实体的两个方面”。在他看来，共同体是一种“机械团结”共同体，它以成员的“相似性”（即集体意识）为基础，个人意识从属于集体意识，个人在集体意识的推动下“不带任何中介”直接系属于社会；而现代社会则是由分工所导致的共同生活形式，就像生命有机体各个部分的分工一样，是一种“有机团结”。

从滕尼斯和涂尔干对共同体的理解和分析可以看出，共同体是某种特殊类型的人

---

① 刘勇，袁琴. 人类命运共同体研究综述［J］. 重庆社会科学，2018（12）：74－84.

② 陈鑫. 马克思“真正共同体”思想视阈下“人类命运共同体”的历史方位［J］. 理论月刊，2017（10）：15－21.

③ 胡鸿保，姜振华. 从“社区”的语词历程看一个社会学概念内涵的演化［J］. 学术论坛，2002（5）：123－126.

④ 滕尼斯. 共同体与社会［M］. 张巍卓，译. 北京：商务印书馆，2019：87.

类群体生活方式，这类群体通过个人以一定的结合方式而形成。马克斯·韦伯（Max Weber）对共同体和社会也进行过深入研究，但观点与上述两人不同。滕尼斯认为，“在共同体里，尽管存在着种种分离的因素，但人们保持着结合；社会则与之相反，虽然其中存在着种种结合的因素，人们却保持着分离。”① 而马克斯·韦伯则认为两者的区别主要在于参与者的主观感受而不是社会结合方式。在《经济与社会》一书中，他指出：“‘共同体化’应该称之为一种社会关系，如果而且只有当社会行为的调节——在个别情况或一般的情况下或者纯粹的类型中——建立在主观感觉到参加者们（情绪上或者传统上）的共同体属性上。”② 马克斯·韦伯从成员主观感受的角度分析了共同体特征，认为共同体是个人通过一定的社会纽带结合而成的，而这个社会纽带就是成员之间彼此感觉和认识到的共同属性，即成员对共同体所具有的归属感。

20 世纪 20 年代，美国社会学家查尔斯·罗密斯（Charles P. Loomis）将滕尼斯的“Ge meinschaft”译为英文“community”，它很快成为美国社会学的主要概念。受当时芝加哥学派城市人文生态学研究的影响，对这个概念的理解和具有一定边界的地域紧密地联系在了一起，也决定性地影响了中国社会学界对于“community”的理解与翻译。因此，我国早期是将“community”和“society”都译作“社会”。直到 1932 年美国社会学家帕克（Robert E. Park）来华讲学，提出“Community is not Society”的观点，我国才把“社会”一词保留给“society”，而对“community”创立了一个新的词义“社区”。③ 此后，这个译名在中国社会学界一直沿用下来。但是，以“社区”对应“community”，依然是强化了地缘共同体的意义，更加突出“community”在地理意义上的属性，而非其社会心理和社会文化方面的属性。④ 随着研究的深入，关于“community”出现了“社区”和“共同体”两种译法。前者侧重于确定物质空间和区域的群体，在共同的物质空间内形成相应的习俗、信仰和社会记忆等；后者侧重于价值共享，建构意义和身份，实现共享资源，拥有归属感，维持广泛的社会联系和互动的群体。

2. 当代的共同体研究

随着经济全球化和信息技术的发展，原始意义上的共同体概念正在逐渐瓦解和重构，社会、社区、共同体的概念也不断明晰，新的共同体内涵正不断丰富和完善。近 40 年来，国内关于共同体的研究也呈现逐年上升趋势（见图 3－1）。

从总体来看，根据当前关于共同体的研究，大致可以将共同体分为四类⑤：①基于人类社会发展的共同体。在人类社会发展过程中，共同体是人类重要的组织形式，个体在社会关系网络当中组成各种各样的共同体。鉴于人类发展共同体的类型复杂，而

---

① 滕尼斯．共同体与社会［M］．张巍卓，译．北京：商务印书馆，2019：129.

② 韦伯．经济与社会：上［M］．林荣远，译．北京：商务印书馆，1997：70.

③ 杨超．西方社区建设的理论与实践［J］．求实，2000（12）：25－26.

④ 赵健．学习共同体：关于学习的社会文化分析［D］．上海：华东师范大学，2005.

⑤ 朱利霞．学校教研共同体：专题与案例［M］．广州：广东教育出版社，2021：6－14.

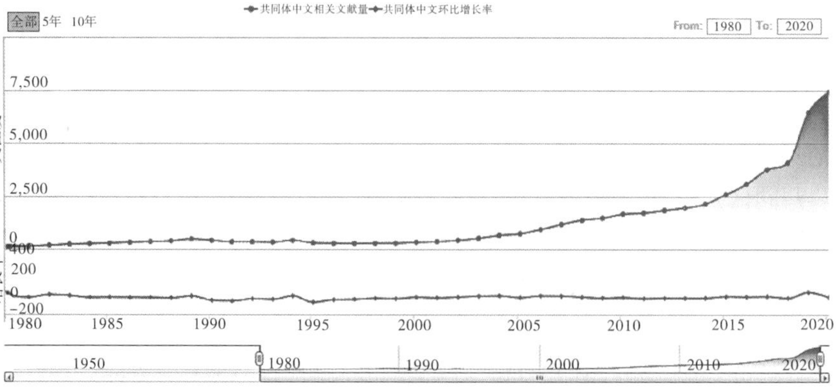

图 3-1　共同体研究中文文献量增长趋势（1980—2020 年）

社会又是政治结构、经济结构、文化结构等的统一体，可以将人类社会发展共同体归类为政治共同体、经济共同体、文化共同体和人类命运共同体等。②基于社会参与方式的共同体。人类认识世界和改造世界的根本途径是社会实践，对实践共同体（communities of practice）的研究已经成为近年来的一个热点。实践共同体这一概念最早由让·莱夫（Jean Lave）和埃蒂纳·温格（Etienne Wenger）在《情景学习：合法的边缘性参与》一书中提出，随后国内外学者在这个视角下进行了广泛的理论和实践研究，使得实践共同体成为近年来社会科学研究领域颇具影响力的一个概念。③基于目标追求的共同体。共同体具有共同的价值理念和目标追求，有的共同体会在名称上直接体现共同体目的，并为达成该目的形成一定的组织关系。从教育领域来看，基于目标追求的共同体包括彼得·圣吉（Peter M. Senge）提出的“学习型组织”和佐藤学提出的学习共同体等。④基于专业团体的共同体。前面三类共同体的主体都较为宽泛，而专业共同体涉及主体主要以职业为划分依据，具有较强的专业特质，包括科学共同体、法律共同体、医生共同体、教师共同体等。在专业共同体中，各成员专业一致，遵从相同的要求和规范，使用相同的符号、术语、工具、模型和范例，有密切的专业交流和实践互动。

（二）共同体的内涵及其生成

“共同体”（community）一词最初源于德文“Ge meinschaft”。滕尼斯认为，共同体（Ge meinschaft）指基于协作关系的“有机组织形式”，是一种具有共同归属感的社会团体和特别的、理想的“社会关系类型”，一种有别于“人为状态”和“天然状态”的社群组织形态。

“community”由拉丁文前缀“com”和伊特鲁里亚语单词“munis”组成，“com”代表一起、共同的意思，“munis”代表承担的意思。因此，“community”具有“共同承担”之意。在《牛津高阶英汉双解词典》中，“community”的注解为：（1）the people living in one place，district or country as a whole；（2）group of people of the same religion，race，occupation，etc.，or with shared interests。“community”的中文译法通常有“社会”“社区”“共同体”等，相应的解释为：（1）在一个地区内共同生活的有组织的人群；（2）有共同目标和共同利害关系的人组成的社会团体。

当代共同体的内涵尽管极其丰富，但其中最基本的一点，就是其具有强烈的精神特质，能够满足个体需求，这是把握共同体内涵的关键。英国哲学家迈克尔·波兰尼（Michael Polanyi）认为，“今天的科学家不能孤立地从事其行当，他必须在某个机构框架内占据一个明确的位置，一位化学家成为化学职业中的一员，一位动物学家、数学家或心理学家属于一个由专业科学家构成的特殊群体，这些不同的科学家群体联合起来形成‘科学共同体’”。[①] 张广利提出，社会生活共同体具有经济性、社会化、心理支持与影响、社会控制和社会参与等多种功能。对于生活在其中的个体成员来说，既依靠共同体获得身份、地位和权力，也依靠共同体满足其自身所无法获取的需求。[②] 因此，也有一些学者倾向于把共同体看作是一种“想象出来的安全感”或充满想象的“精神家园”，它不是一个已经获得和享受的世界，而一种我们热切希望栖息、希望重新拥有的世界。对于共同体内涵的把握，可以达成一致的是，共同体对于成员的归属感、价值实现和情感交流十分重要，它是“一种持久的和真正的共同生活”。共同体成员之间通过暗示与模仿、竞争与冲突、顺应与同化、合作等方式实现发展。

随着社会的不断发展，原始意义上的共同体逐渐消失，当代意义上的共同体已然兴起。但当代意义上的共同体也必须经过一个逐步建构的过程。一个组织、一个社区或其他类型的团体，并非天然就是共同体，也不是一定能够形成共同体的精神与实践。有学者认为，共同体的生成，离不开共同目标、身份认同、归属感这三个基本要素。[③] 首先，共同目标是共同体生成的前提，着重点在于满足其成员的内在和根本需求。没有共同目标，就只能成为松散的偶合人群，只是偶然地在同一个地方聚在一起。同时，共同体目标与组织目标有着明确的区别。共同体目标强调满足成员的需求，而组织目标更多的是外在的目的追求（如追求利润、打赢战争等）。其次，身份认同是共同体生成的基础。在社会学领域，身份认同主要揭示的是人与社会的关系，解决的是“我是谁”“我希望成为谁”的问题，它是对自我身份的一种追问与确认，指向成员在群体中的自我同一性、自我归属感和自我意义感等。在现实生活中，每个人都会同时拥有多个团体的成员资格，归属于不同的群体，也就是说每个人都会有多种角色和身份。身份认同往往决定了自己把自己认作是属于哪个群体或哪种价值的人。再次，归属感是共同体维系的纽带。归属感又称隶属感，是成员对共同体的认同、满意和依恋程度的情感体验。马斯洛的需要层次理论提出，“归属和爱的需要”是人的重要心理需要，只有满足了这一需要，人们才有可能“自我实现”。对于原始意义上的共同体而言，血

① 文学峰. 试论科学共同体的非社会性［J］. 自然辩证法通讯，2003（3）：60－64.

② 张广利. 社会生活共同体就是社区组织吗［N］. 解放日报，2007－11－01.

③ 张志旻，赵世奎，任之光，等. 共同体的界定、内涵及其生成：共同体研究综述［J］. 科学学与科学技术管理，2010（10）：14－20.

缘、地缘就是维系共同体的纽带。对于当代意义上的共同体而言，共同的利益、共同的信仰、共同的道德作为成员认可并共享的文化，都可以成为维系共同体的重要纽带。只有成员在一个群体中体验到一种归属感、对他人的安全感和信赖感，共同体才得以生成。

（三）共同体理论对学校组织发展的影响

共同体理论广泛应用于教育教学领域，有两个比较重要的背景性事件：

一是始于20世纪80年代初的公立学校改革运动。当时西方社会普遍弥漫着对公立学校一种无可名状的担忧，认为公立学校质量和效率低下，导致国家处在危急中。其中的一些观点认为，努力形成一个学校范围内的专业学习共同体是学校改革的关键。过去的教育改革之所以失败，是因为这些改革都是自上而下由政府强行推动的，学校与教师处于被动地位，往往会持有消极的态度。创建共同体有助于改变学校和教师被动参与教育改革的状态，激发他们主动参与教育改革的热情。1993年，塞吉欧维尼（Thomas J. Sergiovanni）在美国教育研究协会的一次会议上倡议将学校的隐喻从“组织”转换为合作的“共同体”，从而激发教师、学生、领导层产生动机，推动学校管理变革。他认为，共同体的建立必须成为任何改进学校的努力的核心。① 美国教育家厄内斯特·波伊尔（Ernest L. Boyer）于1995年发表的《基础学校：一个学习化的社区大家庭》一书中，就提出了“学习共同体的概念”。他认为学校从真正意义上来说应该是一个学习共同体，必须“有共同的愿景，能够彼此交流，人人平等，有规则纪律约束，相互关心照顾，气氛是快乐的”②。

二是始于20世纪60年代的教师专业化运动。1966年，国际劳工组织和联合国教科文组织在法国巴黎召开的“教师地位之政府间特别会议”上，通过了《关于教师地位的建议》，首次以文件的形式将教育工作视作专门的职业，要求教师要有专业的知识和特别的技能。教师专业化运动认为，教师职业发展的核心是教师的专业化，它体现在教师职业的不可替代性上。在这一运动过程中，外在的、被动式的教师发展方式不断受到批评，取而代之的是一种教师主动发展观。在此背景下，斯腾豪斯（Lawrence Stenhouse）提出“教师即研究者”的观点，对教师教育改革产生了重大的实践影响。凯米斯（Stephen Kemmis）在此基础上提出教师即解放性行动研究的观点，即教师不是在专家指导下进行研究的，而是在自己的共同体指导下进行研究的，只有这样，教师才能获得专业自由和专业发展。③ 哈格里夫斯（Andy Hargreaves）则认为，教师职业的专业化过程可以分为四个阶段：前专业化、自主专业化、专业化的合作以及后专业化。在前两个发展阶段上，教师的专业发展可以是个体式的发展，但后两个阶段则需要依

---

① 郑葳，李芒．学习共同体及其生成［J］．全球教育展望，2007（4）：57－62.

② 波伊尔．基础学校：一个学习化的社区大家庭［M］．王晓平，译．北京：人民教育出版社，1998：20－46.

③ 熊焰．“教师专业化”运动及其述评［J］．广东教育学院学报，2005（6）：44－48.

赖更多的同伴合作与外部的专业支持。①

1. 国外的研究与实践

聚焦“共同体”研究，在教育教学领域已经形成一簇相关概念。例如，让·莱夫（Jean Lave）等人提出的“实践共同体”（communities of practice，1991）、布朗（Ann L. Brown）和坎培恩（Joe C. Campione）提出的“学习者和思想者的共同体”（communities of learners and thinkers，1994）、库珀（Bruce S. Cooper）和博伊德（William L. Boyd）提出的“合作学习共同体”（collaborative learning communities，1997）、霍德（Shirley M. Hord）等人提出的“专业学习共同体”（professional learning communities，1997）等等。

在实践领域影响较大的研究当属以霍德为代表的美国西南教育发展实验室（Southwest Educational Development Laboratory，简称 SEDL）的专业学习共同体研究。SEDL 系统地构建了专业学习共同体理论和实践操作模型，并将其运用到学校之中，通过实证研究检验理论成效，探索运作机理。日本学者佐藤学也把共同体理念引入到学校教育教学改革实践中，提出“学习共同体”是学校改革的愿景与哲学。佐藤学于 1998 年在日本茅崎市的滨之乡小学建立了实验学校，随后又在富士市岳阳初中创建“学习共同体”。这两所学校都消除了学生厌学不到校的现象，也杜绝了校园暴力和违法行为。根据他的估计，日本在 2013 年创建“学习共同体”的学校中，小学约 1 500 所，初中约 2 000 所，高中约 200 所，每年举办 1 000 次左右的研讨会。②

各种研究都在试图寻找有效的专业学习共同体的特征，提出专业学习共同体的建构模式。霍德提出了专业学习共同体的四大理论基础，即建构主义、人本主义、学习型组织理论、社会互动论，并在此基础上指出了有效的专业学习共同体的五大特征③：①共享和支持性的领导。在传统的学校组织中，行政人员处于领导者的位置，教师处于被领导者的地位，一般由领导者做出决策，被领导者去实施。而在专业学习共同体中，看待教师的方式发生了根本性变化。当一所学校变成专业学习共同体时，所有的人员包括行政人员、教师、学生都是学习者，他们共同学习、共同决策、共同发展。②共同的价值观和愿景。在传统的学校组织中，一般由最高行政人员宣布一个目标并把它强加给学校中的所有成员，这样的目标难以得到成员的广泛认可，也就产生不了推动学校向前发展的集体力量。而在专业学习共同体中，愿景是由全体成员通过协商共同创造的，是得到所有成员广泛认可的。③共同学习和应用。在传统的学校组织中，教师的发展往往是孤立的、个体化的状态。而在专业学习共同体中，成员们都充分认

① HARGREAVES A. Four Ages of Professionalism and Professional Learning [J]. Teachers and Teaching：Theory and Practice，2000，6（2）：151－182.

② 佐藤学. 学校见闻录：学习共同体的实践 [M]. 钟启泉，译. 上海：华东师范大学出版社，2014：1.

③ 陈晓端，任宝贵. 当代西方教师专业学习共同体的理论与实践 [J]. 当代教师教育，2011（1）：19－25.

识到与其他成员一起学习的重要性，大家毫无保留、持续不断地合作与学习，共同探寻、验证解决问题的方案。④共享的个人实践。在传统的学校组织中，教师之间的观摩通常是被动的，评价也是流于形式的。而在专业学习共同体中，每个教师都乐于让其他成员观摩自己的课堂，而且其他成员也都进行评价和反馈。成员之间能够开诚布公地畅谈自己的看法，并乐于分享成功的经验与失败的教训。⑤支持性条件。支持性条件主要由学校行政人员提供，学校应该为创建专业学习共同体提供必需的客观条件和主观条件，包括文化精神、制度保障、物质支持等。

佐藤学则提出了创建学习共同体的三大原则或策略①：一是公共性。学校是各种各样的人共同学习的公共空间，应该开放给所有的人。他要求学校每位教师至少一年要有一次开放自己的课堂，开放自己的教案，让全校老师、外校老师、家长和社会人士来参观，不是为了评鉴，而是为了提升教学质量。他提出，学习共同体的创建以倾听作为核心和媒介，每个师生都要学会倾听他人的声音，向他人敞开心胸。倾听不但是提升学生学习品质的重要方式，而且是教师专业成长的必由之路，也是学校内涵发展乃至社会生态变革的路径。② 二是民主性。学生、教师、校长和家长，每一个人都是学校的主人，每一个人的学习权和尊严都应受到尊重，各种各样的思考方式与生活方式都应受到尊重。这要求各个主体结成平等关系，实现各自的权利，承担各自的责任。他批评日本学校把学生分为好学生和差学生，只有最好、最差的学生才有发言权，才可以引起教师注意，而中间的孩子则被忘记了。三是卓越性。无论是教师的“教”还是学生的“学”都必须是卓越的。即使学校整体成绩不好，在学区内学力排行很低，但必须设定最高的教育目标，永远要给孩子最好的教育内容或资源，所有的师生都要追求至高的境界。从这三个原则出发，他将学习共同体分为三个层次：第一个层次是学生学习共同体。所有的课程都是小组一起学习，不放弃任何人。第二个层次是教师学习共同体。教师间要建立良好的同事关系，互相观课，透过同事的教学反观自己，一起改善、共同提高。第三个层次是家长参与的学校共同体。让家长到学校不仅仅是“看”孩子怎么上课，而是要作为教师的助手，参与到课程设计中来。

胡弗曼（Jane B. Huffman）和海普（Kristine K. Hipp）对六所创建专业学习共同体的学校进行了持续三年共 64 次的跟踪访谈，提出学校创建专业学习共同体要经过发起、执行和制度化三个阶段，每个阶段的推进都要把握霍德关于专业学习共同体的五个特征，每个阶段都有不同的内容和要求（见图 3 -2）。③

在发起阶段，学校要基于办学理念、价值观和行为规范提出一个改革的要求，鼓

---

① 佐藤学. 学校的挑战：创建学习共同体［M］. 钟启泉，译. 上海：华东师范大学出版社，2010：2 -3.

② 陈静静. 佐藤学“学习共同体”教育改革方案与启示［J］. 全球教育展望，2018（6）：78 -88.

③ 胡弗曼，海普. 学习型学校的文化重构［M］. 贺凤美，万翔，王大凯，等译. 北京：中国轻工业出版社，2006：31.

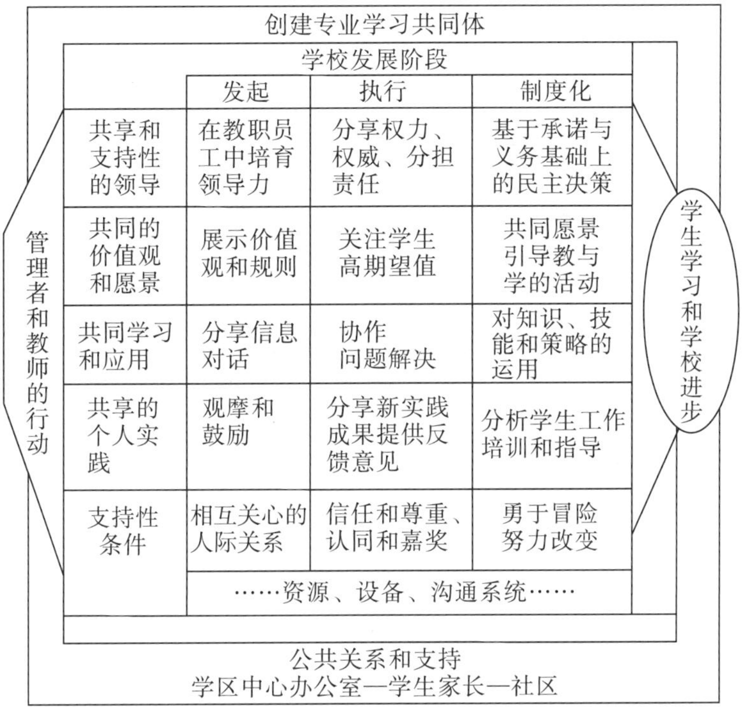

图 3－2　胡弗曼和海普的专业学习共同体创建模式

励教师分享与交流改进方案，营造一种相互关心的人际关系，并借此形成改革的共同愿景。在执行阶段，校长要通过权力分享和激励措施，让教师主动担当责任，通过相互协作解决问题，形成新的实践成果，进行评价与反馈。在制度化阶段，改革的动机成为学校文化的有机组成部分，教师的改进措施已进入常态化实施的状态，全体教师都在为教学质量提升而不断努力。

从以上的研究与实践来看，学校组织中的共同体，其关注点都聚焦于“学习”，但学习本身是融入到教师的工作实践之中的，学习的方式是教师相互协作，学习的结果是教师共同得到了专业发展，学习的最终目标是促进学生的学习。

2. 国内的研究与实践

国内从共同体视角开展学校组织研究源于 21 世纪初。在推进大规模、全方位基础教育课程改革的背景下，教师成为最重要的改革力量之一，教师专业发展受到前所未有的重视。关于学校组织研究的一个基本假设是，将学校中的组织如教研组创建为专业学习共同体，将有助于推动教师成为真正意义上的专业人员。相关理论认为，专业学习共同体以共享的领导取代了教研组的科层管理，以共同的愿景与价值取代了自上而下的学校指令性要求，以全体成员间的共同协作、研讨、反思、质疑取代了过去教师之间的相互竞争、孤立、封闭的状态。这里既指出了当前教研组建设存在的问题，也指明了教研组建设的方向。作为专业学习共同体的教研组，通过共同的愿景与共享的领导把全组成员凝聚在一起，并在学校提供的最优支持环境下共同学习，最终获得个人和团队的共同发展。

对于如何理解教师专业学习共同体，国内学者大多借鉴共同体理论，从群体关系、社会组织的角度进行了切入，认为凡是以社会协商的方法建构知识的团体，都可以称之为学习共同体。① 牛利华认为，教师专业共同体是建立在教师专业化浪潮的基础之上，以学校为基地，以教育实践为载体，以共同学习、研讨为形式，在团体情境中通过相互沟通与交流最终实现整体成长的提高性组织。② 阴祖宝、倪胜利认为，专业学习共同体是指由一群志同道合的教师所组成的，持有共同的信念、价值、目标或愿望，为致力于促进自身专业发展、学生获得更佳的学习成效以及学校的教育研究与革新而坚持不懈地以合作方式进行探究和问题解决的学习型社群。③ 面对专业问题，指向专业发展，这是教师专业学习共同体的独特价值。创建教师专业共同体的目的在于，通过教师间的理解、交流与对话以及尊重和鼓励差异，重塑教师的专业主体性，最终达到教师间共同的专业进步。

牛利华认为，与“一群教师”相比，教师专业学习共同体具有以下特征④：①内部成员之间的经常性互动。以行动目标为指引，成员间经常产生互动、沟通和交往，这是共同体产生的现实条件。②成员对共同体的高度认同感和隶属感。通过发现问题、提出问题，并且共同探索问题解决的方法，成员在此过程中会对共同体产生认同感和隶属感，从而形成共同体的情感基础。③内部成员之间的平等关系。成员之间相互实现信息互享，每一个人都参与共同体的活动。成员之间的平等性是共同体存在的组织条件。

对于如何创建教师专业学习共同体，国内在理论与实践层面上都进行过较多的研究。郑葳认为，共同体的生成可以从三个层面推进：①文化创生，这是学习共同体的培养基。一种开放的、合作的学校、课堂文化，是学习共同体生成的土壤。因此，首要的事情是转变学校文化，将学校、课堂培养成一个共同体的学习环境。②赋予权利，这是学习共同体的动力源。在学习共同体中，每一个人都处于学习状态，每一个人都是学习的主体。要成为学习的主体，首先要拥有成为主体的权利。因此，创建学习共同体必须向共同体的成员授权。③对话协商，推动学习共同体的自行生成。学习共同体不是由外部强制力量推动而是依靠民主、平等的教育理念支撑的学习环境。

在教师专业发展运动的推动下，我国中小学、幼儿园从 20 世纪末以来纷纷启动了对教师专业学习共同体创建的探索与实践，教师专业学习共同体逐渐从一个新生事物演变为教师专业发展的一个重要策略。在国内文献中，关于学习共同体实践的较早探索，是 1999 年黑龙江省哈尔滨市南岗区成立的“初中学习共同体”以及“小学学习共

---

① 郑葳，李芒．学习共同体及其生成［J］．全球教育展望，2007（4）：57－62.

② 牛利华．教师专业共同体：教师发展的新模式［J］．教育发展研究，2007（12B）：40－43.

③ 阴祖宝，倪胜利．走向专业学习共同体的教研组变革［J］．当代教育科学，2013（8）：54－57.

④ 牛利华．教师专业共同体的实践焦虑与现实出路［J］．外国教育研究，2013（7）：59－65.

同体”研究。其具体做法是，将着力点放在基于教育教学改革中学校碰到的共同问题上，定期开展学习研究活动。“学习共同体”成立后，南岗区每个月在一所学校开一次现场会，先是由决定开现场会的学校分析自身办学存在的问题，并选择其中一个主要问题进行先期研究，制定方案，确定学校发展主题，然后由共同体组织的每月一次的现场会帮助学校对这个问题进行再梳理，完善解决方案。① 这两类学习共同体是通过跨校来创建的，也有不少在校内创建的学习共同体。例如，上海市北郊学校进行了创建教研组学习共同体的研究；上海市卢湾中学积极开展校本教研，构建教师学习共同体；浙江省杭州市香积寺巷小学在2005年开展了“小班化背景下教师共同体的建设”课题研究。

3. 教研组创建专业学习共同体的研究与实践

国内关于教研组创建教师专业学习共同体的实践路径研究，主要从以下角度展开：

一是强调中国特色的教研组建设。② 教师专业共同体建设要根据不同区域、不同学校的具体情况，创建相应的工作模式和机制，不宜照搬某一模式。中国特色的教研组建设，一方面要传承和深化集体备课、听评课、业务学习等传统的教研形式，另一方面还要发展和创新课例教研、课题教研、教学测量与评价教研等新型的教研活动。

二是突出教师合作文化的构建。当前教研组的行政化、事务化倾向以及教师考核评价的个体性，在一定程度上导致教研组合作文化的缺失。组建教研组的初衷是为了促进教师之间的合作，以利于教师工作绩效的提高和自我专业成长。但在教研组的发展过程中，教师之间的合作被逐渐剥离，教师之间更多的是竞争而非合作。③ 对专业学习共同体而言，最具稳定性的内核就是共同体文化。因此，合作文化的构建，是教研组创建教师专业学习共同体的关键。专业共同体的创建过程，就是学校文化重建的过程，也是自主的、平等的合作文化建设的过程。这就意味着首先要打破科层制的束缚，采取支持性、共享性的领导方式，教研组长与成员不是上下级间的指令性关系，教研组长不再是一种“行政性”的领导，而只是教育活动的召集人；成员之间是平等的、支持性的，不需要论资排辈，不需要绝对的权威与服从。其次，要创建激励性、发展性的教研评价制度，这种评价制度指向教师间的合作、分享与共享，而不是个人式的单打独斗。最后，要探索建立基于教师合作的教研机制。例如，广州市天河区构建了“三人行”教研模式，由同一所学校的三个年级备课组或同一个年级备课组的三位教师组建“三人行”共同体，按照固定的教研模型，从质量监控数据出发，以问题为起点，共同制定活动内容和方案，协作组织有序教研交流的活动。该模式在实施上分为三个阶段：①个人研究阶段；②协商整合阶段，每一个教师至少需要参与两轮互动，第一

---

① 时晓玲，刘琴. 哈尔滨南岗区建立学校“学习共同体”［N］. 中国教育报，2005－11－15（2）.

② 单志艳. 走向中国特色教师专业学习共同体的教研组变革［J］. 教育研究，2014（10）：86－90.

③ 蒋福超，刘正伟. 专业学习共同体视角下的教研组变革［J］. 教育发展研究，2009（10）：83－87.

轮互动是在备课组内基于个人研究开展三点互评和协商整合研讨，第二轮互动是在教研组内整合优化，条件允许的话，可以引进专家，就定稿和专家一起互动；③实践思辨阶段，重在以实践检测教研活动的效果，每位教师通过设计实施或听课，得到反馈或者进行辨析，在分享中不断生成新经验。①

三是专注于教师的学习。在教师专业学习共同体内，一切的成员都是学习者，而所有成员的学习目的只有一个，那就是让学生更有效地学习。因此，教师专业学习共同体的关注焦点不是教师的“教”，而是学生的“学”。杜富尔（Richard DuFour）从三个方面对如何关注学生的“学”进行了说明：我们希望学生学习什么；我们怎么知道学生学会了；当学生在学习中碰到困难时我们应如何应对。是否回答上述问题以及如何回答上述问题，是传统教研组与教师专业学习共同体的首要区别。②

四是要求学校提供物质支持和制度保障。例如，浙江省宁波市江东中心小学为学科教研组打造专业学习共同体提供了完善的服务保障，每年专门采购与教育教学研究密切相关的图书资料和杂志，给予每位教师一定的购书自主权，还开发了“教师专业成长档案”系统，由教研组长协调组织“读书沙龙会”活动等。又如，江苏省无锡市扬名中心小学以项目制推进教研共同体建设，要求每个项目组都要制定比较完备的发展规划和研究计划，并根据研究进展情况及时进行调整。每个项目组除设正副组长外，还设有经费管理员和资料整理员各 1 名。学校每年对研究项目考核 1 次，考核结果突出的项目组可以追加研究经费，考核结果不理想的项目组则减少研究经费。③

从专业学习共同体的内涵和外延来看，它与教研组有许多的相似之处。首先，从目标来看，不管是专业学习共同体还是教研组，都有促进教师专业发展的任务和职能，只是各自强调的路径有所不同；其次，从活动来看，教研组中的集体备课、听评课、公开展示课以及师徒带教等，与专业学习共同体强调的共同的学习和应用、共享的个人实践活动等有一定的相似性；最后，从支持条件来看，两者都需要学校提供支持性条件来保障发展。两者之间的相似性，使得以专业学习共同体作为切入点改造教研组具备了可能性和适切性。

教研组创建专业学习共同体的难度在于，教研组本身是一个制度规范下的专业他组织，在学校现行的科层管理制度下，不可避免地带有一定的行政性色彩，而专业学习共同体更多的是在精神追求和价值取向上保持一致的自组织。如何面对这种冲突，需要进一步探讨教研组的组织属性和职能。

---

① 刘永东. 中小学教研组督导评估体系及有效教研模式之探索：基于广州市天河区的实践［J］. 教育测量与评价，2015（10）：23－28.

② 蒋福超，刘正伟. 专业学习共同体视角下的教研组变革［J］. 教育发展研究，2009（10）：83－87.

③ 顾燕萍. 教研共同体促进教师专业发展：江苏省无锡市扬名中心小学的实践探索［J］. 人民教育，2013（5）：45－47.

二、组织理论及其对学校组织发展的影响

与共同体理论把教研组看作是一个教师专业发展的精神共同体不同的是，组织理论把教研组看作是学校中的一个规范化基层组织。根据对组织定义和组织属性的不同理解，组织理论大致可以分为古典组织理论、行为科学理论、现代组织理论等三种视角。

（一）古典组织理论及其对学校组织发展的影响

1. 古典组织理论溯源

古典组织理论以泰勒（Frederick W. Taylor）的科学管理理论、法约尔（Henri Fayol）的一般管理理论和马克斯·韦伯（Max Weber）的科层组织理论为代表。以三人为代表的早期管理学家对组织问题研究的时期，一般被称作组织理论发展的科学管理时期。

古典组织理论的人性假设是“经济人”，认为人的行为动机以获得经济利益为取向。古典组织理论认为，组织是理性化、结构化的组织，规则和制度是组织管理的基础。罗伯特·G. 欧文斯（Robert G. Owens）指出了古典组织理论的四个原则：一是等级原则或者垂直领导原则，强调高层的决策通过组织层级传递到下级职员的直接性和连续性。二是统一指挥原则，组织中任何人都不应该接受来自多位上级的指令。三是例外原则，当一个决定需要被不断重视时，这个决定就应该作为常规确定下来，然后再以规则、标准操作程序、行政等形式发给下属。这是古典理论中应用最为广泛的原则。四是控制跨度原则，规定了向主管人员汇报的人数（一般三到六人）。如果汇报的人太多，就会迫使主管人员不得不将更多的决策权下放给下属。①

在这三人中，泰勒组织思想的核心是标准化，即按照科学的方法来制定生产标准，根据生产标准由技术人员设计出科学的操作方法和工具，最后通过管理人员对工作的严格监督和控制加以实施。科学管理理论特别强调管理的科学性、精密性，在研究劳动动作和工作时间的基础上，提出了“按件计酬”原则和“差别计件”原则，大大提升了劳动生产效率。法约尔以管理过程和管理组织为研究对象提出“管理一般原则”。他的主要贡献是提出了管理的五项要素——计划、组织、指挥、协调和控制，并且明确了管理的十四条原则，指导人们设计组织结构，进行组织管理。他还提出了组织的层级结构原理，主要在组织中保持较小的管理幅度。

马克斯·韦伯的科层理论对学校组织的影响更为深远，现代学校组织基本是按照其组织结构模式和运行机制建立起来的。他的组织理论可以概括为以下三个方面。一是任何组织的存在都是以某种形式的权力为基础的。而权力的合法来源有三种：习俗惯例、法规理性和个人魅力。当统治者宣称自己代表了传统，或具有非凡的个人魅力，

---

① 欧文斯. 教育组织行为：适应型领导与学校改革［M］. 窦卫霖，温建平，译. 8 版. 北京：中国人民大学出版社，2007：74－75.

或符合法理时，他们的统治被分别称为传统型统治、魅力型统治和法理型统治。其中，法理型统治是组织体系构建的基础，而法理型统治最适宜的组织形式就是科层制。二是提出了组织体系，即科层制的主要特点：①合理的分工。根据组织目的、工作任务、工作类型对每位组织成员的职责权限进行划分，并以法规的形式将这种分工固定下来。每位成员都是某一特定岗位上的专家。②权威的等级体系。在组织中实行职务等级制和权力等级化，职权关系垂直分布，形成层级节制的权力体系，每位成员都受到上一级成员的控制和监督，每位成员都拥有明确的责任和权威。③严格的规章制度。在组织管理中严格依照规章制度办事，组织中一切重要的决定和命令都以正式文件的形式下达，任何管理者都不能随心所欲，公私不分。④合法的人事管理。在组织中因事设岗，专职专人，量才用人，以及根据工作需要对组织成员开展专业培训等。三是将组织结构分为三个层次：高级管理阶层（即决策层）、中级管理阶层（即贯彻执行领导决策层）和低级管理阶层（即实际的工作层）。

古典组织理论的产生，使企业组织的管理开始由经验管理走向科学管理。在古典组织理论运用初期，企业组织的生产标准和工人的劳动积极性的确有较大的提高。但随着管理实践的发展，其局限性也逐渐暴露出来。这种理论把人当作是受驱动的机器，无视人的主观能动性，人成了只是谋求生活需要而劳动的“经济人”。在管理实践中，管理者无视劳动者的情感、意识，更谈不上尊重劳动者的自我价值，久而久之，就会导致劳动者在心理上的反抗以及实际行动中产生的消极怠工、罢工等行为。正因为古典组织理论的局限，组织理论的视角开始转移到以人为中心上来，从而发展到了以研究人的行为为中心的行为科学阶段。

2. 古典组织理论在学校组织中的影响

古典组织理论诞生以后，一些教育学者尝试将其引入教育领域。1913 年，芝加哥大学的富兰克林·波比特（Franklin Bobbit）发表长篇论文《若干适用于城市学校体制问题的一般管理原理》，试图将泰勒的科学管理思想引入到学校管理中。他认为，要提高学校工作效率，首先要确定学校“产品”（毕业生）的理想标准；其次，要规定学校的“生产方式”和程序；再次，生产者（教师）必须具备资格，遵守工作准则。① 这种注重效率和标准化的观念对传统学校管理是一个巨大的冲击。科层理论则最早是由美国学者马克斯·阿博特（Max G. Abbort）推广应用的。他认为学校组织具有分工的专业化特征；学校明确严格的纪律和规章制度；学校管理的理性化程度高；教职员工是按照自己的职务、责任、工作量领取工资的。要提高学校管理的效率，首先要从学校组织的程序化和规范化做起。②

古典组织理论推动了学校管理工作的标准化、程序化和效率化，使得学校管理由传统的粗放式管理向科学的集约式管理迈进。目前，我国学校组织中的校长负责制、教育目标责任制、教师聘任制以及各种岗位责任制等都是受到了古典组织理论的影响。

---

① 孙绵涛. 教育组织行为学［M］. 福州：福建教育出版社，2012：25.

② 孙绵涛. 教育组织行为学［M］. 福州：福建教育出版社，2012：26.

从总体来看，古典组织理论对学校组织的影响主要表现在四个方面：一是在教育系统中建立了上下衔接和明确分工的管理系统；二是国家通过法律、政策和法规，赋予各级组织以明确的职责和权力；三是在学校内部建立和完善行政组织网络；四是各级组织要经常考核下属的工作效率，并按其能力决定提升和任免。①

古典组织理论对现代学校组织的影响深远，在现代学校组织管理中依然能看到它的形式和功能的影子。但是，学校管理与企业管理还是有着根本性的不同，培养人与生产产品有着本质性的区别。学校管理不仅仅是讲求效率，追求质量，更要追求文化的传递和工作的创造性。忽视对象的特殊性，最终将无助于提升效率，更不利于学生的发展。以科层制为例，科层制具有双重结构，一方面强调科层管理在本质上是以专业知识为基础来实施控制的，另一方面又认为一级指挥一级，下级必须坚定不渝地执行上级命令。从这一点来看，共同体理论所批评的教研组专业性与行政性的冲突是不可避免的，因为教研组一旦纳入学校正式的组织系统，就先天具有双重结构和双重属性。即学校组织内既有以校长为首的行政权力，也有以教师为代表的学术权力。不过组织的专业取向和行政取向的矛盾并不是完全不可调和的，它们既有相似性，也有差异性，如果学校组织能够变得更加专业化，这两者间的冲突和矛盾将会大大减少。

表 3－1 专业取向与行政取向的相似性与差异性②

组织类型	专业取向的组织	行政取向的组织
相似性	技术专家 目标观点 非人格化和公正方法 服务于顾客	技术专家 目标观点 非人格化和公正方法 服务于顾客
差异性	同行评价小组 自主决策 自定控制标准	等级取向 规训化服从 服从于组织

另外，由古典组织理论主导的学校改革，由于比较强调垂直管理和统一指挥，因而通常都是自上而下推进的。这也是广受批评的一点。如何解决上述问题，在行为科学理论和现代组织理论中会有涉及。

（二）行为科学理论及其对学校组织发展的影响

1. 行为科学理论溯源

行为科学理论以梅奥（George E. Mayo）、道格拉斯·麦格雷戈（Douglas M.

① 金含芬. 学校教育管理系统分析［M］. 西安：陕西教育出版社，1993：20－21.

② 霍伊，米斯克尔. 教育管理学：理论·研究·实践［M］. 范国睿，译. 北京：教育科学出版社，2007：116.

McGregor）等人的研究为代表，也称作人际关系理论。行为科学理论批评古典组织理论把组织看成封闭的、机械式的系统，过分强调正式结构而忽视了人的因素；在管理过程中，这种理论容易忽视人的主观能动性，无视人的情感需求，而仅仅把人看作是一种受驱动的机器。

梅奥在1924—1932年间进行的霍桑实验拉开了对组织中的人的行为研究的序幕。实验的结论改变了古典的管理思想，认为应该把工厂的工人当作人看待，而不是当作机器看待。梅奥的人际关系理论有如下要点：①组织成员不只是经济人，还是社会人。人们的行为不单纯出自对经济利益的考虑，还有社会和心理等综合因素。霍桑实验证明，人际关系更能提高生产效率。②组织中存在着非正式群体。非正式群体是组织成员在交往过程中自发形成的、有特定情感倾向的小团体。正式群体以效率逻辑作为行为规范，而非正式群体往往以情感逻辑作为行为规范。非正式群体对于组织既有积极的作用，也有消极的影响。在管理中必须注意效率逻辑与情感逻辑的平衡、协调。③重视提高组织成员的满意度。古典组织理论认为，只要采用科学的作业方法、改善工作条件、实行合理的工资制度，就可以提高生产效率。霍桑实验证明，生产效率的提高，更大程度上取决于组织成员的满意度。组织成员的满意度越高，生产效率也越高。因此，新型领导者要善于倾听组织成员意见，满足其合理需求。

道格拉斯·麦格雷戈也是行为科学研究中的代表性人物。他认为，组织中的管理人员是基于人性假设来管理组织的。他把传统的管理模式叫作X理论，X理论认为人性本恶，人在天性上是逃避工作的，管理者必须用严密的控制、强迫、惩罚和威逼利诱的手段来对付员工。X理论的管理方式是胡萝卜加大棒，一方面用金钱来收买与刺激员工，另一方面通过严密的控制、监督和惩罚迫使其努力工作。以X理论为指导的管理模式有可能导致员工的工作创造性与自主性下降，因此，麦格雷戈又提出了一种新的管理理论——Y理论。Y理论假定人性本善，认为管理者只要善于循循善诱，员工在没有严密的监管下也会努力完成生产任务。而且在适当的条件下，一般的人不仅愿意承担责任，而且会主动寻求责任感。基于Y理论，麦格雷戈建议，要建立良好的团队关系，为员工提供富有挑战性和责任感的工作，这些都会极大地调动员工的工作积极性。

行为科学理论重视组织中人的重要性，并且以“社会人”为出发点，提出了一套行之有效的管理办法，把非物质因素大范围引入组织激励机制之中，提倡通过改善劳动条件，提高劳动者工作生活的质量，调动人的积极性，进而提高劳动效率。这些思想有利于推动生产发展和社会进步。在随后的发展中，行为科学理论进一步研究了人的行为特点、行为环境、行为过程以及行为原因等，形成了一系列丰富的理论。当然，要处理好霍桑实验中发现的问题，只有人际关系方面的技能是不够的。忽视正式组织的存在，缺乏对理性及经济因素的研究，可能导致走向与古典组织理论相反的另一个极端。

2. 行为科学理论在学校组织中的影响

行为科学理论的着重点在于人，它关注人的兴趣、态度、情绪等对工作及其效率的影响，并从人性、心理的角度来剖析和改善参与者的主观条件，从而影响客观因素，带动工作效率的提高。行为科学理论应用到学校组织中，就是要求管理者重视教师在工作中的主体地位，强调教师的主观能动性，注重改善教师群体的人际关系，从而激励教师的工作热情、事业心和成就感。

行为科学理论对学校组织的影响，主要体现在以下三个方面：一是推动管理者关注并改善学校人际关系，重视满足教师心理需求和士气提升。这就要求管理者应采取新型领导方式，组织好集体工作，使教师之间能够真诚持久地合作。二是认识到学校中非正式群体的存在和影响力。这要求管理者要加强对学校中非正式组织的引导，让个人有表达思想的机会，使人在工作中感到温暖。三是在制订政策或计划时倾听教师的意见，做到民主参与决策。从行为科学的视角来看，教研组变革应该把教师置于首位，任何试图把变革意愿强加给教师的做法都是极其不明智的做法。

（三）现代组织理论及其对学校组织发展的影响

1. 现代组织理论溯源

现代组织理论是20世纪60年代以来在古典理论和行为科学理论基础上形成和发展起来的。现代组织理论既重视从宏观上把握组织的整体运行，也注重从微观上把握组织中人的行为以及对组织效能的分析，系统观、社会观与权变观是其主要特征。同时，现代组织理论的视野和方法较之过去也大大拓展。

其中，决策理论认为决策是管理的核心，管理就是决策，贯穿于管理的全过程。因此，研究者提出了决策标准、程序化决策、非程序化决策以及组织机构的建立同决策过程相联系等主张。他们还将数学方法运用到组织管理中，借助信息论和控制论的方法，为企业提供人工智能决策服务等。社会系统理论将人的行为放在一个更广阔的环境中加以考察，认为社会的各级组织都是一个协作的系统，进而把企业组织中人的相互关系看成是一个协作系统。其中，协作通过意愿、共同目标和信息联系来实现。经验主义理论认为，企业管理者应结合本企业实际，以大企业的经验为主要研究对象，采取比较的方法，将其经验上升到理论，又放回到企业管理实践中去。情景理论以权变的方法研究人的行为，特别是领导者的行为，认为应用组织理论不能生搬硬套，一成不变，要根据企业的内外部情景的变化而调整，等等。

在现代组织理论中，学习型组织（learning organization）理论对当代学校组织的变革影响较大。学习型组织这一概念最早由美国哈佛大学教授佛睿思特（Jay Forrester）于1965年在《企业的新设计》一文中提出。1990年，彼得·圣吉（Peter M. Senge）在其风靡全球的《第五项修炼——学习型组织的艺术与实践》中将学习型组织由一个概念扩展为一套理论，提出组织唯一可持续的竞争优势，就是比对手更好更快的学习能力。彼得·圣吉认为，学习型组织的基本含义，是持续开发创造未来的能力的组织，“通过学习我们开发自身能力，去做从前不能做的事；通过学习我们重新认识世界，重新认识我们与世界的关联；通过学习我们拓展我们的创新能力，使自己成为生命的成长和生发过程的一部分”①。在随后的《变革之舞——学习型组织持续发展面临的挑战》一书中，他具体阐述了学习型组织的创建问题。随着学习型组织研究的深入，学习型组织已经不是单纯地强调组织对知识的学习，而是组织本身的深刻变革，这种变革不仅包括组织理念的变革，更包括组织运行和管理机制的更新。② 学习型组织的组织结构是扁平化的，即从最高的决策层到最低的操作层，中间的管理层级非常少，操作层拥有充分的自主权和决定权。

彼得·圣吉认为，构建学习型组织要进行五项修炼，具体包括如下内容③：

第一，系统思考。系统思考是一个概念框架，一个知识体系，它的功能是让各类系统模式全部清晰可见，并且帮助我们认识如何有效地改变这些模式。当我们把注意力集中在系统的各个孤立的组成部分时，组织中的最深层问题就会得不到解决。系统思考是整合其他修炼的修炼，它把其他修炼纳入一个条理清晰一致的理论和实践体系中，体现整体大于局部的组合。

第二，自我超越。自我超越是不断澄清和加深个人愿景的修炼，是持续集中能量，增强毅力，并客观地观察现实的修炼。这是学习型组织的精神基石。这项修炼的根基在于东方和西方的精神传统，以及世俗的生活传统。

第三，心智模式。心智模式是决定我们对世界的理解方法和行为方式的那些根深蒂固的假设、归纳，甚至就是图像、画面或形象。心智模式的修炼要从省视自己开始，学习如何把我们内心的、有关世界的图像披露出来，让它们“浮出水面”，并严格仔细地加以审查。

第四，共同愿景。共同愿景是组织中全体成员深度分享的共同目标、价值观和使命感。共同愿景会激发组织成员的真正信念、行动意愿和投入参与，而不是简单地服从。共同愿景的训练涉及分享共同“未来图景”的挖掘技巧，如果用硬性指派的方法发布一个愿景，则会产生适得其反的效果。

第五，团队学习。团队在真正学习时，不仅能做出非同寻常的成绩，而且每个成员都能比在其他情况下更迅速地成长。团队学习的修炼要从深度会谈（dialogue）开始，团队成员需搁置（暂时忘掉）假设和成见进入真正的共同思考。

依托上述五项修炼，学习型组织培养组织成员成为终身学习者，打造具有超强学习力的组织。学习型组织的运行大致需要经历三个阶段④：第一阶段是构建共同愿景。共同愿景是成员活动的目标和动力源，能够激发成员的热情和抱负，激励他们在追求

---

① 圣吉. 第五项修炼：学习型组织的艺术与实践［M］. 张成林，译. 北京：中信出版社，2009：15.

② 王虹. 管理理论的新变革：创建学习型组织之管见［J］. 理论界，2002（6）：82.

③ 圣吉. 第五项修炼：学习型组织的艺术与实践［M］. 张成林，译. 北京：中信出版社，2009：137－266.

④ 严运锦. 学习共同体、实践共同体、学习型组织概念辨析［J］. 上海教育科研，2019（8）：28－32.

卓越的过程中承担更多的责任和更艰巨的任务。第二阶段是运用系统思考的思维方式和团队学习的工作方式展开活动。系统思考帮助成员看清彼此之间的相互作用，用整体和多维的视角去观察不断变化的情景。团队学习则是引导成员走进一个指向共同目标的通道。第三阶段是在共同愿景和方法的综合作用下，开发成员的心智模式，实现自我超越。心智模式的开发贯穿于组织活动的各个阶段，是组织建设的基础。自我超越是组织建设的精神所在，只有成员的不断追求，组织才能有旺盛的生长力。

从总体来看，学习型组织是一种不断突破组织成员的能力上限，培养组织成员前瞻而开阔的思维，全力实现共同抱负以及持续不断学习的组织。它强调以共同愿景为基础，构建以扁平化为特征的团队学习网络，鼓励组织成员提升学习能力，创造性开展工作，在工作中体现自我价值和意义。

2. 现代组织理论在学校组织中的影响

在教师专业发展浪潮的推动下，学习型组织理论对学校组织建设产生了非常重大的影响。学习型组织理论对学校组织的影响，主要体现在以下三个方面：一是重视学校共同愿景的塑造。学校的共同愿景源于学校师生的需要，是组织成员乐于达到的目标，而不是由外力强行施加的。二是创造良好的学习氛围。学校组织要为师生成长提供一个支持性、鼓励性的学习环境，使师生能够全身心投入学习。三是重构学校组织。减少中间管理层级，重组各功能部门，将科层制组织改造为扁平化组织，从而使原有的指令性运作机制转变为赋能性运作机制。四是推动学校组织由封闭走向开放。拓展学校外部资源，加强学校、家庭、社区的沟通与联系，广泛调动社会资源参与办学校。

从学习型组织的观点来看，它并不否认教研组的行政性与专业性的共存，但认为不应该以行政性的逻辑（比如精细化的管理和绩效问责制度）去引领教师专业发展。①以创建学习型组织的方式来改造教研组是近年来的一个重要变革趋势。

三、文化生态理论及其对学校组织发展的影响

在本书中，文化生态理论是支持学校组织创新的方法论依据。文化生态理论是借鉴生态学的概念、理论、观点和方法研究文化现象的一种理论。随着人类社会进入生态文明时代，文化生态已经由原有的一门学科逐渐演变为一种世界观和方法论。

（一）文化生态理论溯源

1. 国外的研究

最初的文化生态研究诞生于美国，主要讨论人类文化与其所处的自然环境之间的关系。一些人类学家，如博厄斯（Franz Boas）和克罗伯（Alfred L. Kroeber）采取了一种环境可能主义的立场，认为自然环境提供了一定的可能性或可供选择的机会，由本

① 赵萍. 教师专业发展制度研究：学校教研组——基于三种理论视角的探讨［J］. 教师发展研究，2017（1）：37－43.

身的历史和特殊习俗决定的文化可以从中做出选择。环境可能主义被认为是在文化决定论和环境决定论之间做了一种妥协。这在许多方面都是一种重大的改变。①

1955年，美国学者朱利安·斯图尔德（Julian Steward）发表了他的文化变迁理论（Theory of Culture Change），阐述了文化生态学的基本理念，即“解释那些具有不同地方特色的独特的文化形貌和模式的起源”，标志着文化生态学的正式诞生。朱利安·斯图尔德认为文化与其生态环境不可分割，环境适应构成了文化生态学的基础，相似的生态环境下会产生相似的文化形态及其发展线索，而相异的环境则造就了与之相应的文化形态及其发展线索的差别。由于世界上存在多种生态环境，所以由此形成了世界上多种文化形态及其进化道路。② 朱利安·斯图尔德开辟了新的文化研究的视角，使后来的研究者更为清楚地认识到文化与环境之间的关系。

20世纪60年代，相继有三部非常重要的文化生态研究论著问世，分别是内廷（Robert M. Netting）的《尼日利亚的山地农民》、拉帕波特（Roy A. Rappaport）的《献给祖先的猪：新几内亚一个民族的生态礼仪》和贝内特（John W. Bennett）的《北方平原居民》。这使得文化生态理论体系逐渐走向成熟。

20世纪70年代，霍利（Ladislav Holy）在对赞比亚多加人继承模式变迁进行了研究后，认为实行某一特殊形式的技术所需的行为模式会对另外的文化特征（在这里指继承模式）产生影响。而这一继承模式如果追根溯源，则与没有舌蝇滋扰这一环境因素有关。马文·哈里斯（Marvin Harris）提出了“文化唯物论”，通过追溯各种文化与环境之间的关系，论证了它们适应环境的合理性。“文化唯物论”认为下层建筑对基础建筑有影响，而基础建筑对于下层建筑则没有什么影响。在他看来，所有文化特征都具有生态意义，都与环境相关。

20世纪80年代，系统论开始应用于文化生态研究领域，它把文化和生态环境纳入同一生态系统内部进行考察，使得文化生态研究日趋科学化和系统化。这一时期的代表人物是梭尔（Carl O. Sauer），他创建了文化生态学派，主张在文化与生态环境的双向互动中对文化进行研究，改变了传统意义上机械的、单向的对文化与环境关系做出解释的观点。

20世纪90年代以后，随着经济社会发展和网络信息技术的开发应用，文化生态研究的主体及研究领域越发多元化。哲学、政治学、经济学、社会学、教育学等领域的学者都关注到了文化生态研究，并分别将其应用到自身领域，为文化生态研究提供了一种新的视角。

纵观国外文化生态研究的历史，文化生态学已经逐渐走向成熟，并摒弃了机械的环境单向决定文化的观点，转而提出了文化和环境可以互动的新主张。一方面，生态环境对人类具有非常强大的制约性和规定性。这在人类社会早期表现得尤其明显。另一方面，身处文化和社会之中的人对生态环境也有认识和改造的能力。同时，环境的

---

① 黄育馥. 20世纪兴起的跨学科研究领域：文化生态学［J］. 国外社会科学，1999（6）：19－25.

② 徐建. 当代中国文化生态研究：基于文化哲学的视角［D］. 上海：华东师范大学，2008.

内涵也不断拓宽，突破了以往仅重视自然环境的文化生态观，把人化环境特别是信息环境也纳入研究范围。1994 年，在芬兰坦佩雷召开的国际传播研究会年会上，芬兰总统阿赫蒂萨里（Martti Ahtisaari）在致辞中首次用“文化生态”来表现由于信息传播技术的飞速发展造成的严重问题。① 文化生态的研究越来越科学和完整，但其基本点一直没有改变，就是探讨人类文化与其生存环境之间的关系，从而对人类文化进行历史的阐释，并在此基础上探索人类文化未来的发展方向，改善和提升人类的生存际遇。

2. 国内的研究

国内关于文化生态的研究起步于 21 世纪初期，主要是从学理上对文化生态的含义、特点、功能、结构等进行了研究，展望了文化生态研究的前景和趋势；对实践层面的文化生态失衡问题、文化生态保护与发展问题进行了探讨，阐述了社会文明进步与文化生态的密切关系。

（1）文化生态内涵及其特征研究。

国内对文化生态内涵的理解上，主要有两种认识。② 第一种认识认为，文化生态是影响文化生产、发展、变化的外部复合环境。这种认识与斯图尔德的“文化生态”理论一脉相承。例如，邓先瑞认为，人类与其生活的环境是一个不可分割的网络体，人类创造的文化是与其生存空间的环境及其变化相依相伴的，探明文化系统与生态环境系统的耦合关系，即是文化生态的内涵。③ 第二种认识认为，文化生态是各种文化相互作用、相互影响而成的动态系统。这种观点以生态学的方法为指导，把人类文化本身看作一个生态系统，既认为文化的外部复合生态环境与文化之间有关联性，又认为文化系统内部间也存在各种有机关联。梁渭雄、叶金宝认为，文化生态包括外环境和内环境，外环境包括社会经济制度、政治制度和自然地理状况等；内环境指文化范围内的各种不同文化，如不同民族、不同宗教、不同学派和不同地域的文化等。④ 柴毅龙将文化生态分为广义和狭义两种含义。广义的文化生态是一种世界观或文化观；狭义的文化生态指精神文化与外部环境（自然环境、社会环境、文化环境）以及精神文化内部各种价值体系之间的生态关系。⑤

关于文化生态的特征，虽然不同的研究者有不同的认识，但总体较为一致。戢斗勇指出，整体性、相关性、有序性、动态性、主体性是文化生态系统的五个重要特征，其中主体性是文化生态系统所必备的特征之一，也是文化生态系统与自然系统的根本区别。⑥ 王长乐认为，文化生态具有四个显著特征：一是时代性和发展性；二是有秩性

---

① 戢斗勇．文化生态学论纲［J］．佛山科学技术学院院报（社会科学版），2004（5）：1 - 7.

② 马菁．近十年来国内文化生态问题研究综述［J］．湖南社会科学，2011（1）：26 - 31.

③ 邓先瑞．试论文化生态及其研究意义［J］．华中师范大学学报（人文社会科学版），2003（1）：93 - 97.

④ 梁渭雄，叶金宝．文化生态与先进文化的发展［J］．学术研究，2000（11）：21 - 22.

⑤ 柴毅龙．生态文化与文化生态［J］．昆明师范高等专科学校学报，2003（2）：1 - 5.

⑥ 戢斗勇．文化生态学［M］．兰州：甘肃人民出版社，2006：84.

和逻辑性；三是非组织性和间接作用性；四是作用渗透性和交互作用性。[①] 王晓真认为，文化生态具有民族性和包容性、时代性和发展性、系统性和有序性。[②]

（2）文化生态结构与功能研究。

一般认为，文化生态是一种结构性的存在，且具有多维性。从文化的外化和接受过程来划分，可以将文化分为精神文化、制度文化和物质文化。从文化在系统中的地位来看，可以分为主流文化和亚文化。还有学者从时间、地域、人群等进行划分。

文化生态对人类文化的演变和社会的发展具有举足轻重的作用，文化生态具有表现、评价、唤醒、褒奖与谴责等功能，[③]我们需要对文化生态实施保护，保证其良性运作。王晓真认为文化生态具有四个方面的价值：一是文化生态关系到文化自身的生存。文化生态失衡会导致文化的异化或衰落，而良好的文化生态则为文化发展提供一个适宜的空间。二是文化生态关系到多元文化的共存。良好的文化生态能够使不同民族、不同国家的文化和谐共生，共同促进全人类文化的和谐发展。三是文化生态关系到生态环境的保护。四是文化生态关系到社会发展。文化生态与经济、政治和社会是一个紧密的共同体，文化生态对生产力具有助推或阻碍作用。[④]

（3）文化生态建设与应用研究。

和谐社会构建与文化生态存在内在关联性。有学者认为，当代中国在文化生态内部各要素之间及其与外部环境间都存在失衡现象，其原因主要来自社会转型、外来文化的冲击及信息技术的发展等。关于文化生态的保护和发展，国内的学者主要从以下方面进行讨论：一是如何协调文化内部的关系，培育良好的文化生态；二是针对文化传播方式的变化，如何合理利用文化媒介进行文化生态的构建；三是如何加强文化主体建设，明确和细化政府的文化生态责任；四是如何对文化生态进行系统构建，着力营造中国特色的社会主义文化生态系统。[⑤]

国内不少学者试图在文化生态理论与其他学科领域之间搭建联系的桥梁，从中挖掘解决现实问题的新途径。比如，运用文化生态理论解决城市规划、生态环境保护、农村文化建设、生态旅游资源开发等社会问题；研究民族地区经济发展、文化传承、生态保护等问题；探索学校文化生态建设、教师文化生态建设、校本课程建设；等等。

（二）文化生态理论对学校组织发展的影响

首先，从方法论的角度出发，提供了一种学校组织变革的范型。以往的研究者多从管理学或社会学的视角来观察学校变革，因而学校变革仅仅聚焦于组织结构变革或课程、教学等方面的改革。徐书业认为，这类学校变革通常指向学生学业成绩，因而并未把握住学校变革的真正实质。当代中国的学校正经历着一场深刻的整体性变革，其实质

①③　王长乐．论“文化生态”［J］．哈尔滨学院学报，1999（1）：51－56.

②④　王晓真．当代中国文化生态问题研究［D］．济南：山东大学，2016.

⑤　马菁．近十年来国内文化生态问题研究综述［J］．湖南社会科学，2011（1）：26－31.

是学校文化的转型，是学校文化生态范型的转换，是师生生存方式的根本改变。[①]

其次，从学科的角度出发，提供了一种分析学校组织的新视角。雷纳托·塔吉尤利（Renato Tagiui）认为学校整体由生态、环境、组织和文化四个方面的因素构成。其中，生态指的是组织的物质因素，例如建筑物、设备设施以及教学法安排等；环境指的是组织的社会方面，主要涉及与组织中的人有关的一切；组织指的是组织结构和管理结构，包括学校是怎么组织的、决定是怎么做出的、由谁做出的、人们之间的交流模式是什么、有什么工作团体等；文化指的是代表组织成员的价值观、信仰系统、准则和思维方式（见图3－3）。[②] 罗伯特·欧文斯认为一个学校的组织氛围就是由这四个变量的相互能动作用产生的。在学校里的师生经历着这种相互作用，由此开始理解这个地方代表什么、什么有价值、什么没有价值、什么是真实的、说出的话里什么是真实的而什么不是真实的。[③]

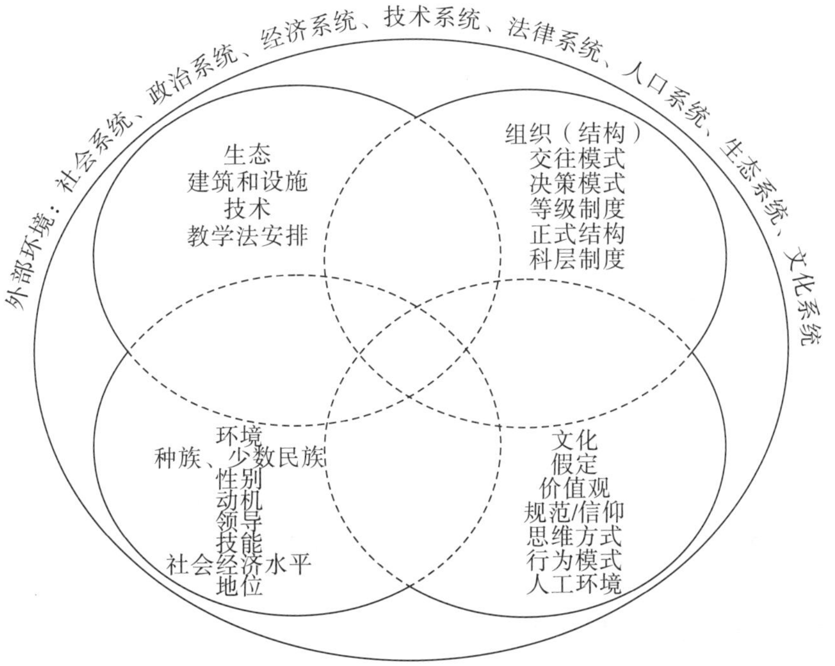

图3－3　雷纳托·塔吉尤利的学校文化生态结构

徐书业从组织内涵的理解出发，认为学校文化生态是教育范式、教育理想、组织规范、活动形态、学校文化精神和物质支持系统所构成的具有层次性、结构性的整一

---

① 徐书业. 变革的趋向：转型期学校文化生态研究［D］. 重庆：西南师范大学，2003.

② 欧文斯. 教育组织行为：适应型领导与学校改革［M］. 窦卫霖，温建平，译. 8版. 北京：中国人民大学出版社，2007：150－152.

③ 欧文斯. 教育组织行为：适应型领导与学校改革［M］. 窦卫霖，温建平，译. 8版. 北京：中国人民大学出版社，2007：159.

系统。其中，教育范式是最高级的范畴，规定着一个时代学校文化生态的范型，规导着学校文化精神建构的方向；教育理想是第二层级的范畴，在整个结构中具有承上启下的作用，是教育范式在价值方面的具体化；组织规范、活动形态和物质支持系统是第三层次的范畴，体现了学校文化生态的丰富性、具体性和生动性，是师生生存方式的写照。物质支持系统体现为政府的投入支持、技术发展水平等。① 余清臣、沈芸则从学校空间的角度出发，指出学校文化生态系统由不同层次和不同类型的文化圈构成，在层次上主要包括学校整体文化圈、学校亚空间文化圈（教室、操场、体育馆、礼堂等）和学校微观空间文化圈等，在类型上包括校园整体文化圈、教室文化圈、运动场文化圈、礼堂文化圈、日常生活文化圈等几种大的文化圈。可持续发展的学校文化生态系统一方面要从整体层面考虑学校文化发展的整体布局，另一方面要从部分层面上思考保持各个部分之间的平衡发展和有机联系。②

再次，从应用的角度，提供了一种解决现实问题的可行性方案。基于传统教育以“教”为中心，建构主义者以“学”为中心的两种极端，陈宗章从文化生态的整体性、互动性、共生性和适应性出发，提出了建构以“学习活动”为中心的生态“学习共同体”的尝试。生态“学习共同体”是一个建立在对话、合作、共享、互动基础上，体现个体主体性与群体主体性、学习活动与学习环境的有机统一，学习主体在共同活动中建构个体知识和群体知识、培育独立的个体意识与共同体意识的具有自我再生能力的生态平衡系统。③ 生态“学习共同体”树立了一种教学相长、互动进行的学习观，即教与学都是围绕学习活动而共同展开的，从而为学生的自主发展提供了一个融洽而广阔的空间。茹荣芳以文化生态为取向，讨论农村教师专业发展问题。学校管理者要关注文化环境、组织环境对教师专业发展产生的影响，构筑合作的学校文化生态，建立良好的学习共同体，创设多元的评价激励文化，重塑农村教师专业发展的共同愿景。④ 宋鸿陟、司国东认为，无论是基于课堂讲授的传统教学环境，还是基于技术的建构主义学习环境，都未充分考虑学习者之间、学习者与学习环境间的交流与互动，存在生态失衡现象。为解决此问题，他们提出了搭建具有文化生态特征的网络学习共同体设计方法，以此提高学习共同体的学习效果。⑤

将文化生态研究引入学校教研组研究，从文化生态观来推动学校教研组的转型与发展，将使我们更清楚地认识学校教研组及其运作机制，这不失为一条拓宽学校组织建设、拓展教师专业发展的新途径和新方法。

---

① 徐书业. 变革的趋向：转型期学校文化生态研究［D］. 重庆：西南师范大学，2003.

② 余清臣，沈芸. 论学校文化生态系统［J］. 教育发展研究，2005（10B）：83－86.

③ 陈宗章. 文化生态意识与“学习共同体”的建构［J］. 南京社会科学，2010（3）：151－155.

④ 茹荣芳. 文化生态取向下农村教师专业发展的现实诉求［J］. 中国教育学刊，2011（4）：63－66.

⑤ 宋鸿陟，司国东. 网络学习共同体的文化生态学习环境设计与实践：以华南农业大学人机交互工作室为例［J］. 中国远程教育，2014（7）：56－60.

第四章 教研组创新的系统建构

价值、形态、制度、技术是教研组组织要素的核心构成，四个向度相互关联和影响，共同形成了分析教研组创新的基本框架。从教学改进研究转向全面育人研究，表明了教研组正在实现根本性的转型。

在教研组创新实践中，实践共同体构成了教研组的组织属性，文化生态是推进教研组变革的方法论。实践共同体作为一个基于情境学习理论而提出来的一个社会学习系统，对于教师专业成长具有重大的实践指导意义。文化生态具有整体性、主体性、关联性等显著特征，基于上述三个维度的变革推进了教研组创新的系统建构。自上而下、自上而上和上下协同是推进教研组创新的三条重要路径。

一、教研组创新的内涵分析

（一）教研组创新的分析向度

按照从抽象到具体的分析逻辑，教研组作为一个组织系统，包含了价值、形态、制度、技术等构成要素。其中，价值是教研组的方向引领，形态是教研组的基本状态，制度是教研组的刚性规范，技术是教研组的实践手段，上述四个要素构成教研组的创新向度，并最终指向教研组的良性发展及活动效果的最优化。四者之间相互关联和影响，构成了教研组创新的基本分析向度。

首先，组织价值是教研组创新的方向引领、价值引领，是形成组织形态、指导组织制度和技术工具的总体信念。价值取向具有实践品格，它可以决定、支配学校教研主体的价值选择，对组织形态、组织制度和教研技术均有重大影响。价值取向合理与否，是教研组创新的前提。

其次，组织形态是价值取向落地的具体载体，是教研组一定的发展阶段内所追求的目标成果。组织形态反映的是组织成员之间的分工协作关系，体现了一种分工和协作框架。它对组织制度和教研技术具有特殊性、个别化、阶段性的导向作用。

再次，组织制度是对组织价值和组织形态的刚性回应，也是组织价值、组织形态与实践活动的中间环节。教研组创新不乏各种价值取向和目标，但何种组织价值和组织形态能够落地成功，是需要组织制度做保障的。

最后，教研技术是推动组织价值、组织形态和组织制度落地的手段。技术工具是组织系统中处于最低层次的系统，但是它的作用不可或缺。一方面它对于组织创新具有决定性的助推作用，另一方面也是组织创新的手段保障。

（二）教研组创新的基本特征

1. 价值取向：由关注教学改进转向全面育人研究

如前所述，教研组以教学改进研究作为价值取向，在20世纪50年代初即以文件形式正式确立下来。从教研组的发展历程以及话语体系的转向来看，其价值取向正在向全面育人研究转变，也就是朝着构建德智体美劳全面发展的育人体系研究的总体要求转变。全面育人研究是当前基础教育的改革发展趋势，凸显了新时代党和国家的人才培养要求，将促进基础教育从“应试”教育模式向“全面育人”教育方式转变。

关于全面育人的研究，其内涵是多方面的：从素养提升的角度来看，它包括培养学生积极主动、健康发展的人生态度；个体人格的养成与公民素养的自觉健全；基础学习能力的养成和自主拓展性学习需求与能力的培养；独立思考、批判性发现和创新性解决复杂问题的能力，以及在不确定性、变动性增强的世态中实现自我发展的生存能力之养成；发展多方面的兴趣，培养融入和改变身边世界的能力，以及与人为善、热爱生活和生命的人生态度，以自觉创造并可能拥有幸福人生；等等。① 从学科的角度来看，包括德智体美劳全面发展的教育研究，即在“五育”并举、缺一不可的前提下研究如何推进“五育”贯通融合，如何建设“五育”融合的课程体系，如何构建“五育”融合教学模式，如何推进“五育”融合的评价标准、评价指标和评价工具等。从培养方式来看，包括全过程、全方位、全员育人体系的构建研究，即将德智体美劳全面培养的要求有机融入学生发展的各个时间、空间、环境的研究。

教研组虽然是颇具中国色彩的教育产物，但其价值取向由教学改进研究（即注重改进知识传授方式）转向全面育人研究，不但有其深厚的国际教育改革背景，更是缘于我国自21世纪初以来的基础教育课程改革的推动。

从对世界教育史的梳理来看，重视知识传授是学校教育的一脉传统。17世纪，捷克教育家夸美纽斯（John A. Comenius）提出泛智论，认为教育就是“把一切事物教给一切人的普遍的艺术”。他主张学习广泛的知识，掌握学科知识的精粹；强调所学内容要对实际生活有用；重视自然科学知识的学习，以及各种语言的学习；注重学生行动

① 叶澜. 探教育之所“是”，创学校全面育人新生活：新时期“新基础教育”研究再出发[J]. 人民教育，2018（Z2）：10－16.

能力的训练；等等。他还从理论上详细阐述了班级授课制以及学时考查、学日考查、学周考查、学季考试和学年考试制度，从而大大提升知识教学的效率。十八九世纪，德国教育家赫尔巴特（Johann F. Herbart）根据“统觉”论，将教学视作一个统一完成的过程，提出形式教学阶段理论。他将教学过程分为明了、联想、系统和方法四个阶段。“明了”是教学第一步，由教师传授新知识，要求教师在讲解时尽量清楚、准确和详细，并和儿童意识中相关的观念（已掌握的旧知识）进行比较。“联想”是将新出现的个别事物与经验观念中的原有事物联系起来考虑，形成新旧知识之间的某种关系，相当于针对新问题而初步提出的某种“假设”。“系统”是针对“假设”（新旧知识之间的联系）进行系统深入的检查和审思，并寻求结论、规律。“方法”是通过重复推广应用，进一步验证原来的“假设”，具体来说就是进行作业、练习与纠错等。赫尔巴特的四步教学法基本奠定了以知识传授为主的教育教学体系。赫尔巴特所规定的这些教学阶段，后来又由他的学生齐勒尔（Tuiskon Ziller）和赖因（Wilhelm Rein）修改为预备、提示、联想、总括、应用五段，称为五段教学法。苏联教育学家凯洛夫（Ivan A. Kairov）又将其演变为组织教学、复习旧课、讲解新课、巩固新课、布置作业。这一教学模式对我国中小学课堂教学产生了广泛影响。

但是也有不少的教育家对这一脉传统进行了深刻的批评与反思。特别是20世纪以后，以杜威（John Dewey）为代表的现代教育学派对传统的知识教学进行激烈的批判，认为单纯的知识教学限制和束缚了儿童的发展，因而区别于教师中心、课堂中心、教材中心的“旧三中心”论，提出了儿童中心、经验中心、活动中心的“新三中心”论以及教育即生活、学校即社会、“做中学”等一系列教育主张。此后，一些后现代主义者也对工业社会的知识教学进行了反省与思考，认为这样的教育培养出来的是丧失了合理的批评能力的“单向度的人”。后现代主义从各自的立场出发，主张构建动态的开放式的课程，课程目标不是预先设定、不可更改的，而是可以根据实际情况加以调整的；课程内容也不是固定不变的，而是师生共同探讨新知的一种发展过程。针对当时日本教育中存在的重智轻德、轻视劳动以及考试竞争等弊端，小原国芳也在20世纪20年代提出了“全人教育”的理论，主张“完美和谐的人”的教育或“全人格”的教育，从而促进人的多方面和谐发展。上述主张对世界各国教育改革产生了重要的影响，注重学生主体作用发挥、注重学生探究性学习、注重与生活相联系等思想理念，都进入到了实践层面的应用探索。

从中国百年教育改革历程来看，自清末民初建立现代意义上的教育制度以来，在学校教育中一直也有浓厚的赫尔巴特传统。1949年中华人民共和国成立以后向苏联教育学习的，也是赫尔巴特的传统。因此，不难理解中华人民共和国在成立之初就将教研组的价值取向确定为“研究改进教学”。这在中华人民共和国成立初期，师资水平普遍不高的情况下，不失为提升课堂教学质量的一个重要举措。改革开放以来，受应试教育思潮的影响，教学改进研究得到进一步的强化，并最终因对于成绩的过分关注而导致了价值取向的异化现象。从当前的基础教育改革实践来看，教研组如果单纯以教学改进为主要价值取向，也越来越难应对经济社会发展所要求的创新型人才的培养要求。随着科技革命和产业升级步伐加快，产业发展方式和市场竞争呈现新特点、新动向，以创新驱动为核心的经济发展方式迫切需要加强以实践能力和创新精神为核心的学生综合素养培养。不管是经济发展方式的变革，还是“互联网+”的时代到来，都对传统学校教研形态提出了挑战。

全面育人研究，体现在教研内容、教研主题上，就是要突出“三个更加”：一是更加关注学生如何学习。从以往的关注教师自身的教，引导转向研究学生的年龄特点、认知规律以及学习的情感、状态和需求，创设鼓励学生自主学习、合作学习和探究学习的学习环境，基于学生立场开展教学改革和教学研究。二是更加关注各学科课程的育人价值。课程是育人的核心载体，在落实立德树人的根本任务中发挥着核心作用，必须聚焦课程，引导教师基于学科的本质特点、基于学科核心素养、基于学科课程内容模块或主题进行相应的课程开发或教学方式改革。三是更加关注教育教学全过程研究。研究课程、教材、教学、评价与考试等多个环节的一致性与协调性，使各个环节相互协同、相互促进，形成育人合力。

2. 组织形态：由单纯的功能体建设转向共同体的构建

在共同体概念引入到教育领域之前，教研组一直作为制度规范下的学校组织而存在。从满足需求的角度而看，这种学校组织是为了达成外在需求（教学改进、提高成绩等）而产生的功能体组织。共同体作为一个宽泛的组织概念，与功能体的最大区别在于，其为成员因血缘、地域、志趣等因素而结合，以满足内在目的（成员需求）而产生的组织。在这样的组织里，满足成员需求不再是手段，而是目的本身。

表4-1　共同体与功能体的对比分析①

分类	共同体	功能体
典型例证	家族、地域社会、兴趣团体、俱乐部	企业、政府机关、军队
目的	成员的和谐、安定	达成对外目的（赢利、行政、防御）
优秀特征	稳固（团结、群体意识）	强（目的达成力）
理想状态	公平感、安定感	最少的花费、最大的成果（效率）
人事制度特征	重视内部成员对人格的评价	重视能力与实绩

从现状来看，教研组在创建之初是作为一种功能体而非共同体形式存在的。外部作用力（教育行政部门或学校）主导成立了教研组，并包揽了推进教师专业发展的各项事务。以功能体作为教师专业组织的发展定位，将在很大程度上导致教师自身主体地位的淡化，导致组织中“人”的因素的消失，而推动组织高效运转以实现绩效最大化的功能则被凸显出来。

随着组织价值的转向，教研组由功能体向共同体转变也呼之欲出。事实上，从基

① 张春江．走出组织归属感的误区［J］．销售与市场，2003（6）：85-86.

础教育实践来看，在中小学教师中一直存在着两套教育教学观念和行为方式系统，一套是教师在言说中表现出来的教育教学观念和行为方式系统，不少教师在提起课程改革的口号、概念、方式时头头是道，似乎已然认同和接受；一套是教师在实践中表现出来的教育教学观念和行为方式系统，这套系统惯习已久，根深蒂固。两套系统的割裂直接影响了教师专业发展，成为教师专业成长中迫切需要解决的关键问题。共同体建设将有助于解决这一难题，它提出的“共同愿景”“合作文化”“共享机制”“平等协商”等核心理念，提供了一种新的教师专业发展思路，特别符合教师专业学习的特点以及教师成长的规律。

教研组由功能体向共同体转变，需要把握以下关键要求：

第一，强调人是最重要的因素。从哲学层面来讲，“人”通常与神或物相对。历史上曾经有以神为本，也有以物为本。功能体在某种程度上“见事不见人”，其实是一种以物为本的发展思想。共同体强调以人为本，认为人更重要、更根本，强调把人的价值放到首位。人是最重要的因素，强调教师既是共同体发展的根本目的，同时也是共同体发展的根本动力，二者的统一构成以人为本的完整内容。

第二，重视人的主动性。耗散结构理论认为，“系统可以在一定程度上挣脱外部环境条件的摆布，对前途做出自己的抉择”“系统的信息量越大，系统的内在约束力就越大，系统广义的自觉性也就越强”，因此，“系统的进化过程，本质上是一个自觉性增强的过程”。[①] 共同体重视教师主动性的发挥，并逐渐减少组织中的行政主导成分。因此，在共同体中，一切活动的主线都围绕着教师最初的共同愿景而展开。没有了行政主导，一个共同体可以更加有序地设计自己的系列化活动，可以更扎实地修炼内功，更关注每位成员的付出、收获和成长，完全自定节奏和任务。需要指出的是，共同体虽然强调教师的主动性与自主性，但是并不排斥学校环境对共同体的影响，因此共同体发展实际上是嵌套在学校制度与文化背景之中的，同时保持了相当的专业自主性。

3. 制度设计创新：由指令性设计转向赋能性设计

在“教学改进”的价值理念下，教研组建立了以“备课、上课、作业、指导、评价”五环节教学为主的研究制度，并且通过指令性的运作机制和方式来落实。即由学校下达指令，安排各种各样的教研任务和要求；教研组执行这种指令，组织开展集体备课、听评课、反思评价等活动。这种指令性的制度安排也源于我国社会特有的单位科层制。我国的单位制度尽管自市场化改革以来已经大大弱化，但在总体上仍对学校的干部任命、资源配置以及专业发展等有决定性的影响。[②] 具体到学校，单位科层制则表现为学校组织结构与政府组织同构，因此教研组织也被纳入到学校行政序列，导致教研组的行政属性与专业组织属性并存，如果行政属性过强，就会削弱教研组的专业组织属性。

从教师专业发展的角度而言，上述制度安排的不利之处在于：一是教师与教师之

① 胡皓，楼慧心. 自组织理论与社会发展研究［M］. 上海：上海科技教育出版社，2002：28.

② 王有升. 单位制度、科层体制与当前我国学校改革［J］. 教育学报，2017（2）：85－92.

间、教研组织之间缺少合作与联系，专业性、自主性弱，依附性强。二是模糊了教研组织的专业属性，致使组织功能泛化，承担了过多的非专业事务，比如名目繁多的各类进校园活动等，加重了教师和教研组负担，分散了教研组的时间和精力。三是对优秀教师群体的引领作用认识不足，骨干教师、名师对青年教师的辐射带动作用未发挥出来；对教师自身的职业身份认同关注不足，导致教师产生职业倦怠情绪，因循守旧的惯性化思维和缺少合作的个人化教学比较普遍。

制度安排的困境需要制度设计创新来解决。通过制度设计创新，推动教研组及教师由被动的执行者、参与者变为主动的实践者、变革者。简言之，就是变指令性管理为赋能式管理。赋能管理理论兴起于20世纪80年代，其核心思想就是重新分配组织权力，通过减少自上而下的控制，帮助成员建立使命感，让成员拥有更多决策和行动的自主空间。其主要内容包括三个方面：赋予正式的权力；提升与正式权力相匹配的能力；信息开放透明。这三个方面分别对应着权力的三个来源：法定权力、专家权力和信息权力。这三者是最基础的权力来源。① 赋能的根本是权力的重新分配，管理者以授权或分权的形式将管理权交给下属或最“内行”的人，让他们来管理。

教研组的制度安排由指令性设计转向赋能式设计，这实际上也是当今时代社会治理方式转变的一种体现。即强调的是多元主体和共同参与，强调扁平化和去中心化，领导者不再居于权力等级核心，而是成为扁平治理结构中的统筹者和协调者。

对于如何推进赋能式管理，目前有两种基本的策略：

第一种策略是比较宏观的，从改变社会结构或组织架构的方式着手。因为任何管理都是依托于某种组织结构的，要变革指令式管理，首先需进行组织结构改造，将体现层级管理的宝塔形组织（见图4－1）改造为体现多主体参与的开放型、矩阵式组织（见图4－2）。通过组织结构改造，授权给下级以减少工作中因依赖上级而产生的困难，从而让主体获得充分的行动自主权和决策权。

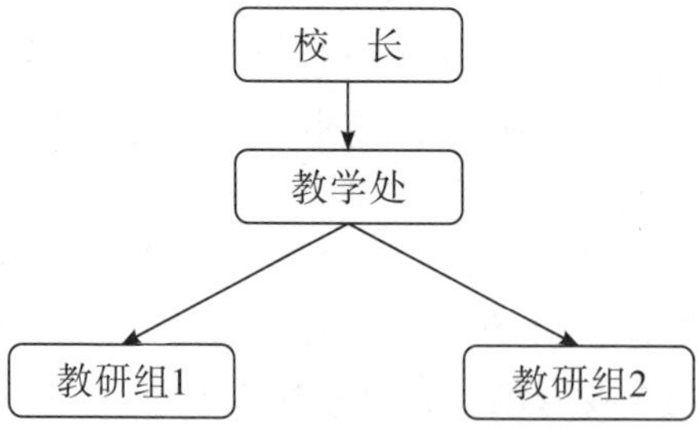

图4－1 传统的学校教研组织结构

① 张勉. 重新分配权力：高赋能组织管理模式［J］. 清华管理评论，2017（11）：52－65.

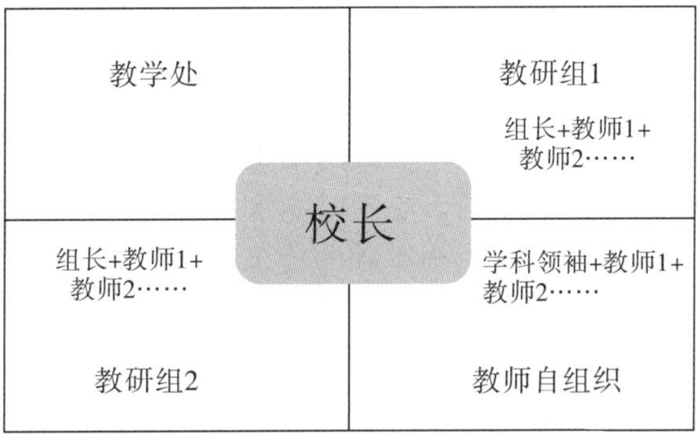

图4－2　赋能式学校教研组织结构

图4－1是传统的学校组织结构，分基层、中层和高层三个层级，其权力关系也非常明确，即校长指挥和控制教学处，教学处指挥和控制教研组。教研组和校长间的互助关系在很大程度上取决于教学处，教学处扮演了很重要的中介角色。如果教学处发挥得好，就能上行下达通畅，形成较强的执行力；反之，则会导致效率低下和信息失真。图4－2和图4－1的区别在于以下三点。其一，重新对权力进行了分配，不同岗位的权力被拉到同一个平面。教研组织与教学处平行，专业组织与行政组织相互补充、支持，教学处的职责是协调资源分配和具体的活动评价，保证教研目标的最大化实现。校长处于组织管理网络中心，负责统筹协调组织间的关系、资源，统筹评价组织的活动效果。其二，凸显教研组长和学科领袖的引领作用。他们扮演了学科建设者和组织建设者两个重要的角色，一方面他们把握学科育人目标和方向，带领教研组打造学科教学特色与学科教学文化；另一方面需要努力建构学科教研制度，发展团结协作的学科教研文化，推动本学科教师的身份认同和专业成长。其三，将教师自组织纳入学校教研组织体系，发挥教师自组织的身份认同效应。自组织是与他组织相对应的概念，也是他组织的高一级形态，指的是在没有外力或行政干预下自愿参与、自主开展活动的教师组织。不少研究表明，教师自组织对于促进教师身份认同和合作文化的形成起了积极的作用，是激发教师专业成长的内部因素。① 目前学校教研组织基本为他组织，学校可以通过减少行政干预，推动教研他组织向自组织转变。自组织的类型，具体而言，可以有如下几类：①项目研究自组织。即依托课题或项目而组建的教师课题研究组，这类组织组建灵活，因课题或项目成立而成立，其人员构成既可以是一线教师，也可以是学校管理者，还可以邀请专业研究者加入。②名师工作室。即依托名师或学科带头人成立的名师工作室，这类组织可以充分发挥优秀教师的辐射引领作用，带动一批青年教师成长。③跨校或跨学科自组织。跨校自组织一般依托区域联盟或校际联盟而成立，通过具有优质资源互通互联的作用。跨学科自组织一般因项目式学习或综

---

① 朱利霞，董子啸．一个“教师学习共同体”的效能研究［J］．教师教育学报，2014（5）：29－35.

合实践课程实施而成立，这类活动往往需要跨学科的通力合作才能完成。

第二种策略比较微观，从组织成员的心理感受和领导者与成员互动的角度来定义赋能行为，即心理赋能。所谓心理赋能，指的是个体在工作中希望并且认为自己能够掌握工作的一种活跃的动机状态。这种活跃的动机状态有助于个体积极且乐于担当责任，从而提升自己的工作效率和质量。心理赋能水平较高的个体倾向于认为工作中的处境在自己的掌控之中。在以科层制为基础的传统组织中，领导者在职权与资源的占有上相比于一般员工具有较大的优势，如果领导者能给予下属充分的决策权、为下属提供足够的信息和资源等，可以大大提升下属对工作的认同感、使命感、自我决定感和影响力，从而产生能够掌控工作角色和工作环境的动机状态。

从学校的维度来看，为教研组和教师心理赋能，可以从两个方面推进：一是建立使命驱动的目标、愿景和精神文化体系。学校的目标、愿景和精神文化体现的是领导者的眼界和思想深度，决定了学校未来发展的高度。好的目标、愿景和精神文化，能让教师保持积极向上的工作状态，体会到从事教育工作的意义和价值，而非仅仅当作一种谋生手段。例如，某中学建校时间虽然不长，但办学水平为同行所肯定，社会声誉得到家长认可。究其原因，就是在几十年的发展历程中，形成了以“善于合作的团队精神、追求卓越的拼搏精神、爱岗敬业的奉献精神、敢为人先的创造精神”为内涵的学校文化。在这种学校文化的引领下，“团结拼搏、任劳任怨、无私奉献、能打硬仗”成为学校领导干部的处事风格，“让激情成为习惯，让研究成为常态”成为学校每位教师的自觉追求。二是完善教师专业能力提升的路径和机制。教师继续教育是学校的一项常态化工作，学校也投入了人力、物力和财力致力于教师专业能力提升，然而有时候效果却并不尽如人意。这时候就更强调学校建立相应的路径与机制，例如晋阶式的教师专业能力发展体系和与此相对应的学校荣誉体系，让教师的专业能力与工作自主权更加匹配，从而引导教师主动自觉地提升自身专业能力。

两种基本的赋能策略，将有助于从制度层面推动学校教研组织的创新。当然，我们也不应该否认，传统的教研组研究制度安排仍有可坚持之处。针对教学改进，我们已经形成了严密的教研管理系统和严格的教研常规、制度，这是保障学校教育教学高质量发展的宝贵经验。我们仍然要坚持教师集体备课、坚持“三备三写”（备学生、备教材、备教法；写学期或学年教学进度计划、写单元教学计划、写课时计划）等优良的学校教研传统。

4. 教研技术创新：由传统教研转向现代教研

教研技术是在教研过程中发现问题、分析问题、处理问题、解决问题的方法及其工具。教研技术创新体现在三个方面：一是教研方法的多样化。通过多种方法的运用，让教研的表达更加注重证据、注重事实，教研的结果更为全面、准确和可靠。二是教研工具的标准化。主要是借助现代企业管理经验，为教研活动定下目标、定下方向，形成标准引领和流程规范的高品质发展环境。三是教研工具的信息化。随着现代信息技术的快速发展，教研也可以充分借助信息技术的高效、便捷等优势，进行信息交流和资源共享，从而改进教研方式，提高教研效能。

(1) 教研方法的多样化。

传统的教研方法相对单一，多以定性式、描述性的经验总结为主，虽然也有一些指标观察点，但大多失之笼统、宽泛，比如是否体现先进的教学理念、教学目标是否合理科学、教学内容是否突出重难点、教学过程与方法是否灵活流畅、是否达成教学目标等，应该说都是凭听课者的经验判断而得出的，缺少精准的诊断。经验总结研究特别注重优秀教师教学经验的发现、总结、提炼与推广，在实践层面有广泛的应用基础。但是经验总结本身只是教研方法中的一种，从数据与信息收集的角度来看，未免失之单一。如果采取多种的数据与信息收集方式，包括观察、问卷调查、访谈、实验等，则能为教学研究提供更为丰富、更为科学的支撑。例如，基于大数据的师生课堂互动研究，将师生互动即师生问答情况进行分类并进行数据记录，通过与常模数据的比较，可以精准判断课堂教学属于何种类型与模式、师生互动的深度和广度如何。这种研究一般称作实证研究。实证研究对于基于经验的传统教研来说，无疑是一种有益的补充和拓展。

如何综合性地运用教研方法？首先，我们要清楚每一种方法本身的适用性及操作技术。比如，基于经验的研究更多的是一种价值判断，即应该怎么样或不应该怎么样，这种研究以描述和经验判断为主。基于证据的研究更多的是一种事实判断，即是什么或不是什么，存在什么或不存在什么，这种研究强调研究过程的规范性和研究结论的普适性，希望能够形成一种确定性的知识或者理论。比如，上海市提出的基于证据的教研，更强调对事实、现象、问题通过观察、访谈、问卷等多种方式获取证据，进而探索有关问题的解决方略。在具体实施中，强调教研流程的改进和教研模式的再构，同时引入可操作、可执行的教研工具，通过持续地应用工具，积累数据信息并进行统计分析。① 其次，所有方法的应用，都应该为研究问题及解决问题服务。基于经验的研究和基于证据的研究，两者应该是一种互为补充、互为支持的关系，过于偏向一端都不利于教学研究的繁荣。赖特·米尔斯在《社会学的想象力》中指出："所有通则都无法摆脱继有特定时期历史和社会的局限。……一流的世界分析学家会避免僵化的程序，尽力发展并运用社会学的想象力，想象力非常关键，不受方法与技巧的制约。"②

在教研实践中，对于证据和事实的收集，比较实用的方法有观察法、问卷调查法和访谈法等。同样，三种方法都有各自的适用范围和优缺点。

● 观察法

观察法是研究者用自己的感官或者借助于工具对研究对象进行系统观察从而获得资料的一种方法。按照不同的维度，观察可以分为不同的类型。我们一般根据观察者是否设置了可控的自然观察情景及观察的资料是否能做量化分析，将观察分为结构性

---

① 陆伯鸿．课程与教学调研：基于实证的诊断与改进——上海市基础教育课程与教学调研工作的转型［J］．上海课程教学研究，2016（5）：3－10．

② 米尔斯．社会学的想象力［M］．陈强，张永强，译．北京：生活·读书·新知三联书店，2005：129．

观察和非结构性观察两类。结构性观察也称正式观察，要求观察前制定明确的观察目标、详细的观察内容和指标体系；观察中对整个观察过程进行系统、有效的控制，控制好自变量和因变量，尽量排除无关变量；观察结束后，根据观察情况进行内容填写和打分，最后再分析数据。非结构性观察也称非正式观察，研究者可以通过文字、照片、视频、录音、图画等收集资料，并根据经验、目的和意图对资料进行筛选。

观察的方法有三种：一是描述性观察。通过详细记录事件或行为的发生、发展过程而获取资料。例如，我国儿童心理学家陈鹤琴对自己刚出生的长子进行了长达 808 天的连续观察记录，并将观察记录整理形成《儿童心理之研究》一书。这种记录要求尽量描述观察对象具体的行为，避免归纳或者用抽象的形容词和副词，但可以把观察人员的想法和思考记录下来。二是取样观察。与描述性观察不同的是，取样观察不详细描述事件或行为，而是对事件或行为进行分类，从而转化为可以量化或限制性的材料来进行记录。例如，考察一节课堂教学的质量，可以把教学质量分为目标是否达成、内容是否适切、方法是否得当、师生互动是否有效等几类，这样就使笼统的教学质量转化为可限制的材料，从而做出量化的观察记录。三是评价观察。观察者根据预定标准，对观察的行为做出评价。评价既可以用数字作为等级，也可以用程度或性质不同的词（例如总是、常常、偶然、很少、从不）作为等级。

• 问卷调查法

问卷调查法是研究者用设置问题的表格对所研究的问题进行度量，从而搜集到可靠的资料的一种方法。问卷包括标题、指导语、主体内容和结束语四部分。标题包括调查对象与内容。如《中小学教研组建设效能调查》，调查对象是中小学教研组，调查内容是建设效能。指导语包括调查目的、保密承诺、答题要求以及调查组织机构的名称、调查时间等。主体内容包括两部分，一是调查者的背景资料（如年龄、性别、职业、文化程度、收入等资料），二是调查的项目。结束语可以是简短的几句话，对被调查者的合作表示真诚感谢，也可以顺便征询一下对问卷设计和问卷调查的看法。

问卷编制有如下步骤。第一步，明确调查的中心概念，确定研究范围。以《中小学教研组建设效能调查》为例，梳理现有文献，可以发现对效能理解有三个维度：一是从目标的达成度来理解。理查德·达夫特（Richard L. Daft）认为，组织效能是组织实现其目标的程度。二是从能力的角度来理解。彼得·德鲁克（Peter F. Drucker）认为，组织效能是指选择适当的目标并实现目标的能力，也就是去做正确的事的能力。三是从成员的满意度来衡量。第二步，根据中心概念，构建问卷框架。根据文献梳理的结果，从能力、效果、满意度三个维度出发，设计组织效能调查的问卷框架。第三步，在建立框架的基础上，将每个维度的大问题分解为 3 ~ 5 个具体问题，同时考虑所用问卷的类型（开放式、封闭式、混合式）。第四步，征求意见，进行试测，修订题目。主要是分析试题的信效度，以及查看试题有无缺陷。第五步，发放正式问卷进行调查。

• 访谈法

访谈法是通过与被访谈者面对面地进行交流、讨论从而收集资料的一种方法。根据访谈进程的标准化程度，可以分为结构性访谈和非结构性访谈两种类型。结构性访谈通常采用事先统一设计、有一定结构的问卷进行访谈，并且对问卷中可能发生误解的地方都有相应的说明；非结构性访谈是一种无控制或半控制的访谈，事先没有统一的问卷，只有一个题目或大致范围。

访谈的一般步骤有四步：首先，是根据调查意图设计访谈提纲，选择好访谈对象；其次，根据访谈提纲进行恰当的提问，注意要营造一个畅所欲言的氛围，在态度与情感上尽量做到“有感情地听”和“共情地听”；再次，捕捉被访谈者的语言和行为信息，并做出适当的回应，必要时与对方进行对话与交流；最后，通过笔录、录音、录像等形式及时做好访谈记录，并进行分析梳理。

综上，观察法作为一种最古老的教育研究方法，与其他研究方法相比，其优点在于可以当时当地观察到行为的发生，可以保证研究在一种真实、自然的状态下进行，因而得到的结果更可能推广到日常生活应用中。但这种以不打断行为流程的方式获得的资料不一定能保证观察得到预定的内容，不适合需要做因果关系探讨的研究。访谈的优点在于灵活性强，研究者可以根据具体情况随时地调整访谈问题，必要时还可以跟被访谈者进行沟通与解释；适用范围广，除了有语言表达障碍的人，任何人都可以作为访谈对象，尤其适合于对儿童、文盲进行调查。但不足之处在于面对面的接触，减少了匿名性，可能导致被访谈者有所顾虑而不真实作答。问卷调查是教育研究最基本、最常用的方法之一，具有标准化、匿名性、间接性等特点。较之观察法，问卷调查的范围非常广，可以研究的内容几乎不受限制，无论是内隐的思想、观念、态度，还是外显的行为、举止都可以使用。较之访谈法，问卷调查法可以在较短时间内获得大量研究对象的资料，是一种效率高的研究方法，同时还有可量化的优点。其局限在于问卷本身的灵活性、直接性不够，当题目不适合被调查者时也无法进行调整。

（2）教研工具的标准化。

研制标准化的教研工具，其意义在于，一方面引导学校对照标准和流程，反思与改进学校课堂教学与校本教研行为；另一方面帮助教研员聚焦教研视角，规范教研指导与教研管理，从而收集更有意义、更有价值的教研信息。

教研工具类似于教育督导评价工具，需要教研机构或学校根据实际需要进行针对性的开发。针对学校教研的工具可以从三个层面来研制：一是学校层面，涉及学校教研制度、学校课程计划、教学常规管理、教研组或备课组考核要求等；二是学科层面，涉及学科教研规划、学科教研安排、教研组或备课组的活动规范、教学设计与实施要求、作业设计与实施要求、考试测验要求等；三是课堂教学层面，涉及课堂教学观察工具、课堂教学评价工具等。

（3）教研工具的信息化。

教研工具信息化是传统教研向现代教研转型的重要趋势之一，它以现代信息技术的应用为本质特点，以网络作为基础支撑，从而实现教研管理的自动化、教研资源的数字化和共享化以及教研活动的自主化和虚拟化等。目前应用较为广泛的教研工具包括各种线上教研平台、远程会议系统、在线交流软件、数据分析工具等。

以线上教研平台为例，它可以实现以下功能：一是教研管理。发布教研计划，涉及每个教研活动起始时间、活动类型、活动主题、活动当前的状态（未开始、进行中和已完成）；管理教研活动并进行视导；教研活动统计与评价，包括各学科教研社区数量、成员数量、活动总数、教师参与活动的积分排行榜等。二是教师互动交流。包括在线的集体备课、专题活动、主题研讨、远程会议等，社区成员可参与到有权限的环节中，包括编辑文本、上传文档、上传资源、上传图片、上传视频、发表评价、参与投票等。三是教育教学资源共享。用户可查看管理员或社区成员所发布的课程资源、教学设计、课件、课堂实录、课题研究报告等，形式包括视频、音频、图片和文字资料，还可以对相关资源进行点评。

二、教研组创新的基本框架

（一）以实践共同体为属性的教研组创新

实践共同体是在共同体理论的基础上发展而来的。一方面，它秉承了共同体理论中的“共同愿景”“合作文化”“共享机制”“平等协商”等核心理念；另一方面，更加强调“学习即实践参与”，强调个体与共同体的关系中活动的重要性，以及共同体之于合法的个体实践的重要性。实践共同体是基于情景学习理论而提出来的一个社会学习系统。与传统的行为学习理论或认知学习理论不同的是，情景学习理论认为任何知识的学习都存在于实践中，参与到这种实践中去，是学习的一个认识论原则。实践共同体对学习现象提出了一种替代性解释，对推进教师持续性地专业成长具有重要的指导意义，因而也被教育学界广泛运用于教师发展的理论与实践中。

1. 实践共同体的内涵与结构

实践共同体概念最早由让·莱夫（Jean Lave）和埃蒂纳·温格（Etienne Wenger）在《情景学习：合法的边缘性参与》（*Situated Learning*：*Legitimate Peripheral Participation*）一书中提出。从他们的阐述来看，实践共同体是一种“基于知识的社会结构”，参与是学习的关键，强调个人作为个体学习者转移到个人作为社会实践参与者的重要性。通过对助产士、裁缝、海军舵手、屠夫以及戒酒的酗酒者等五个共同体的民族志研究，他们将刚入行的手工业学徒的学习和成长过程浓缩为“在实践共同体中合法的边缘性参与”这一经典表述。在早期的研究中，实践共同体的概念并没有得到十分明确的界定。因此，实践共同体往往被看作是一个有别于传统组织形态的新组织，甚至还被误解为两位学者试图重新在工作场所中引入学徒制学习。为了弥补这一不足，埃蒂纳·温格通过对一家医疗保险索赔处理办公室的一名办事员的民族志研究，出版了《实践共同体：学习、意义和身份》一书。在书中，他界定了一个更为明确的实践共同体概念，更加关注正式组织情景中的实践共同体，将实践共同体看作学习分析的基本单元，试图搭建一个更为普遍的、更为一般化的实践共同体阐释框架。

（1）实践共同体的内涵。

在让·莱夫和埃蒂纳·温格看来，“‘共同体’这一术语，既不意味着一定是共同在场、定义明确、相互认同的团体，也不意味着一定具有看得见的社会性界限”“它实际意味着在一个活动系统中的参与，参与者共享他们对该活动的理解，这种理解与他们所进行的行动、该行动在他们生活中的意义以及对所在共同体的意义有关”。[①] 这说明，他们并不把实践共同体当作是一种新的正式或非正式群体，而是人、活动和世界之间的一系列关系。任何实践都依赖于社会群体的参与，只有通过参与，实践才得以维持和再生产，并且学习是通过参与实践才得以发生的。对个体而言，学习意味着人需要被卷入到实践共同体中并为之做贡献；对共同体而言，学习是自身的循环生长和不断的实践创造。

实践是实践共同体的前置性认知基础。它在实践共同体视域有五种表现形式：一是作为意义的实践，意义是一种人们对日常生活的体验；二是作为共同体的实践，实践作为共同体内在一致性的来源，体现参与者相互卷入、合作事业的协商、共享智库的发展三个特点；三是作为学习的实践，学习可以帮助代际间的非连续性转变为连续性；四是作为边界的实践，实践是它自身边界的来源，创造了新手与专家、区别与联系、开放和关闭、参与和非参与等的边界；五是作为位置的实践，指向人们卷入共享事业学习时所处的结构层次。[②]

实践共同体的目标是追求共享事业，在追求共享的事业中通过相互卷入和协商学习获得意义和形成共享智库，进而实现身份认同。因此，学习不仅仅是习得知识，它还涉及身份的变革，边缘性参与、积极卷入实践被看作学习的关键过程或前提条件。他们把共同体中新手的发展轨迹称为“合法的边缘性参与”。“合法的边缘性参与”是一个新手逐渐成为老手的过程，也是新手通过参与共同体的文化实践活动从而获得共同体中的合法成员资格的过程，新手自然而然地被融合到共同体的文化实践活动中，从而使得共同体的文化实践活动得到维持和固化。在这里，实践共同体被当作一种通过与他人一道参与实践再生产已有知识和已有社会实践的机制，学习在本质上是参与者被社会化到共同体的实践中的一种持续发展的过程。在实践共同体中习得的知识既成了一个人的身份意义，又成为他人眼中身份的一部分，学习由此成为生活世界中能生产的社会实践的一部分。[③]

实践共同体概念描述了一种新手如何通过合法的边缘性参与被社会化到一个实践共同体中的图景。这对于解决教师专业发展普遍存在的“观念与行为脱节”，即无法将

---

① 莱夫，温格．情景学习：合法的边缘性参与［M］．王文静，译．上海：华东师范大学出版社，2004：45.

② 严运锦．学习共同体、实践共同体、学习型组织概念辨析［J］．上海教育科研，2019（8）：28－32.

③ 温格．实践共同体：学习、意义和身份［M］．李茂荣，欧阳忠明，任鑫，等译．南昌：江西人民出版社，2018：译者序5.

观念落实到解决具体的教育教学行为等问题具有重要的启发意义，也提供了一种新的解决方案。在实践共同体的持续性研究中，荷兰莱顿大学阿德米亚（Wim Admiraal）进一步从共同体是什么（成员间相互理解磋商的联合体）、如何运行（建构契约关系凝聚社会群体）、产生何种结果（共享资源形成智库）三个方面拓展了共同体内涵，并在温格的基础上总结了共同体的三个特点：共同的文化历史遗产、相互依存的系统、再生产的循环。戴维·H. 乔纳森（David H. Jonassen）、苏珊·M. 兰德（Susan M. Land）又对三个特点进行了具体分析与解释（见表4－2）。①

表4－2　实践共同体的基本特点

基本特点	特点描述
共同的文化历史遗产	成功的实践共同体具有共同的文化和历史遗产，部分地把握了社会协商的意义。这包括共同的目标、意义和实践。然而，与缺乏有效的实践场所的社会协商不同，在实践共同体中，共同体的新成员继承了旧成员的经验中的大部分目标、意义和做法，这些经验已经在过去的经验中得到了社会的假设、验证和承认
相互依存的系统	当一个人工作时，他是一个更大的集体的一部分，并与实践共同体存在内在的联系。而实践共同体也是一个更大的集体（一个产生意义或价值的社会）的一部分。这有助于为个人和更大的实践共同体提供共同目标感和身份认同
再生产的循环	当新成员与同行和成熟的实践专家一起进入成熟的实践时，实践共同体的再生产能力是非常重要的。随着时间的推移，这些新成员已被纳入实践共同体，成为其中一员并参与实践，甚至可能取代旧成员

（2）实践共同体的结构。

在《实践共同体：学习、意义和身份》一书中，埃蒂纳·温格明确界定了实践共同体概念："人类的生活意味着我们持续不断地参与到各种事业的追求中——从保证我们的生存到追求最高贵的娱乐。当我们界定这些事业，并共同参与到追求的时候，我们一起互动、与世界一起互动，我们相互协调关系、协调与世界的关系。换句话说，我们相互学习。随着时间的推移，这种集体学习产生了实践——它反映了我们合作事业的追求，又反映了因此产生的社会关系。所以这种实践是在共享事业的追求中创造的共同体属性，称之为实践共同体。"② 在这个冗长的表述中，实践共同体的三个结构要素——相互卷入（mutual engagement）、合作事业（joint enterprise）和共享知识库（shared repertoire）得到了特别强调。埃蒂纳·温格认为，不是所有的共同体都能通过

① 张兰. 教师实践共同体建构研究［D］. 重庆：西南大学，2010.

② 温格. 实践共同体：学习、意义和身份［M］. 李茂荣，欧阳忠明，任鑫，等译. 南昌：江西人民出版社，2018：译者序8.

实践得到界定，也不是所有的实践都可以定义为共同体。上述三个结构要素结合起来，使得实践和共同体彼此规定，构成了一个整体。

一是相互卷入。一个实践共同体的形成，并不是因为成员间地理位置相近或其他，而是因为他们围绕在所做事情的过程中维持着相互卷入的密切关系。在这里，“卷入”指的是一种深度参与，也暗喻一种密切的人际关系和强烈的向心力。人们在真实的社会活动中交流、互动、协商，在参与到具体的共同体实践中后，才能获得共同体的成员资格。因此，促成相互卷入的形成并加深其程度，是每一个实践共同体必须做的重要工作。为了保持新鲜及活力，共同体并不需要成员间具有同质性，相反，多样性和同质性同等重要。成员们的起点不相同，也有不同的价值观和兴趣，才能维系共同体的发展。同时，和平、幸福与和谐不是实践共同体的必要属性，紧张和冲突也能够构成共享互补的特征。因此，共享实践以多样化和复杂的方式将参与者彼此联结在一起，并使因此产生的关系反映了一起做事情的充分复杂性。①

二是合作事业。合作事业有三层意思，首先，事业是一个集体协商过程的结果，它反映了相互卷入的充分复杂性。其次，事业是在参与者追求它的过程中得到界定的，是对他们所处情境协商的回应。因此，尽管所有力量和影响会超越参与者的控制，但归属于事业仍有深刻的意义。再次，事业不只是一个被确定的目标，它还在参与者之间创造了相互问责的关系，这些问责关系成为实践的组成部分。合作事业的具体形态并不是一开始就被界定的，而是一个动态发展的过程，它会根据环境进行不断的自我修正、自我健全。成员们会开发出各种适用于具体情景的本地策略和实践智慧，完成知识和技能的情景化运用，从而推动共同体向前发展。

三是共享智库。在对合作事业的追求过程中，成员们持续地进行意义协商，并创造出丰富的智力资源，这些能够在共同体内被共同享用的资源合集被称为共享智库。它包括物化的资源以及成员之间用于协商和学习的惯例、词语、工具、处事方式、态度、行为、概念等。温格提出，共享智库具有参与历史性和意义模糊性两重属性，一方面它反映了成员相互卷入的历史，共同体在存在的过程中生产或采用了它们，它们已经成为实践的一部分，并在未来的实践中反复使用，但也有可能被更新、替代，甚至产生出新的资源；另一方面共享智库由大量的意义符号构成，而符号本身的模糊性和情景性也是存在的，因此也有可能遇到资源误用或成员对资源不理解的情形。也就是说，共享智库既是实践共同体的结果，也是实践共同体继续实践的资源，更是实践过程中的物化产出。②

---

① 温格．实践共同体：学习、意义和身份［M］．李茂荣，欧阳忠明，任鑫，等译．南昌：江西人民出版社，2018：72.

② 王逊，张艺凡．“实践共同体”（CoP）：一种后现代教育语境中的学习理论［J］．教育现代化，2019（58）：110－112.

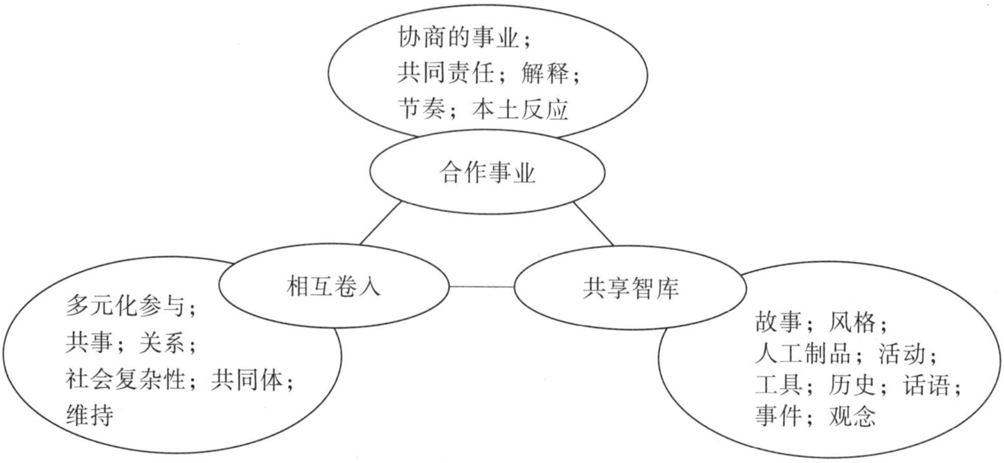

图 4－3　实践共同体的三要素①

相互卷入、合作事业、共享智库这三个结构要素描绘了实践共同体中个体之间如何相互作用的过程，它们也是衡量实践共同体的核心指标。

2. 作为实践共同体的教研组

根据以上对于实践共同体的内涵及结构的分析，我们知道，实践共同体与其说是一种组织形态，不如说是一种学习意义的隐喻和学习方式的建构。实践共同体是促成教师个人的知识建构和身份形成的基础，大力培育以学习或实践为中心的实践共同体是教师专业发展的重要途径。

（1）教师实践共同体的特征。

作为实践共同体的教研组，或者说教师实践共同体可以界定如下：是基于教育实践问题解决而形成的正式或非正式教师团队，是以共同体为载体，以共同愿景为导向，以协商文化为机制，最终实现教师认知成长和身份发展的社会学习系统。它具有如下特征。

首先，以具有共同愿景的共同体为载体。教师实践共同体打破了以往“教育者”与“学习者”间的界限，改变了教师专业发展中“专家讲、教师听”的专业教育模式，在教师与教师之间、教师与专家之间关系的相互卷入中搭建了一个实践交流共同体。成员共享共同的历史文化遗产，共同完成共享的事业，新成员通过观察和模拟老成员，以及新老成员间发生交互关系而产生学习实践活动。在这个共同体中，所有人的地位都是平等的，没有高低之分，只是参与的角度与层次不同。维持这种共同体的核心力量，则是这个教师群体所认同的共同愿景。共同愿景通常包含两层意思，一是发自内心、渴望实现的；二是具体生动、可见可描述、持续性的。愿景包含了教师的个人愿景和教师群体的共同愿景，两者并不总是一致的，共同愿景的形成建立在教师

① 温格．实践共同体：学习、意义和身份［M］．李茂荣，欧阳忠明，任鑫，等译．南昌：江西人民出版社，2018：68．

个人愿景间的不断协商和协调的基础之上，最终得到共同体成员普遍的接受和认可。

其次，以基于实践问题解决的情境学习为基础。从学习方式来看，实践共同体的学习是一种基于问题解决的学习方式，特别强调将学习过程放置于有意义的问题情境，通过成员的合作解决真实性问题。按照波兰尼（Karl Polanyi）关于显性知识与缄默知识的划分，教师的个人知识具有实践性、情境性、默会性、个体性等特征。因此，实践共同体的学习强调一定是在情境中完成的。受技术理性的影响，传统的教师教育模式只是把大量的理论知识系统灌输给教师，从而导致教师不能更好地把这些知识运用于具体的情境中，理论与实践的分离由此产生。因此，实践共同体强调教师的工作环境是教师成长的最佳场所，教师的成长是在日常化的问题解决中逐步获取的。教师的学习在本质上是一种“即席的实践”①，教师必须从个体的学习者转向社会实践的参与者。

再次，以协商的意义建构为机制。意义协商是实践共同体理论中的一个重要概念。对于实践共同体而言，所有的学习都是在实践过程中产生的，这就需要建立一种相互合作、相互协商的协调机制。它不仅要求成员参与到实践共同体的活动中去，而且还要求成员间彼此分享、对话与沟通，协作完成共同的事业。在教师实践共同体中，教师是自愿参加各种形式的实践活动的，相互间的合作不受自上而下的行政强制推动，而是源于自身问题解决的需要或自我发展的需要。因此，教师实践共同体采取的是一种“去中心”的策略，成员中并没有明确的、单一的中心参与者，控制权也不掌握在老成员手中，而是掌握在每一位成员以及他们之间的相互关系中。

最后，以认知成长和身份发展为目标。对于教师专业发展而言，认知成长和身份发展是密不可分的，它们构成了一个硬币的两面。“合法的边缘性参与”是莱夫和温格的实践共同体中的重要概念，“边缘”是外部世界与共同体之间建立联结的形式之一，是一种模糊的社会结构，处于共同体的“边缘”意味着既不是完全的局外人，但也不是完全的局内人，而新成员或新手的学习实际上就是从“边缘”逐步走向“中心”的过程，这个过程中的学习实际上就是在实践共同体中参与的学习和身份建构的过程。

在参与实践共同体的活动中，新手教师一方面获得来自同伴教师的援助、合作与交流，分享彼此问题解决的资源和方案，从而提高教育机智、发展教育智慧，提升解决实际问题的能力，最终实现个体的认知成长；另一方面，在探索未知的知识过程中，新手教师也因此发展起对共同体以及知识产生的责任感，从而逐步获得对于所属共同体的归属感和认同感，进而确立自身对于教师职业的身份建构。实践共同体在这里与其说是一个学习者的社群组织，不如说是一个良性发展的文化生态格局。在这个文化生态中，每个人都担负着发现和解决教育教学实践问题的责任，每个人都要持续不断地提升自身的能力，共同促进整个实践共同体的良性发展。教师实践共同体的学习

① 莱夫，温格. 情景学习：合法的边缘性参与［M］. 王文静，译. 上海：华东师范大学出版社，2004：41.

“不仅仅是获得成员资格的一个条件，而且学习本身就是成员资格逐渐形成的形式”①，教师的认知成长和身份资格彼此需要，彼此成就。

（2）教师实践共同体的成员构成。

实践共同体中成员的身份是不断变化的。根据其在共同体从中心到边缘位置的不同，可以分为核心成员、活跃成员和边缘成员几类，核心成员相当于专家教师、活跃成员相当于骨干教师、边缘成员相当于新手教师。成员身份的变化，既代表其专业水平的提升，也是对其学习进行的结果评价。一般而言，核心成员的主要任务是确定主题、安排活动、提供资源和总结评价；活跃成员在共同体中参与讨论，相互协商，反思并进行问题求解；边缘成员主要是通过观察和模仿来思考问题，也为共同体提供“边缘者”的意见。实践共同体的成员构成和成员的意义归属，参见图 4 – 4。②

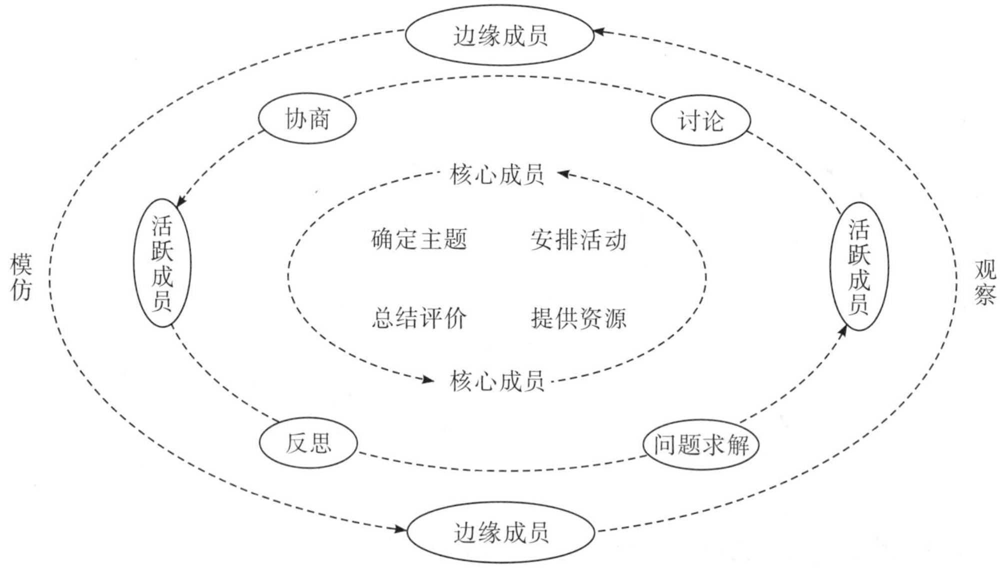

图 4 – 4　实践共同体的成员构成与作用

除了内部成员之间的人际交互，实践共同体还倡导成员参与或访问其他实践共同体，以及不同的实践共同体通过组织活动相互参观和访问。通过多种人际交互，所有的成员达到意义共享目的，实现不同知识领域的交流，进而让文化脉络和集体知识得到维系、传承或重组。

（3）实践共同体对于教研组创新的意义。

如前所述，实践共同体与教研组既有联系也有差异。实践共同体侧重参与者在主观感受和价值追求上自身是属于一个整体；教研组侧重的是作为制度规范下的一个专

---

① 莱夫，温格．情景学习：合法的边缘性参与［M］．王文静，译．上海：华东师范大学出版社，2004：17.

② 朱荣．论实践共同体的学习过程设计［J］．新课程研究，2012（1）：80 – 81.

业联合体。但它们又存在某种本质联系，即都强调学习和实践，认为学习存在于实践中，实践是学习的一种形式。同时，教研组作为一种被规范的组织，其生命力是通过实践来赋予的。

二者在本质上的联系，为我们以实践共同体为切入点改造教研组的原有文化生态提供了可能性和适切性。按照对实践共同体的理解，现行的学校教研组存在着如下弊端：其一，从组织形式来看，教研组过于强调组织边界，忽略了混合式和非正式教学研究组织，如课题研究组织、名师工作室、教师自组织等的存在。由于我国中小学教师组织形式大多以年级组或学科教研组为主，教师们一般以年级组织或学科教研组为单位开展活动，因而局限性非常明显。其二，从教研组自身来看，存在于其中的人的生存样态呈现了思维方式惯性化、行为方式个人化和活动方式单一化等特征，缺少了开放与合作。在现有组织体系下，教师合作无法取得结构性突破，且人为的合作比较多，自发的合作比较少。其三，从教研组身处的学校环境来看，对教研组的作用期待更多的是如何增加教师教育性知识和技能，如何实现绩效最大化，缺少对如何进行意义建构、教师身份认同等的关注。

根据对现行教研组制度的弊端的分析，我们认为，实践共同体对教研组变革具有如下意义：

首先，有助于激发组织活力。实践共同体强调基于组织边界又超越边界，主张吸纳不同类型、不同来源的成员，鼓励他们基于不同的起点、兴趣、能力和价值观参与实践活动，以保持共同体的新鲜及活力。

其次，有助于建立良性发展的教师专业成长机制。实践共同体强调基于共同愿景和个体发展需求建立合作协商关系，教师不受外力或行政干预，自愿加入到共同体的活动中并主导自身的活动。相对于其他方式，在实践共同体中，来自于同伴的帮助将更可能帮助教师把抽象的教育理论和复杂的教育技能转化为自身的教育信念和教育行为，从而获得真正的成长。同时，教师实践共同体以教师的日常工作和生活为学习环境，以现实性的问题为学习内容，教师从中学习到的是情景性、个体性的知识，这有助于发展他们的实践性知识，增长实践性智慧。

最后，有助于推动学校更为关注教师身份认同和文化建设。实践共同体既强调教育性知识和技能的学习，也强调意义的协商、教师身份的建构和归属感的获得。教师实践共同体强调，身份认同是共同体生成的基础，在实践参与中才能发展教师的身份认同。教师的身份认同不是外界赋予的，而是在教师作为一名专业人员、在面对具体的问题或情景时，与其他专业人员共享交流获得的。

（二）以文化生态为方法论的教研组创新

本书所述的文化生态，是一个与自然生态相对应的范畴，是指文化的性质和样态，意指文化如同生命体一样，具有生态的特征，它既认可文化的外部生态环境与文化的关联性，又认为文化系统内部间也存在各种有机关联。概言之，文化生态是文化主体及其环境之间相互影响、相互作用、相互制约的方式和状态。

文化生态与生态文化这两个概念，既有较大的区别，也有一定的联系。从区别上讲，文化生态侧重于生态，强调的是各种文化之间及其与环境的互动；而生态文化侧重于文化，是文化的一个种类。生态文化是人类在认识生态、适应生态的过程中所创造的一切成果。与其他文化相比，生态文化有两个显著的特征：一是它的对象指向生态。生态文化关心的是人类的活动是否有利于生态的平衡、生态的保护；二是生态文化是一种全球文化。人类只有一个地球，人类要想更好地生存和发展，就必须爱护地球，保护生态。[①] 在这个意义上，可以把生态文化当作一种人类所创造和选择的新文化，这种新文化尊重人与自然的和谐发展，引导人类社会由工业文明走向生态文明。从联系上讲，生态文化是文化生态的有机组成部分，它们都代表了人类社会的一种价值取向。

从分析来看，文化生态具有如下三个最重要的特征：一是整体性。汉斯·萨克塞（Hans Sachsse）曾在《生态哲学》一书中说："生态学的考察方法是一个很大的进步，它克服了从个体出发的、孤立的思考方法，认识到一切有生命的物体都是某个整体中的一部分。"[②] 文化系统是一个由各种要素所构成的普遍联系、相互作用的整体，这个整体又可以存在不同的层级结构，大系统之中又有子系统存在。在这个系统内，各要素、子系统都是必要的，每一部分都发挥着自己的功能和作用，系统的功能或效果最终达到的效果不是各部分功能或效果之和，而是会放大很多倍。一方面，文化系统的有效运作需要各要素、子系统最大限度地发挥他们各自不同功能，最大化地进行交流协商，互惠互利，互为依赖；另一方面，整体系统又对各种要素、子系统具有总体的制约性。整体性是把握文化生态的重要前提。二是主体性。文化生态必定是一定时代的人在某种主观行为下的结果，体现了特定时代的人的价值追求和精神质量。一个能够自主发展，具有生机活力的文化生态，必然是主体在其中发挥着自我调节、自我发展的作用。这样，任何一个生态系统都是有生命活力的系统。因此，主体性是文化生态所必有的特征，也是文化生态与自然生态最根本的区别。三是关联性。作为整体性的存在，文化系统内部与外部之间、内部之间都存在某种有机的关联，文化生态的存在和发展都在某种关联中得以实现。美国学者卡洛琳·麦茜特（Carolyn Merchant）认为"生态学的前提是，自然界所有的东西是联系在一起的""它强调自然界相互作用的过程是第一位的，所有的部分都与其他部分及整体相互依赖、相互作用。生态共同体的每一部分、每一小环境都与周围生态系统处于动态联系之中"。[③] 一方面，文化系统不断地与外界环境进行物质信息的交换，外界环境不断地影响着文化系统的发展；另一方面，文化系统通过自身的提升也会优化所处的环境，对所处环境产生积极影响。关联性是认识文化生态的基本理念。

---

① 高建明．论生态文化与文化生态［J］．系统辩证学学报，2005（3）：82－85.

② 萨克塞．生态哲学［M］．文韬，佩云，译．北京：东方出版社，1991：1－2.

③ 麦茜特．自然之死：妇女、生态和科学革命［M］．吴国盛，吴小英，曹南燕，等译．长春：吉林人民出版社，1999：7.

文化生态是一个组织在历史长河中自觉或不自觉沉淀下来的结果表现，因此，它构成了一个组织生存与发展的内核。对教研组而言，文化生态不仅对组内教师个体发展具有决定性的制约作用，更是对整个组织发展具有方向性的影响作用。十多年来基础教育课程改革不遗余力地推进，使得越来越多的人意识到，学校要实现整体的转型，最根本的是文化生态的变革。以文化生态作为方法论的教研组变革，将不再是传统教育模式的框架内的修修补补，而是一种系统性、体系性的变革，它既有其整体样态的重塑，又有其内部文化主体样态的改造，还有对其外部环境状况的改善。根据文化生态的本质特征，我们从整体性、主体性、关联性三个维度出发，对教研组创新进行分析与探讨。

整体性的特征，指的是教研组作为一个整体，其本身所具备的性质和样态，即这个组织系统的组织功能和组织形态。推动组织形态变革、组织功能再造是教研组创新的首要任务。从创新的取向来看，实践共同体倡导组织形态的开放性，只有开放才能创新实践的形式。但同时，它在特征上具有明确的知识边界性，教研组作为教学研究专业组织，必须回归其专业性的组织特性。

主体性的特征，指的是教研组中的人的观念及其行为方式，这是组织系统最重要的内部生态。基于主体性的教研组创新，是发生在教研组内部的变革，主要关涉的是组织系统中的文化主体的思维方式、行为方式、活动方式的变革。从实践共同体的角度审视，推动成员间的相互协作，以一种开放性、综合性的思维来进行实践非常关键，这就需要组织系统中的文化主体打破自身在思维方式上的惯性化、行为方式上的个人化和活动方式上的单一化。

关联性的特征，指的是影响教研组的外部生态（这里主要是指学校环境）状况和特征。对于教研组而言，学校的价值期待、制度安排以及支持系统的建设是影响其发展的最重要的外部因素。从实践共同体的视角来看，现行的学校环境过于关注组织绩效，过于强调指令和服从，对组织内隐性的文化效能重视不足，对学校整体文化环境的改善关照不够。在价值期待上注重工具理性与价值理性融合，重建学校质量观，构建赋能式的运作机制，优化学校支持条件等，是教研组关联性变革的方向。

（三）教研组创新的基本路径

教研组作为一种组织，在组织变革方面和其他组织一样，具有一些共性的特征和表现。哈佛大学教授格雷纳（Larry E. Greiner）1967 年提出了一种按权力来划分的组织变革理论。他认为，一般组织的权力分配情况可分成独权、授权和分权三种，根据权力分配结果可以有 7 种组织变革方式。① 借鉴格雷纳的理论，我们认为根据领导者采取独权、授权和分权等的不同情况，推进学校教研组文化生态变革可以有自上而下、自下而上、上下协同三条路径。

① 于子明. 管理心理学辞典［M］. 北京：解放军出版社，1990：336－337.

表 4-3　教研组创新的基本路径

权力分配方式	独权	授权	分权
实施路径	自上而下	自下而上	上下协同

1. 自上而下型

此类型是上级独权，由上级自上而下发布指令，并制定周密的变革方案推进。具体方法有人事调整和结构变革等两种。人事调整指的是通过改变组织的人才结构和工作秩序，提升人员素养，鼓舞士气，统一意志。人事调整侧重于改造组织中的个体行为，调整组织中的人际关系，为组织变革做好前提性准备。结构变革是直接的组织变革，主要是对组织的职能目标、部门体系和权力体系进行调整从而达到目标。从变革的方向来看，学校教研组的组织职能逐渐由行政化转向专业化，组织结构日益向开放型、矩阵式转变，权力体系由集权逐渐走向分权。

案例：X 学校是一所新开办的九年一贯制学校，校长在其他学校任职多年，学校管理经验丰富。在制定学校第一个五年发展规划时，校长基于原有学校管理的弊端，提出了扁平化管理的思想，一方面精简、重组各中层管理部门，减少自上而下管理的层级，促进学校管理重心下移；另一方面简化教学管理层级，实行校长面向学科组，学科组对本学科教学负责的教学管理制度。这项改革将教研组从行政组织中剥离出来，平行于学校中层行政组织，形成专业组织与行政组织互为支持、补充的学校组织系统。

2. 自下而上型

此类型是下级获得上级授权推进，由下级自行决定变革方案。具体方法有个案讨论和敏感性训练两种。个案讨论指的是由成员自己提出和决定适合的变革方案，上级只对讨论做指导，并不把自己的意见强加给团体。敏感性训练主要通过团队活动、观察、讨论等程序，改变人际关系，提高组织工作效率。

案例：新学期伊始，校长决定由特级教师 L 老师来担任高中化学科组长，改变化学学科建设乏力的现状。L 老师担任科组长以后，便着手进行科组建设的课题研究，并与科组老师一起讨论制定了研究方案。在校长办公会上，校长对课题研究方案中的活动设计、人员调整、经费安排等提出了异议，但 L 老师据理力争，把校长驳得哑口无言。虽然校长当时很生气，但也在会上宣布：以后涉及课题研究方案讨论的，一律由专家决定，不再上校长办公会讨论。此后，L 老师获得校长的充分授权，得以按照原有的研究方案推进科组改革。

3. 上下协同型

此类型是由上级分权给下级，下级参加变革决策。具体方法是团体决策法。一般由领导者提出几种解决方案，成员共同参与决定选取何种变革方案；或者由集体讨论方案并提出解决问题的方法。

案例：Z小学开办时间不长，但却有语文、数学、英语三个科组成为区级示范学科教研组。校长认为，这是全校教职工开拓进取、上下合力的结果。学校开办之初，就把学科组建设作为教师专业成长的重要平台来打造。校长带领中层干部、科组长一起分析了校情、师情和学情，研究制定了学校科组建设的基本目标、思路和要求。随后，由各学科组讨论决定本学科组具体的发展理念、目标、内容和路径，并提交全校教职工讨论完善。

综合以上分析，我们尝试构建在社会转型与学校变革的背景下，以构建实践共同体为目标，以文化生态观为方法论，以自上而下、自下而上、上下协同推进为主要路径的教研组创新体系（见图4－5）。

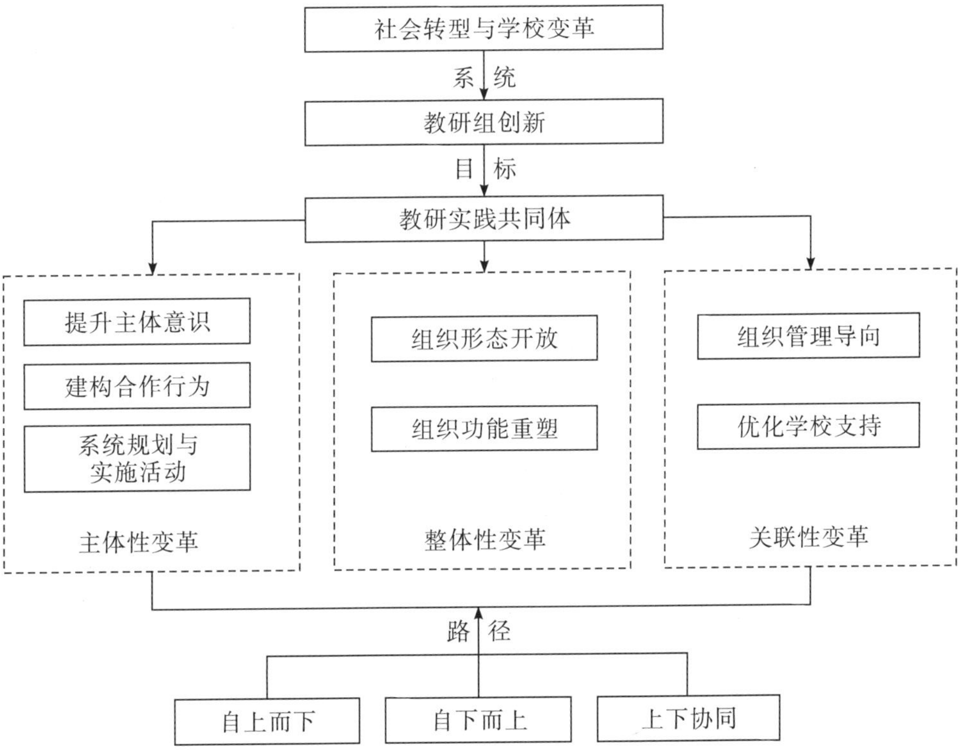

图4－5　实践共同体取向的教研组文化生态创新系统

第五章 教研组创新的策略建构

文化生态具有整体性、主体性、关联性等重要特征。本章从文化生态的三个基本特征出发，探索建构基于整体性、主体性、关联性的教研组创新策略。基于整体性的教研组创新，主要关注教研组作为一个整体，其在组织形态、组织功能上的变革走向；基于主体性的教研组创新，主要关注组织中的两类成员，即教研组长和教师自身在思维方式、行为方式、活动方式等方面的变革走向；基于关联性的教研组创新，主要关注的是组织外部环境，即学校对于其发展的价值期待、运作机制设计以及主观性、客观性的支持状况等。

一、基于整体性的教研组创新策略

与规范性组织不同的是，实践共同体存在的方式是多种多样的，其规模可大可小，成员可同质可异质，空间可现实可虚拟。一方面，从组织形态来看，实践共同体是无边界的，开放性是其建构的前提；另一方面，在组织特征上，教师实践共同体又具有明确的知识边界性，因此其组织功能具有特定的专业性质，教研组必须由事务性的行政组织回归为专业性的教学研究组织。

（一）在组织形态上保持开放性

一般而言，教研组是由某一学科教师所集合而成的正式教学研究组织，在学校内部有着较为明晰的组织界限，因此在学校的话语体系中也被称作学科组。打破学科组织和正规组织的壁垒或界限，发展各种各样的学科混合组织和非正式组织，这是中小学在实践层面正在推进的积极探索。事实上，随着基础教育课程改革的深入发展，在学校内部与校际间已经出现了大量课题研究组、名师工作室、在线社区、教师自组织等开放性的教研组织，还有一些与高校、科研机构等横向合作的教研共同体，这些组织已经从形式上丰富和完善了现有的教研组织结构和体系，从而也极大地深化了教研组的内涵，扩大了教研组的类型。

实践共同体本身就是一个开放的交互平台，它的开放性体现在自身内部以及与外部环境、外部组织间的相互作用与影响上。从系统论的角度来说，一个系统的发展需要两方面的相互作用，一是系统内部有熵的增加，二是系统外部有负熵流（物质、能量和信息）持续不断地注入系统内部。熵是表示系统有序度的概念，负熵表示系统有序度地增加，正熵则是系统有序度地降低。只有熵与负熵相互作用，且负熵的总量大于熵时，系统才能由原来的无序走向更高的有序。

开放性给教研组发展带来活力与动力。推动提升教研组织形态的开放性，可以从以下三个方面着手：一是组织内部结构的开放，即组织成员具有开放性和流动性；二是组织内部交流的开放，特别是异质思想的交流与碰撞更加自然；三是组织间的开放，外部信息或资源的注入都是开放的。通过组织内部以及组织与外部环境的互动与交流，成员之间达到意义共享，而实践共同体的历史文化遗产也得到维系、传承或重组。

1. 组织内部结构的开放

实践共同体的成员主体是相对稳定的，但是总体呈现开放性。实践共同体最初由有相对趋于一致的需求的教师一起携手建立，之后有很多志同道合的同伴不断加入，开展了一系列的活动。随着实践共同体的发展，会有更多的成员补充进来，也可能有一些长期沉默的教师会离开。通过不断补充新成员，实践共同体完成新老人员的过渡与交替，从而实现实践共同体文化的传承与更新。

实践共同体的成员从性质上看也是开放的。实践共同体在产生文化同质性的同时，也要吸纳异质性的成员加入。教研实践共同体新老成员一起分享着对共同事业的理解，协商决定共同体的实践活动，创造共同体的共享智库。它们构成了共同体的同质性，使得共同体内部具有强烈的文化感召力。但是成员间的相互卷入，并不意味着只要求同质性的教师参与，异质性和同质性都是驱动创新发展的重要因素。如果都是新手教师或熟手教师，成员间的互动就很难展开，共同体也会丧失发展的张力机制。因此，一个特定的实践共同体，其成员应该在性别、兴趣、专长、知识结构、行为方式等方面有所差别，这样在问题解决的过程中才能彼此取长补短，互为资源、互为补充、互为支持。

2. 组织内部交流的开放

在实践共同体中，既允许多元文化的存在，也鼓励多元文化间的交流与碰撞。每位教师都是一个相对成熟的个体，在教育教学实践中也逐渐形成了自己的教育观念、主张与行为。不同观点之间必然会产生一些碰撞，而这一切正好构成了组织向前发展的基础。这种多元共生关系已成为组织发展中不可或缺的部分。同时，由于减少了行政指令的干预，成员间可以通过对话建立真诚互助的关系，能够从更多的角度发现自己的问题与不足，最终形成合力共同探讨教育教学实践的问题，共享教育教学成功的经验，向共同愿景方向靠拢。

组织内部交流的开放与内部结构的开放是相辅相成的，一方面，内部结构的开放为内部交流的开放提供现实的条件和基础，跨学段、跨学科的多样性内部结构，更能激发成员间的交流与碰撞，更能提升成员学习的积极性与主动性；另一方面，内部交流的开放也更能促进成员构成、性质和身份的开放。

3．组织间交流的开放

组织间的开放，也是组织与外部环境之间的开放。组织与环境之间要保持动态的平衡，就必须与环境不断进行着物质、能量、信息的交换活动。组织从环境中获取物质、能量、信息之后，经过处理、消化、改造，再转换成产物向环境输出。总之，没有输入也就没有输出，反之亦然。

在实践共同体内部，并不是每一次切磋与交流，都能依靠内部现有资源达成共识。当内部成员各持己见，意见相左又无法相互说服时，就需要引入或借助外部资源予以解决。当引入的信息足够丰富时，组织内部的问题得以解决并达成共识，每个成员也在问题解决的过程中得以提升。这时就体现了外部物质、能量或信息注入的开放性。普利高津认为，“社会和生物的结构的一个共同特性是它们产生于开放系统，而且这个组织只有与周围环境介质进行物质和能量交换才能维持生命力”①。也就是说，组织稳定有序地发展与其开放状况是呈现正比的。在开放状况下，组织与环境间的能量差促使组织远离平衡态，从而自身获得内部发展动力，成为现实中充满生机的活组织。

（二）在组织功能上重塑专业性

当前，教研组专业性不足主要表现在三个方面：一是行政事务使得教研组职能发生错位。教研组主要根据教学处的要求，上传下达地承担一些常规活动的组织，如制定计划、填写表格、学期总结、教学检查等事务性工作，开展的活动往往流于形式。二是局限于“课”的教学研究使得教研组职能缺失。在很多学校，同一学科同一年级的教师会组成备课组，同一学科同一学校的教师则组成教研组，教研组实际上是各个年级备课组的组合。备课组从其名称上便局限了教研的范围和内容，故而教研组活动经常性地停留在“就课论课”层面，备课、上课、听课、评课，构成了教研组日常教研活动的常态。三是以年级为主体的管理模式导致教研组功能相对弱化。在不少中小学，对教学常规的检查和教学质量的评估都是由年级组来完成的，而年级评估的标准和依据都只能从各学科统一要求的层面，如教案撰写、听评课情况、作业批改情况、考试检测情况等方面展开，而无法从指向学科质量提升的层面推进。从总体来看，教研组“研究”的功能丧失，存在工作布置多、问题探讨少，讨论“教”的问题多、“学”的问题少，对教学问题现象描述多、实质分析少，教学经验总结多、课题研究成果少等“四多四少”现象。②

教研组的初始定位是教学研究，虽然教学研究的内涵随着时代的发展也在发生改

① 湛垦华，沈小峰．普利高津与耗散结构理论［M］．西安：陕西科学技术出版社，1982：155.

② 张来春．教研组面临的新问题及其变革和转型建议［J］．教学与管理（中学版），2009（10）：25－27.

变，但其研究的职能是永恒的。这是教研组必须坚守的组织功能。

1. 深化教研组研究职能

从学校管理层面强化“教师成为研究者”的要求，将教研与科研有机融合，增强教师教育科研能力，帮助教师克服不知道“研究什么”和“如何研究”两大教研困难。“研究什么”和“如何研究”是教师开展教学研究的基本功，也是推动教师由教书匠向研究者转变的重要路径。要重视基于信息化的教学研究，促进信息技术在教学中的科学运用，实现信息技术与学科教学的有效融合。

2. 拓展教研组学习职能

从丰富学习内涵、创新学习模式、评价学习效果等方面拓展教研组的学习职能，促进教师专业发展。① 在丰富学习内涵上，从过去单纯关注“课”的教学研究转向教育教学全过程研究。准确把握各学科在核心知识、思想方法、关键能力以及情感、态度和价值观等学科素养方面的教学要求，研究如何培养学生的核心素养和能力，将全面发展要求有机融入教育教学全过程。在创新学习模式上，从以校本培训为主转向以共同体的实践研修为主，丰富和拓展教师专业成长的学习渠道和学习资源。在评价学习效果上，要指向师生共同成长，指向教师树立正确的学生观、课堂观和质量观，而不仅仅是关注课堂学习和学生学习成绩。

3. 协调与年级组关系

从教研组、年级组产生的背景来看，前者基于的是组织教学研究活动，后者基于的是解决学校管理压力。应该说，教研组和年级组的职责是非常清晰的。年级组主要协助学校行政处室做好管理工作，统筹、协调年级内部各项工作事务，保证正常的教育教学秩序；教研组负责同一学科教师学习、研究、培训等活动的开展，保证教师专业发展和教育教学质量提升。同时，教研组和备课组虽然都是专业组织，但有各自的分工和侧重点。教研组侧重于研究学科教学中的共性问题，比如对课程标准的解读、学科教学的总体理解、学生身心发展特点的把握等；备课组则侧重于研究学科教学中的具体问题，比如对教材或教学中具体问题的研究、年级学生身心发展特点的把握等。因此，从学校的角度来看，必须在管理上厘清教研组、年级组、备课组三者之间的定位、职责，在机制上协调各组织间的关系，在制度上规范各组织的行为，这是重塑教研组专业功能的关键。教研组与年级组并行运转，体现了中国独特的“单位社会”的特点，年级组的行政性特征在合理范围内的存在和运作，可以为教研组专业职能的发挥提供相应的辅助。

某中学年级组与教研组并行运作的案例②

随着学校规模的发展，某中学采取了以年级为主导的学校管理模式。各

---

① 陈上仁. 教师学习视角下中小学校教研组职能重构［J］. 现代中小学教育，2016（11）：105－108.

② 孔令国，高翔. 增值赋权：寻求教研组自主变革的力量——探寻年级实体和教研组并行下促进教师专业发展机制的实践性研究［J］. 教育理论与实践，2013（26）：35－37.

年级分设教学管理和学生管理两部分；各年级的学科备课组集中办公。学校按遵循谁管理谁考核的原则，由各年级组考评备课组和所在年级的教师。同时，为了推进校本教研的实施，学校也要求各教研组每学期举行不少于规定次数教学研究活动。但是，在教研组职能弱化的情况下，这一要求形同虚设。

于是，学校开展了广泛的调研，并在管理层面上进行了反思。首先，启动并实施对教研组的评价考核。出台《关于加强教研组管理的指导意见》，界定教研组职能，明确其任务，并进行区分性评价，评价的结果不仅与教研组管理人员的报酬相挂钩，而且与学校分配给教研组考核“优秀”的指标相关联。其次，加强教研组和备课组对教师专业发展的评价考核。学校原有的考核方案不变，仍由年级实施，但考核内容占总考核比重的52%。增加一项教师专业发展考核，考核内容占总考核比重的48%。学校期望通过这两项递进评价的改革，提高教研组建设的自主性，通过捆绑式评价提高教师积极参与研究的主动性，切实将教研组建设成为教师专业发展管理中心，从而构建教研组与年级组并行的校本教师专业发展机制。

二、 基于主体性的教研组创新策略

基于主体性的教研组创新，是发生在教研组内部的创新，其组织成员的思维方式、行为方式和活动方式是影响教师实践共同体构建的根本因素。从实践的角度审视，教研组中教师思维方式的惯性化、行为方式的个人化和活动方式的单一化等制约了教师实践共同体的形成和发展。突破上述这些因素的限制，可以从提升教师的教研主体意识、建构教师行为合作模式以及加强教研活动的系统规划、设计与实施着手。

（一）提升教师的教研主体意识

主体意识是指主体的自我意识。它是人对于自身的主体地位、主体能力和主体价值的一种自觉意识，是人之所以具有主观能动性的重要根据。教师的教研主体意识，指的是教师意识到自己是教研活动的主人，在教研活动中居于主导地位和主动地位，必须发挥自身的主观能动性而不是作为一个无足轻重的旁观者。

主体既包括组织中的领导者，也包括组织的成员。因此，主体意识的提升包括两个方面：一是组织中的领导者具有相当的自省能力并且能够身体力行，引领成员应对组织所面临的内外部挑战。这就意味着组织中的领导者必须具备充分的领导力，形成马克斯·韦伯（Max Weber）所提出的作为领袖人物应有的克里斯玛（charisma）特质。二是组织中的成员接受领导者的观念并进行自我心态的改造。

提升教师的教研主体意识，其意图在于，以主体的身体力行打破惯性思维，突破思维定势给我们带来的思维局限。思维方式是人们观察、分析、解决问题的一种程式化的心理结构，它对人们的言行起决定性作用。教师职业是一个比较容易形成惯性思维方式的职业。在环境条件没有发生变化的情况下，惯性思维可以帮助我们应用已掌握的方法迅速解决问题，但是一旦环境发生改变，惯性思维则成为束缚创造行为产生的枷锁。维持惯例，不做改变的思维方式是教研组主体变革的最大障碍。康内尔（William F. Connell）指出，在整个教育史上，大多数教师已毫不犹豫地接受和使用了自己经传授所获得的传统教学方法。多年的正规教育已使他们习惯了这种方法。对于他们来说，要向不同的教学方法转换极其困难。① 布鲁巴克（John S. Brubacher）在研究了西方教学方法的历史后也指出，现代科学技术是教学方法前沿在20世纪中期以后的唯一突破口，除了教育技术这个新生事物外，教师们在教学方法上只是“沿着业已确定的主要路线进行了一些微小的改进”②。因此，有不少研究者也发出了教育改革为什么这样难的感叹。

1．提升教研组长领导力③

组织行为学认为，领导者在推动组织观念和思维方式变革方面具有举足轻重的作用。从组织观念的形成来看，其首先就源于创始人或领导者的倡导和身体力行。“组织现行的惯例、传统、做事的一般方式，在很大程度上都是它以前的努力，还有这些努力所带来的成功。这就促使我们来追寻组织文化的最初源头：组织的创始人。”④ 一个好的教研组长就能造就一个好的教研组。教研组长如果能够实现率先觉悟，倡导改变旧的观念并身体力行，就有可能成为组织文化变革的先驱者。⑤ 一般来说，教研组长是由学校任命的，学校任命之前也通常会考虑其领导能力和学科专业水平。但其时，他尚处于学校认可阶段，要得到组织成员的认可和信服，还需要提升自身领导力，实现角色的重建与担当。

（1）教研组长领导力的构成要素分析。

领导力在本质上是一种影响力，是领导者将组织目标转换为现实的一种能力。教研组长领导力由若干个要素构成，这些要素有机地结合在一起，构成了一个完整的领导力系统。对于领导力要素的分析，可以从历史和现实的视角以及西方国家的经验中获取相关的认识。

从历史溯源来看，我国自教研组设立之初，便对教研组长领导力提出了相应要求。教育部在1957年颁布的《中学教学研究组工作条例（草案）》中明确指出，“教研组设组长1人，由校长聘请有教学经验，并有一定威信的教师担任”“教研组长负责组织领导教研组的工作”；同年，在《关于〈中学教学研究组工作条例（草案）〉的说明》中对教研组长的职能有明确的界定，“教研组长负责组织领导本组教学研究工作，而不

① 李维．国际教育百科全书：第9卷［M］．贵阳：贵州教育出版社，1990：172.

② 瞿葆奎．教学：中册［M］//教育学文集：第10卷．北京：人民教育出版社，1988：504.

③ 朱利霞．教研组长领导力的要素及培育［J］．广东教育，2021（10）：33－35.

④ 罗宾斯．组织行为学［M］．孙健敏，李原，译．7版．北京：中国人民大学出版社，1997：528.

⑤ 杨炎轩．教研组文化变革：组织文化变革理论的视角［J］．教育发展研究，2010（10）：74－78.

是介乎校长、教导主任和教师中间的一级行政干部”。从上述文件来看，教研组长的领导力包括三个方面：首先，组织领导教研组工作，但不具备行政领导力；其次，有教学经验，即具备了相当的教育教学能力；最后，有一定威信，即在教师中有一定的责任担当和人格魅力。这一界定影响深远，基本奠定了我国对于教研组长的角色定位。

从西方国家的经验来看，与我国教研组长类似的角色是英国的学科领导者（Subject leaders）。根据英国教师培训署（Teacher Training Agency）1998 年公布的《学科领导者全国标准》（*National Standards for Subject Leaders*），学科领导者的核心作用是为本学科提供专业化的领导和管理，确保资源的有效利用，保证本学科高质量的教学和所有学生的学习成绩不断提高。具体来说，学科领导者的领导力包括四个方面：确定学科的战略方向；保证学科教学的有效性；领导和管理本学科的教师；有效地分配资源。①

对于领导力的理解，一般是从个人特质、领导过程、领导能力和影响力等视角来界定的。这几种视角并不相互冲突，而是相辅相成的，它们都是影响组织活动效能的关键要素。基于对领导力要素的分析以及教研组长领导力实践形态的梳理，我们可以将教研组长领导力的要素界定为以下几个方面。

一是人格感召力。人格感召力是教研组长应该具备的前提性能力。马克斯·韦伯通过对人类社会历史的经验性考察，提出传统、非凡的个人品质和法理性是人类合法性统治的三种基本形式。其中基于非凡的个人品质进行的统治是魅力型统治（charismatic）。② 由于教研组长并不是靠行政权力获取影响力的，因此，他对于教研组的领导，首先是通过自身所具有的道德修养、行为品性、情感态度等人格感召力来完成的。在人格特质上，教研组长必须对教育事业有强烈的追求，能够准确地理解和把握教育事业的理念、目标和价值观；拥有维护正确价值观的勇气和智慧，从而激励和引领团队教师树立正确的职业道德观，形成基本的职业道德价值认同；具有为他人服务和奉献的自觉的意识，能够兼容并包各种不尽相同但不无合理之处的意见和建议。

二是学科引领力。学科引领力主要体现为教研组长对本学科发展方向的把握，以及自身的学科教育教学能力、学科教育教学指导力，这是教研组长应该具备的基础性能力。首先，教研组长对学科课程标准能深刻地理解和把握，对学科教学改革富有一定的前瞻性、洞见性，在面对学科教育价值的多元走向时，能够帮助和引导团队教师改变片面的、不太正确的，甚至是错误的学科教育价值观。其次，教研组长自身应当具备较强的学科教育教学能力，善于课程与教学设计，善于课程与教学实施，善于课程与教学评价，具有相当的教育教学业绩，在自身学科领域是教学的骨干或名师。再次，教研组长能够带领并指导团队教师开展学科教学改革与实践，且对团队教师的教育教学提出具体化、操作性的改进建议。

三是教研实践力。教研实践力是教研组长规划、组织、实施、评价教研活动的能

---

① 李宝荣. 解读英国中小学《学科领导全国标准》[J]. 中小学管理，2006（8）：50－52.

② 吴惕安，俞可平. 当代西方国家理论评析［M］. 西安：陕西人民出版社，1994：284.

力，这是教研组长应该具备的核心性能力。首先，教研组长要善于规划学科教研活动。在分析学科教研背景、现状与问题的基础上，以学校发展规划为依据，明确未来三至五年内学科教研的目标、任务、举措、途径以及实施路径和保障条件。其次，教研组长要善于组织和实施学科教研活动。学科教研活动最能体现教研组本质功能，它是以教研组为单位开展的有目的、有主题、有程序、有总结的教学研究活动，包含集体备课、课例研究、主题研修、课题研究等形式，是促进教师专业发展和提升学校教育质量的重要途径。有效的学科教研活动要以问题为导向，实践为指引，并且不断地梳理出相关解决问题的办法，使得教师体验真实的情境，并能站在主导者的角度去思考问题，这样的教研活动的价值才能最大化。最后，教研组长要善于反思与评价学科教研活动。通过过程性评价和效果评价，教研组长能够了解并确认各项活动是否能按计划的程序发展，以及计划的目标是否达到和达成度如何，从而为学校领导和教师提供有价值的反馈信息。

四是团队建设力。团队建设力是教研组长在统筹、协调教师团队，推进教师团队合作、发展与创新等方面的能力，这是教研组长应具备的支持性能力。首先，教研组长要善于统筹、协调教研组内外部关系，对外能够积极争取学校在制度、资源等方面的最大支持，对内能够协商成员间的关系，减少摩擦，形成和谐向上、互帮互助、民主开放的团队文化。其次，教研组要善于组织学习，通过学习型组织的建设，推动知识分享与创造，推动组织的发展与创新。

（2）教研组长领导力的培育路径。

教研组长领导力的培育，一方面要在学校制度设计上予以安排和保障，另一方面也是在学习和实践活动中得以获得、巩固并持续提升的。

一是在制度设计上为教研组长赋权激能。目前的学校教研活动一般是由上级教研机构或学校行政机构安排，教研组具体执行和落实的，因此教研组长的角色仅仅为上传下达的执行者、具体事务的安排者。培育教研组长领导力意味着学校首先在制度设计上就要为教研组长预留相应的自主决断和裁量空间，将决策权与实施权有机结合起来，形成营造责任共享环境的制度安排。

二是在专题培训中充实领导力知识。随着教师专业发展研究的持续深入以及教师继续教育制度的不断完善，分层分类开展教师继续教育，有针对性地提升教师专项素养和能力，已经成为一种主流趋势。目前，针对不同教龄、不同学科的教师专项培训计划已经相对完善，但针对教研组长专业素养的培训计划及课程相对比较缺失。建议各级教师继续教育机构和学校加强教研组长专项培训课程的开发，推进教研组长领导力提升计划。从教研组领导力的薄弱环节来看，目前需要开发的课程包括学科教研的规划与计划制定、学科教研的规范与模式建构、学科教研的工具与方法应用、学科教研的评价技术等。这类专题培训的意义与价值在于，通过相关知识、方法、技术与素养的学习，克服教研组长作为经验主义者的困境与不足，真正理解和掌握新时代学校教研的本质和形态。

三是在教研活动中凝练领导力素养。作为一个实践者，教研组长组织教研活动的实践过程，就是其不断凝练、提升自身领导力的过程。集体备课、课例研究、主题教研、课题研究等都是学校教研中经常性开展的教研活动，具有不同的适用对象、范围和实施形式。要保障这些活动有效开展，教研组长首要的任务是要学会建章立制，即建立相应的教研规范和流程，否则任何活动都容易流于形式。例如上海教研室开展的主题教研活动，既规定了活动的流程与环节（前期、中期、后期），又设定了活动的要素与规格（目标、内容、对象、方法、路径），并灵活运用活动告示单、活动观察单、活动反馈单等评价表单，使得教研活动有了明确的方向与清晰的路径，保障和提升了教研品质。在建章立制的基础上，教研组长还要学会提炼教研范式、模型、策略，形成常态化的教研运作机制。这有助于我们把一个复杂的大问题分解成为一系列小问题，并在较高层次上加深对教研内涵和机理的理解，从而形成一套完整的问题解决方案。

从基础教育改革的任务和要求来看，培育和提升教研组长领导力，进一步加强和改进学校教研，不仅对学科教学质量和教师专业发展有着深远的影响，而且对学校治理体系和治理能力建设也有着重要的制约作用，这是基础教育高质量发展的必然选择。

江苏锡山高中“找回教研组长”计划①

江苏锡山高中唐江澎校长早在2006年前后就领导学校进行学科建设。他们的第一项改革措施是制定并落实“教研组三年发展规划”，其中的重点是启动“找回教研组长”计划，抓教研组长“三力工程”建设：增强凝聚力、提升感召力、扩大影响力。锡山高中随后若干年的发展轨迹表明，这个改革起点以及改革策略的选择是适切的。教研组长或备课组长在接受专业的组织能力培训后，在实践中加以应用，能够达到事半功倍的效果。

以8～10人备课组一段10分钟左右的读书分享时间为例。学校在全校开展针对性专业阅读行动，每周阅读一定量能促进本校正在进行的教学改革的教育理论著作。接受培训之前，备课组长采用过两种组织方式。一种是每周确定2位下周讲解读书体会的老师，另一种是每周读书交流时，8位老师都发表一下自己的感想。这两种方式效果都十分一般。后来，备课组长们接受了一次体验式培训之后，对组织方式进行了改革：所有老师在个人阅读过程中用“康奈尔笔记法”（一种把一页纸分隔成三个区域的做笔记的方法，分别用于记录笔记细节、提取正在记录的笔记的记忆线索放在左边相对应的位置以及在页面下端的专门区域记录学习过程中自己与所学内容的互动思考）写出读书笔记，上传到备课组微信群，然后在读书交流时间里，随机抽取1～2位老师进行交流，然后大家根据本人的阅读体会，再交流所读理论对自己正在进行的教学研究的启发。用这种方式组织读书交流活动，没有额外增加时间，但是教师的读书连贯性得以有效提升，交流参与度也获得很大提高。

---

① 陈雨亭．有效性是校本教研的生命线［N］．中国教育报，2018－09－26（5）．

2. 推动组织成员的心态改造[①]

领导者的观念和行为方式只有得到成员的认同，才能成为组织的观念和行为方式，否则也只是个人的观念和行为方式。组织内部的变革高度依赖于组织成员的信念和心态，信念和心态不变，就很难有行为的改变。而信念和心态又具有内隐的特征而难以把握。因此，不管是学校管理者，还是教研组的领导者，都应该采取相应的管理措施，比如示范、激励、传递等以及相应的文化心理建设，推动成员心态的改变。

笔者通过分析一个叫“星期四读书沙龙”的心理教师组织，发现可以采取四方面的措施来促进组织成员的心态改造。在与“星期四读书沙龙”成员访谈的过程中，笔者设计了三个问题进行访谈：①你为什么要参加“星期四读书沙龙”；②你为什么能坚持参加“星期四读书沙龙”；③你觉得参加“星期四读书沙龙”给你带来的最大收获是什么。访谈时，特别注意捕捉和收集受访者的“本土概念”，以了解当事人的内心，了解他们的思维方式和意义表达，为分析提供有用的线索。“本土概念”通常是当事人经常使用的、用来表达他们自己看世界方式的概念，它不必是研究者本人或研究者所属文化群体不知道的概念，只为被研究者群体或个人独自占有。捕捉和分析“本土概念”是了解当事人观点的关键。[②] 从记录来看，受访者使用较多的本土概念有：归宿感、认同感、心理依托、认识自己、自我发展、摆脱孤独、抱团取暖、交朋友、专业进步。[③] 根据访谈记录和频率出现较高的本土概念，分析“星期四读书沙龙”为什么能推动成员的心态改造。

（1）让成员获得心理归宿感。

在问到为什么要参加读书沙龙时，受访者提及较多的就是“找到了组织”“受到了重视”“有了归宿感”。所谓“找到组织”之说，是缘于目前学校心理教师配备实行的是“一人一校”[④] 模式，心理教师缺少本学科的同伴交流。而“受到了重视”，是缘于在考试这个大指挥棒下，不少学校对音体美等术科不太重视，更不用说无法量化评价的心理健康教育工作，心理老师往往在学校有被边缘化的感觉。一个社会或组织中的人，都会寻求隶属某个社会或组织的感觉。产生这种心理是由人的本性需要所致，即生活在社会中的人渴求他人的友谊，想得到他人的认可；希望个人的能力、才华在团体中能实现。“星期四读书沙龙”正好让心理教师寻找到了隶属某个团队并被该团队认可的感觉，在这个环境里，他们感到能够与他人安全交往并受到尊重。对于这种情感和意识，麦克米兰（David W. McMillan）和查维斯（David M. Chavis）的描述是“一种成员所拥有的归属感，一种成员彼此间及与整个群体休戚相关的感情，以及对成员的

---

① 朱利霞，董子啸. 一个“教师学习共同体”的效能研究［J］. 教师教育学报，2014（5）：29－35.

② 陈向明. 质的研究方法与社会科学研究［M］. 北京：教育科学出版社，2000：284－285.

③ 较高频率的心理学术语成为本土概念，可能与受访者为心理教师有关。

④ “一人一校”模式，即一所学校配备一名心理教师。广东省教育厅规定，学生规模 1 000 人的中学、1 200 人的小学，原则上配备 1 名心理健康教育教师。深圳市教育局规定，每所学校至少配备 1 名心理教师，学生规模超过 1 500 人的学校至少配备 2 名心理教师。

需求将通过他们对共同生活的认同而得到满足的共同信念”①。可以说，“星期四读书沙龙”较好地满足不同学校之间教师彼此联结的需要，并帮助每个人将焦点集中在共同的利益上，为孤单的个体提供一个寻求帮助、宣泄情感、建立关系和信任、获取专业发展支持的环境。

对归属感的需求是人类的一种基本的动机，对人的成长和发展有着极为重要的含义。撇开心理教师的学科身份，我们可以发现，学校里的教师总会有这样或那样的“归宿需求”，有的是自我发展的归宿，有的是获得领导重视的归宿，有的是职务晋升的归宿。如果共同体建设重视成员归宿感的体验，反过来也将获得成员的认同和尊重，从而获得可持续发展。

（2）帮助成员确立和认识自我。

在受访者阐述为什么能坚持参加读书沙龙时，我们发现，该组织能够帮助成员确立和认识自我是其中一个重要原因。以下是两位老师的自述。

> 商老师：“对于没有工作经验的我来说，读书沙龙是我的福音。来到读书沙龙跟大家学习了很多，我获得的不仅是专业知识的提升和生活经验的丰富，更重要的是，我在这里可以尽情挥洒自我，深层次地认识自我，读书沙龙是我进步的一个重要因素。感谢读书沙龙，感谢各位兄弟姐妹，我会继续参加！”
>
> 曾老师：“曾经的我差点就成了一名语文老师，在专业的道路上气馁过、彷徨过。但是走进了读书沙龙，遇到了对事业如此富有激情的大家，我深感惭愧，于是也逼迫自己，不断提升，努力争取，终于做回了一个纯粹的心理教育人，找回了自己。”

商老师是在入职后遭遇挫折，而曾老师是被迫转行去做其他学科的老师，他们在职业生涯发展初期都曾一度迷茫，难以积极、有效应对外界压力和影响，这在很大程度上是一种个体自我意识缺失的表征。他们的自我迷失并不是个案，这是现代人的一个普遍特征。哈耶克在《通往奴役之路》中不无焦虑地说：“大多数人很少能够独立地思考；在大部分问题上，他们所接受的意见都是现成的意见；他们无论是生来具有还是受人哄骗而接受这套或那套信仰，都同样感到满意，这些都可能是真实的。”② 怎样把握自我认识发展的方向？怎样寻求自我认识发展的途径？正好在两位老师对自己的工作、对自己的发展产生怀疑、沮丧时，在“星期四读书沙龙”的深度对话和讨论，使他们不断敞亮认识，也开启了理性，从而寻找到自我发展之路，避免了一直生活在他人的观点和眼光之下。尤其是在这个宽松、平等、和谐的环境中，他们没有感觉到是被要求、被强迫地接受某种人生观和价值观，反而可以透彻地梳理和反思原有诸多的知识和观念，从而能够自主地从各种遮蔽中获得解放。

（3）满足成员社会交往需要。

满足社会交往需要也是受访者自述能够坚持参加读书沙龙的重要原因。在这里，

---

① 郑葳，李芒．学习共同体及其生成［J］．全球教育展望，2007（4）：57－62.

② 哈耶克．通往奴役之路［M］．王明毅，译．北京：中国社会科学出版社，1997：156.

受访者多用的是“不但……而且……”的描述：“不但工作上的难题得到了解决，而且更重要的是交到了一帮志同道合的朋友”；“不但心理学专业知识丰富了，而且感觉自己社交空间扩大了，在这里很放松，很自在”。同时，还可以观察到受访者比较愉悦的面部表情。发起人陈老师说，我们在一起不仅仅是读书，我们还分享各自的喜怒哀乐，有什么烦心事可以说出来，有什么困难大家一起商量办法。可以看出，“星期四读书沙龙”发挥了相当的社会交往功能。

“星期四读书沙龙”是一个自下而上形成的非官方学习共同体，成员之间平等对待、相互包容，相互之间还有专门的昵称。与学校官方或半官方性质的教研组、学科组相比，这种扁平化的组织结构让成员之间的交流更加亲密、更加自由。现代管理理论认为，扁平化的组织结构是层级少而幅度大的一种组织形态，层级少有利维持成员间的密切关系，而且各个成员相对拥有较大的自主权，并因此而有很大的满足感和积极性。在 2013 年 5 月 9 日的读书活动结束后，陈老师在 QQ 群里进行了总结：“昨晚的读书沙龙更像是个‘Party’，几个人做了情景剧表演，大家都做了咨询师，讨论很热烈。结束时有个老师说谢谢我。其实不用谢，这个读书沙龙是大家的，参与的都是主角，都有贡献，‘人是关系的产物’，我们在一起本身就有很大意义。”陈老师的发言对这个共同体成员的关系有很好的解读，即在这个团队中，人人权利平等（“人人都是主角”）、互相帮助、主动分享资源（“都有贡献”）。

（4）提升成员专业成就感。

根据笔者访谈了解，这个学习共同体由新教师、非专业出身的心理教师和专业出身的心理教师三类教师构成，虽然工作经验和专业背景不同，但强烈的专业发展需求使他们紧密地结合在一起。对于入职不久的新心理教师来说，初接触工作和新环境，一切都在陌生与新鲜中，希望能够加入相关的组织并从中获得帮助和支持；而非专业出身的心理教师纯粹是出于对心理健康教育工作的热爱才转入这一行，相关背景知识的缺乏使他们迫切地渴望学习和交流；专业出身的心理教师在当前“一人一校”的心理健康教育工作模式下，由于学科壁垒，孤独感强烈，也需要一个宣泄情感、获取专业发展支持的出口。基于对寻求帮助、获得专业支持和情感交流等“志同道合”的需求，“星期四读书沙龙”逐渐形成共同的价值观和努力方向，并且每个成员在组织活动中体验到了专业成就感，证明了自己存在的理由和意义。根据笔者的观察，这个共同体由于立足于专题研讨和问题解决而比一般意义上仅依靠广泛交流维系运作的共同体似乎更具持续性和秩序性。

孙老师：“每次读书沙龙的基调都不一样，主讲人的风格是关键的决定因素。仔细想来，读书沙龙的每个人都有自己的性格和风格，但这恰恰成就了读书沙龙。君子和而不同，彼此的互补使这个队伍变得更为优秀。”

在外力推动的同时，组织成员还可以进行心态的自我改造。首先，对待组织要有一种参与的心态。即把自我当作组织中的一个组成细胞，每个细胞都有自身所担当的任务，每个细胞都在组织建设中发挥着重要作用。自我就是自己所担负的那部分工作的主人。其次，对待组织的领导者，要有一种期待的心态。如果领导者的观念和行为方式能够合理和有效地解决组织存在的问题，能够促进组织的生存与发展，作为一个成员，应该有开放和接纳的态度，去维系、发展这种观念和行为方式。最后，对待组织的其他成员，要有一种合作的心态。每个人都是不同的个体，学会站在他人的立场来思考问题，用他人的眼光来审视自我，这是一种理解和担当；尊重他人的专业实践，真诚地提出个人的学术意见，这是一种胸襟和气度。

（二）建构教师行为合作模式

源于工业革命的班级授课制，在组织形式上就决定了教师的教学行为可以是一种个人化的行为方式。从教学前的准备来看，所有的任务分配都是以教师个体而不是群体为单位来布置的，教师可以个人独立完成对课程标准的研习、对教材和学习者的分析、对教学过程的设计等；从教学实施的过程来看，“一课堂一教师”是基本的课堂模式。对于教师而言，虽然也有公开课、听评课等实现空间开放的形式，但更多的时候课堂还是一个私密性较强的领域。从教学效果的评价来看，对教师的评价也是以个体工作完成量和所教学科成绩为标准来衡量的。上述种种个人化的行为让教师合作变得可有可无，教研组这种组织合作形式在很多时候就有可能形同虚设。

对实践共同体而言，所有的学习行为都是在参与实践的过程中进行完成的，合作是实践共同体的根本机制。合作如何发生？我们可以从合作的要素分析入手进行建构。合作包括合作的主体、合作的内容、合作的形式、合作的结果等四个要素，其中主体的自我认识是合作的前提，合理的任务安排是合作的基础，有效的制度设计是合作的保障，科学的效果评价是合作的动力。

首先，主体的自我认识是合作的前提。合作发生的前提是有一定的主体参与，而且这个主体不是抽象的个人，而是活生生的个体。社会赋予每个人以身份，每个人都是多种不同角色的集合体，在人与人的互动中，个体感知他人对自身的角色期望，获得“镜中自我”，确定自身角色，表现出与之相匹配的“被期望”行为。① 在教师教研行为过程中，究竟是什么样的自我认识才能促进合作的产生呢？起初教师应该对“教师作为研究者”产生自我认同和身份认同，这是教研合作的前提条件。所谓的自我认同和身份认同，是教师对“我是谁”“我是怎样的教师”“我如何促进自身发展”等一系列关于自我的问题的回答与思考。当教师不再将自己定位为“教书匠”般的技术人员，而是教育知识的生产者、发现者、研究者的时候，更容易认同与其他同伴间的教研合作。

其次，合理的任务安排是合作的基础。建构主义认为，任何学习活动都必须与任务或问题相结合，以探索问题来引导和维持学习者的学习兴趣和动机，让学习者带着真实的任务学习，才能让学习者拥有学习的主动权。而合理的任务安排则要求集体中的每一个个体都应参与到任务的完成中来，每个个体都有自己的职责和要求，每个个体都带着自己的任务去做事。在任务设计时，也可以根据每个个体的特长不同而进行不同的分工。

---

① 杜静，王晓芳. 论基于社会互动理论的教师合作［J］. 教育研究，2016（11）：113－118.

再次，有效的制度设计是合作的保障。制度是要求全体成员遵守的规则、规范或要求，它代表的是大多数人的利益，制度一旦形成，就具备了约束力，群体中的成员都必须在规则划定的范围内行事。因此，制度是教研合作能否产生的刚性保障，学校需要建立共享的规则才能保障合作的顺利进行和开展。一方面，学校的制度会引导教师参与到教研合作活动中来。尤其是一些奖惩的制度，作为一种约束教师合作行为的外在力量，使得教师的行为更加规范和有序。另一方面，学校的制度制定也必须以教师的认同为基础。空泛的、脱离教育教学实际的制度会让合作存在低效甚至无效的风险，更会让一些教师形成“上有政策，下有对策”的错解。

最后，科学的效果评价是合作的动力。合作最终都需要指向一定的目标和效果，否则合作本身便没有任何意义。理想的效果应该是每个参与的个体都能有所收获，都能实现自己的目标。如果只是个别人或少部分人达到了自己想要的目标和效果，那么这样的合作就会失去吸引力。所以，学校在制定效果评价指标时，应该指向的是集体合作的目标、过程与结果，即成员间是否彼此支持、彼此帮助，共同获得成长，而不是单个个体获得进步或成长。

从上述四个要素来看，随着基础教育课程改革的深入推进，“教师成为研究者”也逐渐深入人心，教师作为研究者的自我认识已经大大增强；在制度方面，中小学都建有日常性的教研学习和交流制度，鼓励成员进行经常性的对话与分享。但是如何让对话与分享真正发生，而且产生实质性的效果？下面主要从教研任务设计、教研效果评价两方面着手推进实践共同体的深度合作。

1. 参与式的教研任务设计

要改变个人化的教研行为方式，首先要从教研任务的设计上着手。教研任务的设计应该有利于提供教研组教师之间合作的机会，形成一种参与式的教学合作链条。传统上一般是采取集体备课的做法，让所有的教师都参与集体备课，合力完成教学前的准备工作。集体备课通常是个人钻研与集体讨论相结合，备课组成员轮流做主备课人，在主备课人提出备课思路和备课提纲之后，全体成员各抒己见，百花齐放，从而达到备课组内的教学同步。集体备课之后，一般由一人或几人进行试教，每次教后及时组织评课。备的内容统一，教的风格百花齐放，方法各有不同。这是一种传统的参与式教研任务设计。

基础教育课程自改革以来，教研的内涵不断丰富，对教研的要求也不断提高，因此，教研任务的设计完全可以突破集体备课的限制，在推动教师合作与协同方面做出更大的努力。

一是推进以“单元”为单位的课程资源开发及教学方案设计。即不同的教师承担同一学科不同单元的课程资源开发及教学方案设计。首先，从单元之间的衔接来看，不同年级的同一主题单元之间，同一年级的单元与单元之间，都存在着密切的衔接关系，教师之间必须相互协作，共同商讨，共同承担责任。只有全学科的教师共同努力，整门学科的课程资源开发及教学方案设计才有可能完成。其次，从教师擅长的领域来看，即使是同一学科的教师也各有自己擅长的领域，让最擅长某一领域的教师承担某一单元的课程资源开发及教学方案设计，其他教师根据自己的理解进行补充和完善，这也是一种合作。通过上述合作，最终全体教师都能实现共享课程资源建设成果。比如，某位教师可能只参与某一单元或几个单元的课程资源开发及教学方案设计，但他可以共享这一门学科所有的课程资源建设成果。深圳市 H 小学英语教研组将一学期的教学任务分解为四个“话题”（单元），分别由四个老师承担各个话题的课程资源开发及教学方案设计，然后共同商讨研究，最终形成年级教研组共享的教研成果（见表5－1）。

表5－1　五年级英语下册“单元”课程资源开发及教学方案设计任务安排

周次	话题	学习内容	阅读内容	拓展阅读	备课教师
1	1. Changes and differences	牛津 Unit 1　Tidy up	每个单元增加四篇同一主题的阅读理解（以巩固并检测所学高频词）	The wind	刁老师
2		牛津 Unit 2　Our new home			
3		牛津 Unit 3　In the future			
4		模块一复习，评价		You are the swan in my heart	
5		牛津 Unit 4　Reading is fun			
6	2. Work and play	牛津 Unit 5　At the weekend			麦老师
7		牛津 Unit 6　Holidays			
8		期间复习		I'm waiting for you	
9		期中评价			
10		牛津 Unit 7　Open Day			
11	3. Things we do	牛津 Unit 8　Buying clothes		It's not easy to be a mother	伍老师
12		牛津 Unit 9　Seeing the doctor			
13		模块三复习			
14		模块三评价			
15		牛津 Unit 10　Great inventions		There should be some rules	
16	4. Things we enjoy	牛津 Unit 11　Chinese festivals			陈老师
17		牛津 Unit 12　The giant's garden			
18		口语测评、课本剧表演		The world through the eyes of animals	
19		期末复习			
20		期末检测			

注意事项：请提前两周将各自负责的单元上传到工作群，包括课件、教案、音频、视频、图片、评价表等资源；每个话题增加4篇相同主题的阅读理解；教案撰写需遵照我校英语教研组单元整体教学设计要求。

二是推进以项目为单位的教研任务设计。首先，由项目负责人牵头某个研究项目，负责项目的组织筹划、方案设计、人员组织、保障安排等，对整个项目的实施起到宏观把握与微观指导的作用。根据项目规模，项目负责人有可能是教研组长，也有可能是学校中层干部，还有可能是校长。其次，研究项目被分解成若干个子项目，每个子项目由不同的教师牵头负责，其他教师自愿参与。再次，项目立项之后，一般由学校某个部门负责所有项目的组织协调、过程落实、检查实施等，对项目的有效实施起到监管作用。最后，引进不同类型专家团队指导，形成“R（研究机构）—S（学校）”合作协力。比如，专业研究人员可能从研究规范性的角度，对项目的立论依据、核心概念的界定、研究思路、研究方法等维度进行指导；学科教研员主要从项目的研究价值、研究内容、技术路线、区域辐射力等方面提出建议。

2. 指向团队的教研效果评价

实践共同体合作的意图在于追求“1+1>2”的效果，实现单个的个体所不能实现的目标，达到群体利益的最大化。如果合作的结果并不能产生效果，甚至只是对个体有利，而不能使各方均能有所收获的话，那么合作的效果将大打折扣。如何使效果实现最大化呢？作为调节杠杆的评价必须发挥应有的撬动作用，指向个体的教师评价必须转向团队的教师评价。

应该说，传统的教师评价侧重教师个人工作能力、工作量和工作效果等，虽然也发挥了其积极的功效，但在一定程度上也制约了教师的专业发展。尤其是在教师个体的专业发展到了高原期之后，个体性评价难以发挥其杠杆作用，就需要团队性评价来撬动教师的发展动力，帮助其指明发展路径。笔者随机查阅了深圳市某区50所中小学的学校章程，结果发现96%的学校在评价激励上都比较偏重教师个人表现，缺少对教师团队的肯定。在实践共同体中，团队发展与个体成长齐头并进的案例有许多。教师群体的价值取向、品质素养、工作态度、敬业精神、人际关系，教师之间的相互学习、交流、合作和竞争的状态，都会形成一个正向的舆论导向和文化氛围，都会对教师个体的成长产生直接的心理因素干预，对其成长动力机制的建立具有不可估量的影响。

指向团队的教研效果评价，是以团队为评价对象，团队中所有个体的表现都纳入到团队的评价项目中，最终以团队的评价结果来反映教师个体的评价结果的一种评价方式。团队性评价是以成员间的合作、分享与共同发展为基础的，在教研组建设中实施这一评价方式，有助于调动教研组全体成员的积极性，有利于促进教师的专业发展。

从评价对象来看，在原有的教师评价指标中，增加以教研组或教师集体为单位的团队评价指标，推动团队评价和个体评价并重。通过对团队表现的激励，可以让教师感受到个体发展与团队发展休戚相关，从而从意愿和态度上认可团队合作。例如山东省泰安市泰山学院附属中学就从教研组、班级和师徒三个层面来实行团队建设。① 在教研组评价方面，把同一学科教师当作一个整体来进行评价，避免教师为了个人业绩

① 程和方．团队评价引领教师专业发展［N］．中国教师报，2009-07-08（C02）．

“斤斤计较”，导致抢时间、抢作业量等现象的发生。在班级评价方面，将班主任与任课教师作为一个整体来进行评价，班级各项工作的开展、综合质量评价与任课教师的考核评价挂钩，凡班级出现严重违纪、综合质量评价较差、学生近视率过高、体育不达标等问题时，任课教师的考核评价都要受到影响。同时，学校实行了违纪报告制、班级工作会诊制、学生成长导师制、家校沟通制等措施，让每位教师都成为管理者、教育者。在师徒评价方面，将新老教师的工作效果、成长状况作为一个整体来进行评价，只有师父徒弟都达到目标才能算优秀。

从评价内容来看，指向团队的教研效果评价可以将教研过程与教研结果结合起来赋分。比如将教研规划、教研活动的实施过程、教研活动的效果等纳入其中，评价每个教研组教师的教研参与率、听评课次数和效果、公开课的数量和质量、教学经验交流及影响力情况、参加课题研究情况、校本课程建设情况等。评价的内容和要求是否清晰、评价对象是否知晓并认可这些内容和要求，会直接影响评价的成败。浙江省嘉兴市实验小学以教研组为单位，实施“捆绑式评价”，评价的对象针对教研组团队，而不是个体；评价内容突出“教”与“研”重心，包括常规性评价（70 分）和主题式评价（30 分）两部分。其中，常规性指标的设定，主要是保证各学科教研组能够正常地开展教研活动，促进教研组成员间的合作与共享，提升教研组的团队凝聚力（见表 5 - 2）。主题式评价主要针对各学科教研组在全校性的主题活动中的表现进行评价，这类评价一方面增强教研组凝聚力，有利于教研组成员主体意识的形成；另一方面也有利于加强教研组之间的横向沟通与交流。在实施过程中，还将学校评价、组内评价和组间评价等多种评价形式相结合，使其相互补充和相互协调，以增强“捆绑式评价”的准确性和有效性。①

表 5 - 2　嘉兴市实验小学教研组团队常规性评价指标

指标	等级	评价标准	检查办法	得分
教研规划（10）	优	（1）有教研组活动计划； （2）确立教研组研究课题（或品牌理念）； （3）有教研组活动的具体安排表； （4）有教研组活动总结	查阅资料	10
	良	做到其中三条		8
	良	做到其中两条		5

① 费岭峰，王羽左.“捆绑式评价”助教研组团队建设［J］. 中小学管理，2006（2）：9 - 11.

续上表

指标	等级	评价标准	检查办法	得分
活动实施（40）	优	（1）每组每学期不少于 2 次研究课； （2）相互听课，每位成员每学期不少于 10 节； （3）每组每学期至少有 1 节面向全校教师的展示课； （4）每组每学期在全校性活动中至少有 3 次以上的专题发言； （5）每次活动的分工必须清晰、明确，做到人人参与	查阅资料 现场调查	40
	良	做到其中四条		35
	良	做到其中三条		25
资料归档（10）	优	（1）每次活动均有记录； （2）每次活动均能有相应的成果呈现； （3）每次学习材料均能保存； （4）每学期有针对性的期末测试内容（自编）	查阅资料	10
	良	做到其中四条		8
	良	做到其中三条		5
获奖加分（10）		（1）每位成员每学期至少写 1 篇论文和 1 篇案例； （2）组内成员课堂教学在区级以上展示； （3）组内成员指导的学生获区级以上奖励； （4）组内成员的论文或其他业务类文章在区级以上刊物发表，在区级以上大会交流或获区级以上奖励	出示证明	酌情加分，总分不超过 10 分

（三）系统规划与实施教研活动

教研活动方式的碎片化、单一化，主要是指在教研活动中缺少系统规划，综合性、统整性不足，经验主义的色彩比较浓厚，发展性、创新性体现不足。具体表现为：①大部分的教研组缺少学科建设主张和组织发展规划，因而对学科育人目标、学科教学特色、学科教学文化以及学科队伍建设等缺少系统思考和顶层设计，教师个体也缺乏自我规划意识，对个人专业成长目标、内容、路径模糊。②教研活动缺少整体的统整。教学研究本身在内容上缺少关联性、持续性。以集体备课为例，长期以来以课为单位的教学研讨实际上割裂了课程、单元之间的整体性、系统性，导致不少教师为教材而教、为某节课而教。再以课例为例，课例研究是散乱无章的，往往拘泥于具体的某个话语或某个行为如何展开，缺少对课例背后所体现的教学理念和教学行为进行学理分析。[1] 课题研究本来可以较好地解决这个问题，推动对某个问题进行学理性的反思。但课题研究往往又与课例割裂，导致科研与教研两张皮，无法有机结合起来。③教研推进的教研路径依赖严重。由于长期被动接受指令性的安排，教研主体往往缺少创新和创造的意识，习惯于依赖已有的备课、上课、点评等教研路径。在调查中，我们发现教师选择比例最高的教研活动依次为集体备课（90.8%）、观摩学习（90.8%）、听课评课（89.4%），这说明学校教研活动方式还相对比较传统。基础教育课程改革以后虽然增加了反思环节，但对教研模式并没有进行认真的梳理与总结，经验式教研依然大行其道。

1. 科学制定教研组发展规划

中小学制定发展规划的实践源于英国。20 世纪 80 年代初，英国提出了学校发展的 SDP（School Development Planning）项目，旨在促进学校的发展和变化，让学校变得更有效能。这个项目采用“草根理论”探索学校管理问题，迎合了当时教育管理权力下放的趋势，在 20 世纪 80 年代产生了相当大的影响。随后，爱尔兰、澳大利亚、新西兰、丹麦、美国等一些国家也开始推介这个项目，使其产生了国际性的影响。20 世纪 80 年代，我国首次引进“学校发展计划”的概念。1999 年，上海市与英国文化委员会合作引进“学校发展计划”项目，在一些中小学开展实验研究。2001 年，在联合国儿童基金会支持下，教育部正式引进学校发展规划项目，并在甘肃等 13 个西部省区开展中小学校长培训试点。学校发展规划作为一种重要的管理工具在全国逐步推广。

在 SDP 项目中，制定学校发展规划需要把握两个关键点：首先，必须发挥学校共同体成员的协同作用，学校发展规划不能由其中的单方面力量来制定。其次，学校发展规划本质上是一种对过程的认识，须立足过去，指向未来，既有对过去的诊断与分析，又有对未来的预测和期盼。作为一种过程的发展规划必须考虑以下五个步骤：①目前学校处在什么位置，对学校的现状要做检视与分析；②希望学校达到什么目标，即确定学校的发展方向和育人目标；③怎么样达到目标，这需要各个部门制定相应的策略；④怎么知道学校已经达到目标，这需要制定达成目标的标准；⑤正在推进的规划效果如何，这需要进行过程的监控与评价。[2] 上述五个步骤及其相互关系，参见图5－1。

目前，一般学校都会有学校发展规划，但往往对教研组发展规划和教师个体发展规划比较忽视，制定教研组发展规划和教师个体发展规划的意义在于，通过教师主体的参与以及学校的支持保障，形成学校、学科教学发展的整体思维、设计思维，克服教师作为经验主义者的困境与不足，从而形成以目标为导向的组织和个体成长路线图。

制定一份合理、科学的教研组发展规划，需要注意的问题有以下三点。

---

① 缪水娟，张丰. 推动教研工作转型的浙江视角［J］. 中小学管理，2016（4）：4－6.

② 陈建华. 如何制定学校发展规划：西方教育发达国家的 SDP 项目及其启示［J］. 全球教育展望，2004（4）：61－65，31.

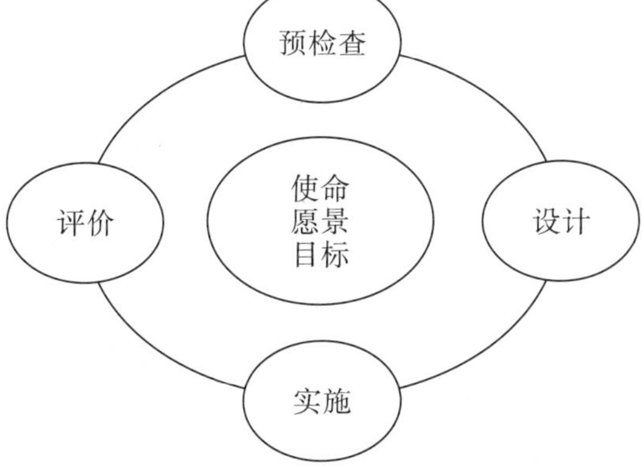

图 5－1　学校发展规划设计的五个步骤及其关系

（1）谁来制定发展规划。

从 SDP 项目本身的源起来看，就是一种来自学校、来自教师自身的草根探索，它体现了“自下而上”的实践思考。教研组发展规划的制定主体既不是校长，也不是主任，而是学科教研组长和全体教师。他们既是教研组发展规划的制定者，又是教研组发展规划的实施主体。如果发展规划是出自学校或外来力量之手，这种发展规划就会得不到教师的基本认同，甚至拉大学校领导者与教师的距离，让教师既感到无所适从，又感到失望无奈。

但同时，校长又在教研组发展规划制定中扮演着重要的角色，他是发展规划制定的指挥者和统筹者。首先，“自上而下”地提出学校要求，调动和发挥教研组每一个成员的积极性；其次，提供校长的眼光和视野，指导教师把握教育改革的主张和要求，了解和掌握学科发展动态和趋势，从而突破自身思维局限；再次，统筹调动学校资源、社区资源、行政资源参与教研组发展规划的研讨，并提供人、财、物等条件支持；最后，组织相关处室监测教研组发展规划的实施，根据实施情况督促教研组修正发展规划，调整工作计划，完善行动方案，最终评估实施的效果。

（2）为谁制定发展规划。

教研组发展规划是学校教研工作的一个优化方案。首先，它必须服从于学校整体发展规划，教研组的发展目标必须为学校发展的总体目标服务，因此，教研组的发展规划是教研组在学校发展规划指导下的自主思考、自主设计、自主调控。其次，它要把握工作的轻重缓急，它的首要任务是促进教师专业发展，最终目标是实现学生的全面发展。因此，教研组发展规划是为教师专业发展制定的规划，但它同样遵循的是“自上而下”与“自下而上”相结合的规划路线。从教师工作的内容看，主要可以从育人、教学、家庭教育指导等三个方面强化教师的专业发展。在育人方面，引导教师着力在坚定学生理想信念、厚植爱国主义情怀、加强品德修养、增长知识见识、培养奋斗精神、增强综合素质上下功夫；在教学方面，引导教师要着重把握好课前、课中、课后三个环节，课前要注意指导学生做好预习，课上要讲清重点难点，引导学生主动思考、积极提问、自主探究，课后要认真批改作业，强化实践性作业，不断提高作业设计质量；在家庭教育指导方面，要持续提升教师的家校沟通能力、家庭教育指导能力和应对突发事件的处置能力。

S 小学语文教研组三年发展规划（教师专业发展部分）

一、发展目标

围绕学校思维力、学习力、创造力、凝聚力等“四力”的师资培养目标，以共同体建设为载体，按照系统规划、分层推进的原则，拓宽教师成长路径，促进教师专业发展水平全面提升。在原有基础上，培养 1～2 名区级以上语文学科名师，打造区级以上示范学科组，铸造一支有理想信念、有道德情操、有扎实知识和有仁爱之心“四有教师”队伍，促进师德素养、专业发展和教学水平全面提升。

二、主要举措

1. 重师德，强化思想素质。坚持把师德师风作为第一标准，建立师德师风建设常态化和长效化机制。探索建立教师教育教学述评制度，每学期对每个学生进行品行和学业述评，引导教师上好每一节课，关爱每一个学生。

2. 重基础，分阶梯分层培养。推进教师个人发展计划“1+3+5”工程，即一个远期目标＋三个中期目标＋五个近期目标，形成阶梯式成长路径。落实新教师跟岗实习计划，深化跟岗学习模式；不断提升骨干教师教育研究能力，要求骨干教师一人一课题，逐渐形成自己的教学风格和教学特色。

3. 建立“教研生活三部曲”制度。一是建立教师阅读制度，设立青年教师读书会和各种主题的阅读小组，鼓励教师在阅读中成长、在阅读中交流。二是建立教师研究制度，鼓励教师围绕学校发展和自身实际开展小问题研究。三是建立教师分享与发表制度，鼓励教师撰写研究报告和教研论文，分享见解和收获，让每一个教师都有机会展示才华。

4. 建立教师成长评价体系。将教师专业发展分为基础必达类和创新发展类两大类进行评价，鼓励教师在修炼基本功的同时，发挥创新创造潜能，同时纳入智慧校务管理平台，供学校作为教师职称评聘、年度考核、评优评先的基本依据。

（3）规划什么内容。

首先，摸清家底，把握起点。分析教研组和学科课程教学的现状，梳理教研组和学科课程教学的优势、特色，判明教研组和学科课程教学存在的问题与挑战。关于一个组织发展的背景、现状与问题的分析工具，大致可以分为三种。

一是组织外部环境的分析工具。外部环境分析的具体内容会有差异，但一般都会对政治（political）、经济（economic）、社会（social）和技术（technological）等主要影响因素进行分析，简称 PEST 分析。PEST 分析主要是从国家及地区政治、经济、文化政策的发展走向来把握组织发展的趋势，发现组织发展的契机（见图 5－2）。严格来说，教研组只是学校组织中的一个基础性组织，因此 PEST 分析主要侧重于对学校办学理念、文化发展、制度建设等方面的梳理与判断。

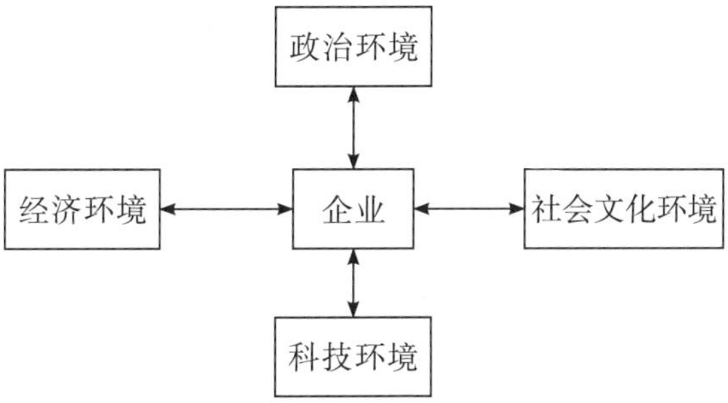

图 5－2　PEST 分析

二是组织战略规划的分析工具。最经典的工具是 SWOT 分析，具体做法是将与组织密切相关的主要内部优势（strengths）、劣势（weaknesses）和外部的机会（opportunities）和威胁（threats）等，通过调查列举出来，并依照矩阵形式排列，然后用系统分析的思想，把各种因素相互匹配起来加以分析，最后提出组织发展的应对策略（见表5－3）。对教研组的 SWOT 分析，就是要认识到教研组在师资结构、课程建设、教学质量、公共关系以及软、硬件方面的优势，同时正确、全面地看待和分析组织存在的劣势，分析组织面临的机遇与挑战，把握自身存在的问题与不足，这样才能制定出合理、切实可行的教研组发展规划。

表 5－3　SWOT 分析

外部环境	内部能力	
	优势（S）	劣势（W）
机会（O）	SO 战略：机会、优势组合 可能采取的战略：最大限度发展	WO 战略：机会、劣势组合 可能采取的战略：利用机会、回避弱点
威胁（T）	ST 战略：威胁、优势组合 可能采取的战略：采用优势、减少威胁	WT 战略：威胁、劣势组合 可能采取的战略：收缩、合并

三是组织核心问题的分析工具。比较常用的分析工具是逻辑树，这是一种以树形结构系统地分析存在的问题及其相互关系的方法。具体的做法是，把一个已知问题当成树干，然后开始思考这个问题与哪些子问题有关，每想到一点，就给这个树干（已知问题）增加一根“树枝”（子问题）并标明这个“树枝”代表什么问题。一个大的“树枝”上还可以有小的“树枝”，以此类推，最后找出与已知问题相关的所有子问题（见图 5－3）。逻辑树的作用在于厘清思路，不做无意义和重复的思考。

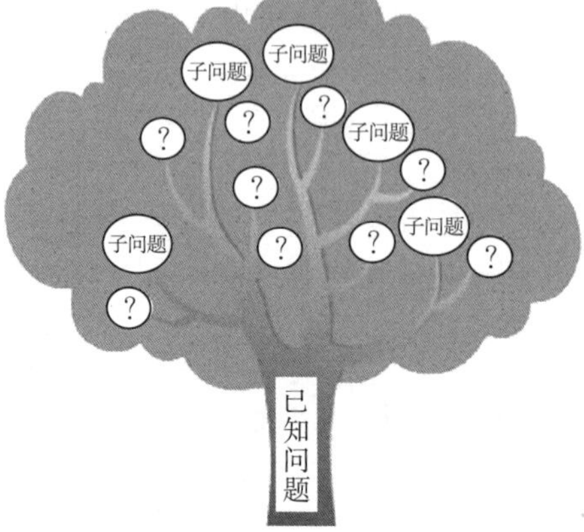

图 5－3　逻辑树分析

其次，明确目标，找准对策。在摸清家底的基础上，结合教育教学改革的要求，提出教研组发展目标，寻找适合本教研组发展的若干举措。根据 SDP 项目的经验，目标建立须遵循 SMART 原则，即 Specific（明确的）、Measurable（可测的）、Achievable（可实现的）、Realistic/Relevant（现实的/相关的）和 Time-bound（有时限的）。

最后，建构路线，落实保障。建构教研组建设和教研组行动的路线图，对达到规划目标应该采取的具体步骤、解决关键性问题的方法以及责任人等的说明，需要尽可能详尽，每一个步骤的关键点要阐述清楚并具有可操作性。同时，为了确保规划目标落地生根、取得实效，须在明确指导思想、工作目标、主要任务等内容后提出保障措施，为工作安排的落实保驾护航，使其能够全面实施、顺利推进、落实到位。

Y 中学化学教研组教师专业发展规划

深圳市 Y 中学科研处主任韩老师在组织校本培训的过程中，发现很多教师对个人专业发展缺乏规划，对发展方向比较迷茫。她认为，学校开展的校本培训活动虽然对教师专业发展有着重要的提升作用，但是个人自身的发展规划与团队的发展规划对教师专业发展也不可或缺。于是，她联合了化学教研组的同事，申请并立项区级课题“初中化学教师专业发展路径探索——基于‘教师培训课程指导标准’的视角”。在两年的课题研究过程中，她与同事们一起建构了初中化学教师专业发展规划模型，并开展实践探索，化学教研组呈现了蓬勃发展的良好态势。

从这个规划来看（见图 5－4），教研组成员基于初中化学教师教学能力诊断量表进行自我评估，并在听取专家和同伴建议的基础上，将提升教学分析能力、提升学习者分析能力、提高教学设计与实施能力、提升教学评价能力等作为教师发展的主要目标，提出了阅读提升、问题研讨、以赛促教、案例研究、自我反思、同伴互助等多种学习路径作为具体的发展举措，并且通过梳理一系列有效的学习辅助资源作为教师发展的保障条件。从发展目标的确定，到学习路径的提出，再到有效学习资源的梳理，形成了一个较为完整、合理的初中化学教师专业发展规划模型，充分彰显了教师的教育智慧和教育激情。

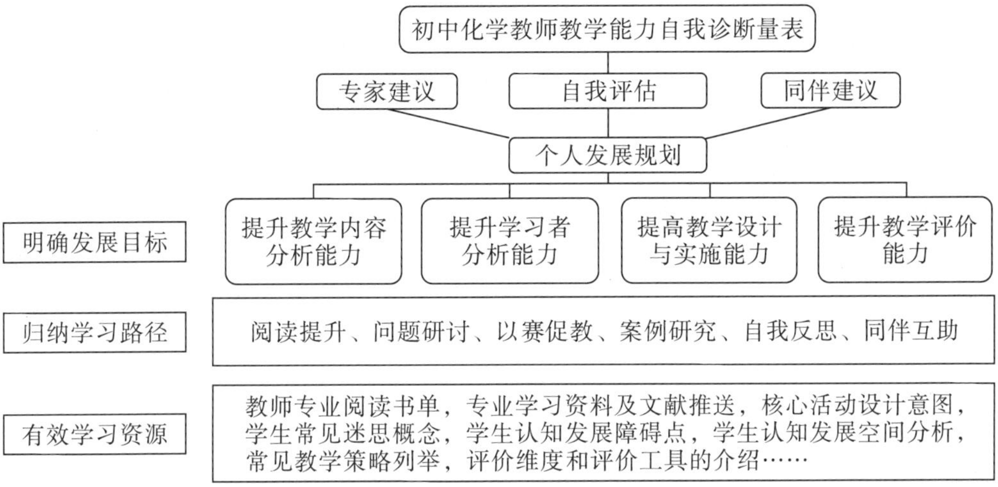

图 5－4　Y 中学化学教研组教师专业发展规划

2. 强化教研活动的设计与实施

教研活动的设计与实施，是对教研组发展规划的具体落实与执行。传统教研活动存在着“碎片化”和“单一化”的弊端，以发展规划为基础，把原来零散的教研活动通过某种方式彼此联结，在资源共享和协同工作的机制下就会形成一个有价值、有效率的整体。

（1）整体设计教研活动内容与形式。

在基本思路上，要从单一化的课例研究转向综合化的课程整体育人研究。从课程的高度进行顶层设计，研究教育教学全要素，通过开展课程、教材、教法、作业设计、评价和考试等教育教学全过程研究，将教研工作从以学科教学改进为主提升到以学科课程统整为主。推动教研重心下移，要把重心从关注教师的“教”下移到学生的“学”，从学生成长的角度，研究“教”如何为“学”服务，研究学生身心发展规律、学习规律，掌握研究学生的方法，优化研究学生的过程，提高研究学生的效果。

在具体操作上，可以通过自上而下与自下而上相结合的方式确定教研内容，使教研内容既能代表学科发展的方向和趋势，同时又能解决学校或教师的实际问题。所谓自上而下，就是要根据国家基础教育课程改革的总体要求和学科课程标准的具体指向，通过发挥我国五级教研体系的优势，逐级推动学校明确教研内容。上级教研机构通过教研任务下放的方式，将教研内容层层落实到学校以及教研组，是一种比较常见的教研活动设计方式。这也是由我国教研体系建设的层级性决定的，每一个层级都负有区域教研顶层设计的职责，从而对区域教研工作进行整体的统筹和安排。① 这是学校教研所不能企及的。但自上而下的设计，其局限性也是非常明显的，首先就是对实践问题的了解有限，有可能陷入教条主义的泥潭；其次是贯彻执行有难度，特别是设计如果脱离实践，或者遇到教师的不理解，就会导致设计难以落实的困境。这时就需要自下而上的设计来做弥补和完善。所谓自下而上，就是要在学校内部对各学科进行调研、分析、诊断与反思，根据学情、师情、校情确定教研内容。有不少的学者也认为，教研活动设计要源于学校、源于教师、源于学生，解决学科教学实践中亟待解决的、教师共性的、真实的具体问题，从而真正满足教师专业发展的需求。② 具体的做法，就是逐层聚焦、逐层提炼，通过召开教师头脑风暴会，将教师在教育教学中遇到的困难与问题进行梳理，再通过学校集中整理、归类、求交集，评析和筛选出学校层面、教研组层面的教研活动内容。通过自上而下地贯彻学科课程育人目标的要求，以及自下而上地研究和解决实践问题，推动教研活动的序列化和层次化。

在教研内容确定之后，需要寻找合适的教研方式来予以呈现。目前，随着教研工作在学校发展中的地位凸显，教研活动也呈现了形式多样、百花齐放的状态。但无论以何种方式出现，缺少系列主题的规划与设计是导致教研活动碎片化的重要原因。教研主题是教研活动中的中心论点或基本论点。它是通过对教育教学的观察、实践、分析、研究以及对课程教材的处理、提炼而得出的思想结晶，既包含了教育教学活动本身所蕴含的客观性规律，又体现了对教育教学活动的主观认识、理解和评价。因此，主题的构成，既可能是课程标准中所要求的目标和要求，也可能是教师在教育教学中遇到的关键性问题，还可能是教育学者、学科专家提出来的教育教学主张。主题教研的提出，有效地改善了教研活动中有形式无内容、有内容不聚焦、有内容无问题等弊端，对于提升基础教育教研工作的有效性具有较强的实践价值。

例如，上海市数学教研每年都会提出一个教研主题，这些主题都来自于数学教学

---

① 1954 年，国家教委在《关于全国中学教育会议的报告》中提出，“在地方党委和政府的批准之下，可以成立教育研究室，负责管理当地中学的教学研究与教师学习问题”。1990 年 6 月，国家教委下发的《关于改进和加强教学研究室工作的若干意见》明确要求，各省、地（市）、县（区）都要设立教学研究室，教研室要“组织多层次多形式的教学研究活动，帮助广大教师执行教学计划，钻研、掌握教学大纲和教材，不断改进教学方法，努力提高课堂教学效益”。2001 年，教育部颁布《基础教育课程改革纲要（试行）》，明确指出基础教育教研机构要在教育行政部门的领导下，把基础教育课程改革作为中心工作，充分发挥教学研究、指导和服务等作用。2019 年，教育部颁布《关于加强和改进新时代基础教育教研工作的意见》，进一步明确了新时代基础教育教研机构服务学校教育教学、服务教师专业成长、服务学生全面发展、服务教育管理决策等四大职能。上述文件表明，基础教育教研机构对于学校教研具有自上而下的指导作用。

② 相关文献如：季平. 教研活动策划的有效性研究［J］. 教育理论与实践，2013（29）：15－17；邱爱薇，杨荣波. 教研组甄选教研主题的误区与策略［J］. 上海教育科研，2015（2）：56－58；张云洁. 区域性“双案例主题研讨”教研展示活动的组织与实施：以额尔古纳市“双案例主题研讨”教研活动为例［J］. 内蒙古师范大学学报（教育科学版），2016（5）：102－104.

或教研工作中存在并亟待解决的问题，并以前期的分析和研究为基础而确定。在年度教研主题的指引下，各学校数学教研会围绕主题开展一系列目标明确、形态多样、参与性广、达成度高的数学教研活动。从 2012 年到 2015 年，针对课堂教学在“非连续性文本的阅读”“数学语言的交流与表达”等方面的不足，依次确定了“加强数学阅读，提高理解能力”“加强课堂的基础研究，提高数学交流表达能力”“关注课堂对话，促进数学理解”“继续‘对话—理解’研究，深化‘学科育人’实践”等年度教研主题，以一年一个主题的方式开展系列研究，从而促成了这些最初的“真问题”向“真共识”的转化（见图 5－5）。①

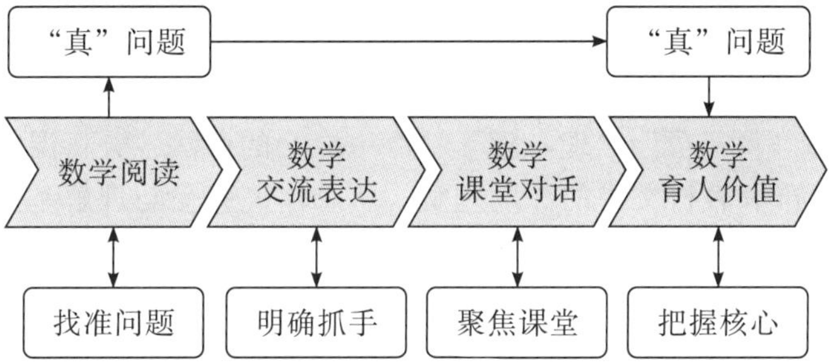

图 5－5　上海市 2012—2015 年教研主题的联系与特点

（2）创新教研活动模式与路径。

从思维的推进方式来看，教研活动的操作模式可以归纳为两大类：一类是理论推演模式。遵循的是从理论到实践的操作路径，主要是对教研主题进行理论解释和概念分析，基于概念或规律的内在学理逻辑进行设计，然后再得出衍生概念或规律的过程。另一类是行动研究模式。遵循的是从问题中来、回到问题中去的操作路径，行动研究的过程就是一个螺旋式的多次尝试问题解决的过程，通常包含了计划、行动、观察、反思等四个步骤。这是中小学教研活动中应用比较广泛的一种模式。

• 理论推演模式

从教师的教学行为来分析，教师的教学是一套从教育教学理念到备课设计再到课堂实践的操作系统。理论推演模式就是按照这个操作思路，设计一种包括“理念—设计—实践—推广”等环节的整体性教研组织方式。前面三个环节，是从一般到特殊；而在推广环节，则又从特殊上升到一般。

以深圳市宝安区小学数学教研组“深度教学”教研主题为例，数学教研员将深度教学的内涵分解为情境设计、深度提问、教学组织策略三个操作性的概念，按照“文本研读—教学设计—课堂实践—课例剖析—课例建模”的次序推进教研活动（见表 5－4）。

① 刘达．上海数学课程改革推动下的教研转型与范式生成［J］．中国教育学刊，2019（11）：1－5.

表 5-4 理论推演模式——以“深度教学”主题教研为例

时长	活动内容
2 个星期	“深度教学”理论学习以及教材文本研读
4 个星期	小学数学“情境设计”的教学设计及课堂实践
4 个星期	小学数学“深度提问”的教学设计及课堂实践
4 个星期	小学数学“教学组织策略”的教学设计及课堂实践
2 个星期	小学数学“深度教学”课例剖析和课例建模

首先，用 2 个星期的时间开展关于“深度教学”的理论学习，并且按照“深度教学”的要求，通过“圈一圈”“理一理”“拎一拎”的做法，分析课程标准和教材文本，获得对课程标准和教材文本的深度理解。从总体上感受与理解基于深度教学的单元设计步骤、特点、设计要点等，使教师们了解新的理念和操作系统。

其次，各用 4 个星期的时间分别进行情境设计、深度提问、教学组织策略的教学设计及课堂实践。分别选定一个单元开展上述三个子主题的教学设计，让备课组用较多的时间来反复研讨同一个单元，不断完善修改，让每一个人都掌握了解新的教学设计方式。在完成教学设计研讨以后，进入课堂教学环节。在这一过程中，备课组针对教学设计及课堂实践进行对话，对不明白的关键点寻找专家帮助，反复观看、学习、揣摩经典的案例设计。

最后，各用 2 个星期的时间对三个子主题的课例进行研讨解剖，梳理建构关于三个子主题的典型课堂实践模型。通过课例建模，可以在各个学校推广实施“深度教学”模式。

• 行动研究模式

“行动研究”兴起于 20 世纪三四十年代。较早使用“行动研究”一词的是美国的柯利尔（John Collier）。他在 1933 年至 1945 年担任美国印第安人事局局长期间，曾研究如何改善印第安人和非印第安人关系的方案。在研究过程中，他发现专家研究的结果最终还要靠实践工作者执行，并借助实践工作者自身经验进行检验。他由此得到启发，既然研究成果必须通过管理者和非研究人员的执行和评价，倒不如让管理者和非研究人员根据自身需要创造性地参与研究，或许效果更好。虽然柯利尔最早使用了“行动研究”一词，但对于“行动研究”的原创性努力，学界比较一致的看法还是将其归功于美国心理学家勒温（Kurt Lewin），他不仅提出了“行动研究”一词，而且构建了行动研究的基本理念。① 勒温及其学生在 20 世纪 40 年代对美国不同人种间的人际关系进行了研究，他们当时与犹太人、黑人合作，试图改造社会、提倡民主、克服偏见。这些实践者以研究者的姿态参与到研究之中，积极地对自己的境遇进行反思，力

① 刘良华．行动研究的史与思［D］．上海：华东师范大学，2001．

图改变自己的现状。1946 年，勒温发表《行动研究与民族问题》一文，强调行动与研究间的密切关系，正式提出了行动研究的概念、功能和操作模式，将行动研究明确界定为由螺旋上升的规划、实施以及侦察或事实调查的循环所组成的研究。① 20 世纪 50 年代，经由哥伦比亚大学师范学院前院长考瑞（Stephen M. Corey）等人的倡导，行动研究进入了美国教育研究领域。20 世纪 60 年代中期，行动研究因实证主义在社会科学领域十分兴盛而曾经沉寂一时。20 世纪 70 年代，由于英国学者埃里奥特（John Elliot）等人的努力，行动研究再次兴盛起来，行动研究的主张和方法日益受到重视。

关于行动研究的认识，归纳起来大概有三种：①行动研究是行动者用科学的方法来对自己的行动所进行的研究。强调用测量、统计等科学方法来验证假设，解决实践问题。持此类观点的代表人物为斯腾豪斯（Lawrence Stenhouse）等。②行动研究是行动者为解决自己实践中的问题而进行的研究。强调不仅仅要关注统计数据，更要重视有关师生的过程性记录材料。③行动研究是行动者对自己的实践进行批判性的思考，以“理论的批判”“意识的启蒙”来引导和改进行动。持此类观点的代表人物为凯米斯（Stephen Kemmis）等。②

不管是关注科学性的行动研究，还是关注改进的行动研究，或者是突出批判性的行动研究，都共有一些与其他研究方法不同的特点：其一，以解决教师的实际教育教学问题，提升行动质量为首要目标；其二，强调行动与研究的结合，既无“没有行动的研究”，也无“没有研究的行动”；其三，既强调专家与教师的合作，也强调教师参与研究。

基于勒温的基本思想和方法，凯米斯建构了一个经典的行动研究程序：计划、行动、观察和反思。这四个环节相互联系、相互依赖，并且是一个螺旋式加深发展的过程（见图 5－6）。

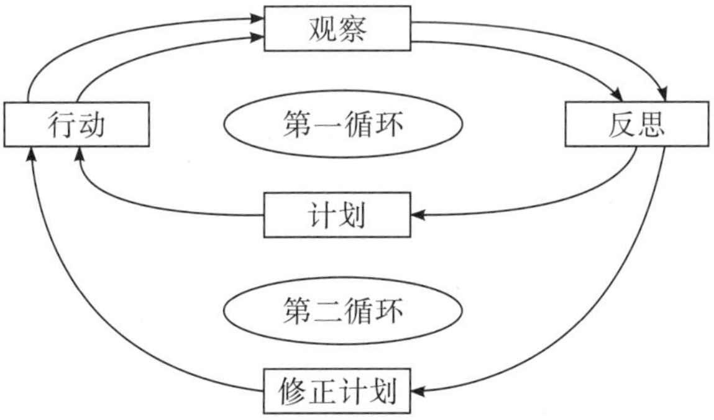

图 5－6　行动研究的螺旋修正模式

---

① 勒温．行动研究与民族问题［J］．陈思宇，曾文婕，黄甫全，等译．民族教育研究，2019（2）：129－135.

② 郑金洲．行动研究：一种日益受到关注的研究方法［J］．上海高教研究，1997（1）：23－27.

计划是行动研究的第一个环节。计划是改变教师行动的蓝图，主要包括明确问题、收集信息、分析问题、制订行动计划等内容。在这一阶段，要求教师留心教学中出现的问题并设法解决，这是行动研究的逻辑起点。因此，计划始于解决问题的需要，并以所发现的大量事实和调查研究为基础。计划也是行动研究者对问题的认识，以及他们所掌握的有助于解决问题的各种理论、知识、方法、技术和条件的综合。①

行动是行动研究的第二个环节。行动是对计划的执行、实施、监控与调整。采取行动是行动研究区别于其他研究的本质特征，这个环节也是行动研究的关键。行动应该是在获取背景资料和行动信息的基础上进行的，并且包含了行动者的理解、思考和决策。但行动并不是为了检验某一计划，而是为了解决问题，因此行动研究的过程是不断调整的，同时还要参与其他参与者、专家同行的监督观察与评价建议。

观察是第三个环节。观察的目的在于反思与修正。它不是一个独立的环节，而是对行动的过程、结果、背景以及行动者行动的考察。由于教育教学本身是一个比较复杂的实践活动，影响因素较多，具有许多不确定性，因此，需要运用多种有效的方法与技术手段来进行观察。观察的实施者既可以是行动者本人，也可以是他人。

反思是第四个环节。反思既是一个行动周期的结束，又是一个行动周期的开始。研究过程中，经常发生两类问题：一是原来的计划无效，问题依然存在；二是原有问题的解决，又引发了新问题。在这个环节，要对观察到的行动过程与结果，以及与实施计划有关的各种现象进行归纳与整理，并对行动的过程与结果进行分析判断，对有关现象和原因进行分析解释，为下一周期的计划提供修正意见，从而形成新的研究计划。

“为行动而研究，对行动的研究，在行动中研究”是行动研究法的基本特点。从类型上讲，行动研究大致可以分为三种：单个教师的行动研究、多个教师的行动研究和协作性（专家与教师的合作）的行动研究。一般来说，单个教师的行动研究比较好操作，易于实施，但由于力量单薄，研究的问题相对较小，研究的深入度不够。多个教师的行动研究可以发挥集体的智慧和力量，但在理论的指导方面相对欠缺。而协作性的行动研究联合了专家、教师、学校领导等多方力量的参与，研究力量大，具有较强的理论指导性，是一种相对比较理想的行动研究。

行动研究模式在我国推进第八次基础教育课程改革之后得到了很好的传播和推广，但很多教师并不熟悉和掌握行动研究的一般程序，以为实践就是行动研究，殊不知行动研究还有螺旋深入的环节。深圳市塘尾万里学校数学科组经过探索研究，提炼了“N天3轮”、师生共同参与的行动研究模式，从操作性、工作量、研讨策略等方面不断进行实践、改进，再实践、再改进，最终形成操作性较强的学科教研模式（见图5－7）。

① 郑金洲. 行动研究：一种日益受到关注的研究方法［J］. 上海高教研究，1997（1）：23－27.

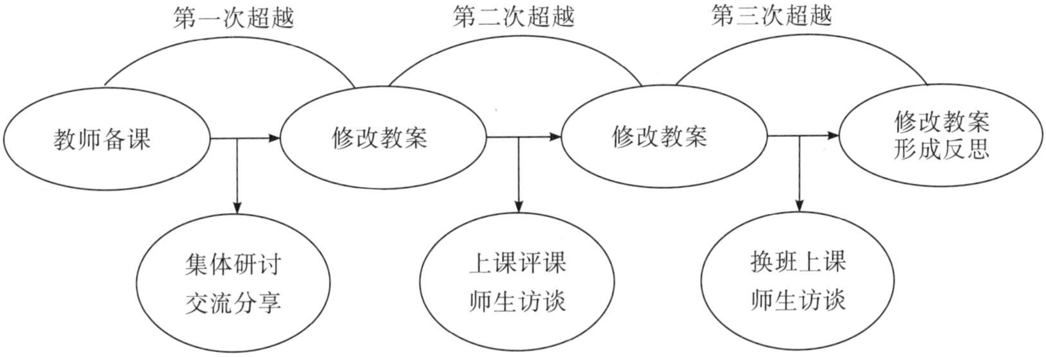

图 5－7 学科教研的行动研究模式

三、基于关联性的教研组创新策略

基于关联性的教研组创新，主要是教研组外部环境的变革。教研组的外部环境，主要包括学校对于教研组的管理导向以及提供包括物质、制度、文化等各种保障支持。从实践共同体的视角来看，现行的学校环境对教研组的管理导向更多地体现了工具理性的本质，即考虑的是如何增加教师教育性知识和技能，而缺少对如何进行意义建构、教师身份认同、教师职业归宿感等价值理性的关注。

（一）厘清组织管理导向

组织管理导向，是一个组织管理行为的价值取向。一个组织的任何管理行为，都存在一定的价值判断和选择，即存在价值取向，并由价值取向引导组织中的个体行为。也就是说，组织或个体行为是由行动者赋予其主观意义的行为，它必须服从于一定的目的。从宏观的角度来看，组织管理导向可以分为工具理性取向和价值理性取向两大类。工具理性取向优先关注组织如何高效运转从而实现绩效最大化，而价值理性取向更强调组织对某种价值信仰的追求以及对人的终极价值关怀。

1. 工具理性与价值理性

工具理性与价值理性是马克斯·韦伯对人类理性行为的划分方式。工具理性以目的为趋向，即“通过对外界事物的情况和其他人的举止的期待，并利用这种期待作为‘条件’或者作为‘手段’，以期实现自己合乎理性所争取和考虑的作为成果的目的”①。也就是说，工具理性并不看重所选行为本身的价值，而是看重所选行为能否作为达到目的的最有效手段。所以工具理性一般把目的、手段和附带后果作为行为取向的依据，通过目的与手段的比较做出合乎理性的权衡。简单地说，工具理性的关键在于高效，针对确定的目标，计算成本和收益，找到最优化的手段。工具理性不关心目

---

① 韦伯. 经济与社会：上卷［M］. 林荣远，译. 北京：商务印书馆，1997：56.

的，只关心达成目的的手段是不是最优的。当然，工具理性并非完全不考虑价值，只是在选择以何种方式实现目标时，优先考虑的是行为的现实可行性，其次才考虑价值关照。

价值理性以价值为导向，价值理性即“通过有意识地对一个特定的行为——伦理的、美学的、宗教的或做任何其他阐释的——无条件的固有价值的纯粹信仰，不管是否取得成就”①。也就是说，价值理性只看重行为本身的价值，对价值和意义的追问、探寻人的最终归宿和终极关怀是关键所在。为了实现这种价值，人们一般不考虑行为的手段和后果，而且也只会选择那些有助于实现或增进固有价值的行为方式。

工具理性与价值理性作为人类理性行为的两种基本形式，虽然前者追求效率，追求目标的达成，后者追求价值关照，追求固有价值的承诺，但二者之间并不必然对立，而是存在相互依存、相互促进的辩证关系。工具理性和价值理性反映了人类社会实践过程中手段和目的、合目的性和合规律性、现实利益和终极利益之间的辩证关系。首先，工具理性是实现价值理性的基本依托。工具理性能够将价值理性转化为需要达成的目标或成果，并通过合乎理性的权衡，选择适当的工具与手段来达成目标或成果。如果没有工具理性的依托，只考虑行为的价值和意义，那么价值理性所追求的固有价值就有可能无法实现。其次，价值理性有助于工具理性坚持正确的方向。人类在社会实践中从事的各种活动，必然有某种内在的价值作为驱动。只有在一定的价值理性的驱使下，人们才会去设定目标、制定计划、采取行动，并在选择工具时进行价值判断。因此，坚持价值理性，有助于防止和矫正工具理性的“异化”倾向，使得人们在追求效率的同时，不失去应有的人文关怀和价值关照。②

2. 对组织管理中工具理性导向的批判

以工具理性和价值理性为参照，马克斯·韦伯提出了三种类型的统治，即传统型、魅力型和法理型。其中，法理型即是以工具理性为导向，而传统型、魅力型大致可以归为价值理性主导。现代组织管理遵循的法理型统治和科层化管理，具有严密、精确、专业化和权责分明等特点，体现了工具理性的本质。工具理性是现代性的鲜明特征，它追求最佳手段、最佳效率，强调程序和规则，不重视被管理者的情感和需求，它在给社会带来繁荣的同时又使人的主体性丧失，人不再是目的而成为手段。正因为如此，以工具理性为导向的组织管理遭到了持续的批评。

20 世纪 80 年代兴起的新公共管理运动对工具理性导向的组织管理进行了深刻反思。新公共管理运动认为对管理效率的过分追求损害了社会公平、正义的价值观，他们主张通过政府再造来实现组织管理的公平和正义。但是，新公共管理运动并没有真正摆脱工具理性的阴影，其核心主张——在政府管理中引入企业管理模式和方法，将政府企业化；以市场或顾客为导向来改善组织管理，将公民视为“顾客”或“客户”；等等，也带有浓厚的工具理性色彩。新公共管理运动倡导服务型政府，给予“顾客”

① 韦伯. 经济与社会：上卷［M］. 林荣远，译. 北京：商务印书馆，1997：56.

② 陈宝胜. 公共管理模式嬗变中的价值理性和工具理性［J］. 江淮论坛，2009（4）：73－78.

或“客户”最满意的服务，这为组织管理变革，尤其是公共管理部门的组织变革方向提供了思考和启迪。作为提供公共服务的学校组织，其管理导向必须考虑工具理性与价值理性的互动与融合，并全心全意为师生服务，关注师生的愿望、利益与需求，重视师生的参与和责任。

从我国社会来看，其正处于深刻的双重转型阶段。我们今天的转型是在近代工业化还没有完全实现的前提下，超越阶段，合二为一，从而完成工业化和实现现代化的转型，这是第一重转型。第二重转型是在坚持和完善社会主义制度的前提下，为适应现代社会生产力发展的需要，实现由传统的计划经济体制向社会主义市场经济体制的转换。在这个社会转型期，公共管理中的工具理性与价值理性的矛盾和冲突更为突出。公共政策的执行者为了更好地维护公共利益，在执行过程中必然会采用一些具体的方法或手段。这些方法和手段的选择就属于工具理性的范畴，如果工具理性过分扩张，就会使得价值理性在不同程度上遭受遮蔽。比如，以 GDP 为主要指标的政府考核机制和官员晋升机制，本意是为推进经济更好地发展，但是演变为 GDP 崇拜之后，就成为片面追求经济主义，破坏良性发展生态。在教育领域，则体现为对分数“GDP”目标的设定与追求。学校与学校之间、区域与区域之间狂热追求入学率和升学率，以分数多少作为考核教师、学校、教育行政官员绩效的核心指标。特别是每年中、高考成绩放榜之时，关于分数的区域比拼、学校比拼就会形成一轮社会舆论高潮。从 2004 年开始，教育部年年要求各地不得公布高考状元、不得进行成绩排名，但效果并不明显。

在工具理性占主导地位的情况下，当前学校环境对于教研组的价值期待和目标要求，更多的是指向了完成“事”本身，而不是指向促进师生的全面发展，促进学校和谐文化的生成。比较典型的做法就是将考试目标按照时间、活动、程序逐一分解，责任到人，并按照工作任务进行相应的绩效问责考核。即使关注教研组中的教师发展，聚焦于课堂教学改进，其根本目的都是基于对效率的追求，对分数的热爱。

下面是一份典型的教研组工作计划，其工作目标和工作任务是这样表述的：

> 工作目标：围绕学校中心工作，服务学校工作大局，开展各种形式的教研活动，认真学习新课改理念，充分发挥教研组的作用，进一步提高本组教师的教学、科研水平，争创优质团队。争取在八年级××会考中均分达到 87 分以上，合格率、良好率、优秀率争取全区第一，为中考打好前战。
>
> 工作任务：一是继续抓好教育理论学习；二是抓好教学常规工作；三是进一步提高科研意识；四是配合教学处组织好校级公开课，争取开几节有级别的公开课；五是利用好现代信息技术，推进信息化进课堂。

上述案例中，该教研组的管理取向是“争创优质团队”“争取全区第一”，围绕这个目标，有五个方面的举措，目标和举措都是聚焦如何高效地完成“事”，完成任务。在基础教育领域内，对中考、高考分数“GDP”的过分追求，也导致了教研组发展方式的偏差。

3. 走向工具理性与价值理性的融合

尽管传统的组织管理将工具理性与价值理性视作对立的双方，认为一种理性的张扬必须意味着另一种理性的衰落。但现代的组织管理倾向于二者的折中与融合。价值理性是“做什么”，工具理性则是“如何做”。一方面，价值理性为工具理性提供了方向和动力，人的实践活动是有目的的，没有目的性，也引发不了人们对相应工具的需求。另一方面，没有工具理性，价值理性也难以实现，工具理性体现了主体对客体及其规律的认识和运用，从而实现了对价值理性更大程度的支持。价值理性与工具理性是对立中的统一，相辅相成，互为支持，两者的统一，体现了发展的合理性。

从社会发展来看，随着社会发展基本矛盾发生根本性变化，对美好生活的期盼成为新时代以来的奋斗目标，人们不仅追求物质的极大丰富与完善，而且关注精神层面的充实感和获得感，关注生活本身是否更有意义。新时代社会发展模式的变革促使我们反思学校教育的发展模式。教育发展需要从“学生的分数就是学生的发展，学校的升学率就是学校的办学水平”这个导向转向促进学生的整体性、综合性发展。

（1）重建教育质量观。

简单地把教育质量等同于考试分数无异于为应试教育助力，显然是教育发展的歧途，而且已经严重地不合时宜。以分数为核心的教育质量观，在内容上重视基础知识和基本技能的掌握，轻视育人育德；在方法上只求高效、优质，重视教师的教，轻视学生的学。工具理性在教育中大行其道，就会导致教育功利化、应试化，教育就会沦为教育者获取经济利益的工具，成为受教育者“找好工作”“出人头地”的工具。

工具理性和价值理性的融合是纠正教育功利化、应试化，重建教育质量观的最佳途径。这就需要我们在目的与手段、过程与结果、教与学的关系中寻找一种合理的张力与尺度。这些关系中，失去一翼或一翼不力，都会使教育质量追求价值缺损而陷于困境。

新的质量观既强调人的全面发展，也关注灵活多样、寓教于乐的教学手段。一方面，大自然赋予人的生命，同时也赋予了人的资质禀赋以及全面发展的现实可能性。教育要顺从人的生命自然，按照儿童的身心发展规律，成全人的发展的趋向性，使之与儿童个体的生命状态相匹配。另一方面，不同的生命个体，其生活环境、认知水平、兴趣爱好、个性特点等有着各自的差异，教育要因人而异地满足其不同需求，因材施教，充分展示每个生命个体的潜能和长处。

新的质量观既关注过程，也关注结果。只关注结果，结论相对明显，但会导致唯分数论；只关注过程，不重视结果，有可能会导致教学的本末倒置，让形式主义盛行。教育最基本的含义是养育，学生对知识的理解、掌握是一个长期内化的过程、循序渐进的过程。因此，教育更像农业，而不是工业，不能为了效益而简单地进行加速和催熟。因此，教育活动既有外在的、显性的表现或结果，也有内在的发展过程。将过程与结果结合起来，才能更为全面地考察教育质量。

新的教育质量观既关注教师的教，也关注学生的学。不管是以教为本，还是以学为本，都是偏执一端。以教为本，在本质上以教师作为教学主体，教学关注教师教法技能的改进与提升；以学为本，则是以学生作为教学主体，站在学的立场来描述教学的行为和品质。教学不是单纯的教与学，而是由教与学两条活动线以及师生共同参与而构成的多维活动，我们需要摆脱教或学的束缚，重新构建一种将教与学交融的新质量观。

（2）改革不合理的评价方式。

评价是组织管理的杠杆，要推动工具理性与价值理性融合的组织管理改革，就要改革不合理的考核评价机制与方式，以评价改革推动教研组更多地关注价值理性。20多年来基础教育课程改革不遗余力地推进，使得越来越多的人意识到，学校组织的转型变革，最根本的是文化的变革。文化构成了学校生存与发展的内在机理，制约着学校发展。而文化变革的实质，就是学校中的人的根本生存方式的转变。在这个意义上，关注学校组织变革，就必须关注学校中的人，关注人的生命成长及其成长环境。因此，学校组织评价改革就是要将对教研组的评价从过去的以“事”和“物”为核心，转到以“人”和“生命成长”为核心。① 目前学校组织评价比较典型的做法，是将分数目标按照时间、活动、程序逐一分解，责任到人，并按照工作任务进行相应的绩效考核评价。这是一种行政逻辑而非专业发展逻辑的评价方式。学校组织评价方式的改革，并不完全否定“成事”评价，而是基于“成事”“成人”评价进行改进和优化。具体的做法，就是淡化、弱化分数指标的使用，不把分数排名或评比与相应的激励政策与分配政策简单挂钩；增加新的评价要素，丰富新的评价形式，建构更为科学、合理的评价评估结构体系等。

（3）构建赋能式的运作机制。

如前所述，要构建赋能式的运作机制，首先就是在制度设计层面要将教研组从学校行政体系中剥离出来，减少层级管理对教研组的影响干扰，并且改变对教研组直接下达指令的做法。具体的做法，是推进学校制度设计变革，通过减少管理层级，创建专业组织等措施探索推进管理重心下移。其次，打破或突破现有不合理的框架和秩序，建立新的学校运行常态，使新的秩序成为促进教师发展的内在驱动力量。这种新秩序是一种体现引领、激励和创造等价值的规范体系。所谓的引领性，就是要弱化教研组的行政强制色彩，鼓励有一定专业威望和学术权威的教师主持开展多种形式的专业实践活动，引领和培养一批骨干教师成长。所谓的激励性和创造性，就是通过向教研组长和教师赋权，将课程发展规划权、教学改革权、组织规划权赋予他们，充分激发教师的创造活力，从而形成教研组的自主发展机制。

（二）优化学校支持条件

支持条件是学校为保障教研组建设而提供的诸多支持因素的集合体。从性质上来

---

① 李政涛.“教研组文化”的当代转型：“教研组文化”系列之二［J］. 上海教育科研，2006（8）：21.

划分，学校的支持系统主要由物质支持、制度支持以及精神支持等三大系统构成。物质支持包括学校的活动经费支持、教研时间及地点保障、专家资源提供、教学研究资源提供、服务保障等。制度支持包括学校宏观的体制机制以及微观的制度流程等，制度支持为教研组发展提供的刚性保障。精神支持是一种隐性的支持，是学校文化生态带给教师对学校工作环境的心理感知，也在很大程度上决定着教师的行为。

客观而言，对于教研组建设，目前学校支持力度是非常大的，无论是遴选负责人、设计活动方面，还是在资金支持、资源建设、平台建设以及考核评价等方面，学校都给予了全方位的支持和配套，对应的管理部门也常常把这部分工作视为本部门的重要抓手，全力推进。但存在的不足是，学校支持一般较为重视物质投入（如资金投入、平台建设、资源提供等），而对软件支持（如微观制度建设、精神支持等）则关注得不够。下面着重论述制度支持系统与精神支持系统。

在制度支持系统中，宏观的体制机制改革在第四章已有阐述，此处不赘言。微观的制度及流程在学校基层组织建设中也发挥着重要作用，但也是相对容易被忽略的因素。与宏观制度相比，微观制度是在较小的范围内，要求全体成员共同遵守，并严格执行的行为规范和操作程序。学校组织管理中，涉及教研组的微观制度主要有如下几类：①岗位职责制度。明确学科教研组长、备课组长的岗位职责与权限，落实教师发展的规范与要求。②学习培训制度。主要是对教师学习培训的目标、内容、形式等方面做出的安排与要求。③日常教研制度。对备课、上课、听课、评课、作业布置与批改、课后辅导等方面做出的安排与要求。④交流与研讨制度。包括教师教学经验交流、课题研究推进、学科课程资源开发等活动。⑤考核与评价制度。从学校层面定期或不定期地对教研组活动进行检查与考核，并进行反馈激励。比如，有些学校规定校级领导和中层干部每学期固定听多少节课，评多少节课，或者成立学科教学指导委员会进行“推门听课”，等等。

精神支持也是容易被忽略的条件支持。事实上，重视学校文化生态建设，营造健康、和谐的校园氛围，也必定会让教研组充满尊重、信任、关怀和支持的人际氛围，教师之间也可以平等地对话和交流。倘若教师缺少安全感和认同感，组织发展就无从谈起，职业倦怠也由此而产生。根据笔者对深圳市宝安区 9 所中小学教师的问卷调查，具有平等、协商等特征的组织精神受到大部分（68.6%）的教师欢迎或赞同，较低比例的教师选择了自主型（25.6%）、权威型（4.1%）、指令型（1.7%）组织精神（图 5－8）。

如何塑造平等、协商的组织精神？我们可以从组织学与微观政治学的两种视角来进行分析。组织学是一种传统的视角，微观政治学则是把握和理解组织的一个新视角。这种视角认为，与其他组织一样，学校拥有各种类型的资源，由此必然产生资源的排他性占有和对利益的多元需求，从而形成大量微观政治活动。①

---

① 吴金珂．学校微观政治：教育研究中另一个领域［J］．西部学刊，2021（14）：103－105.

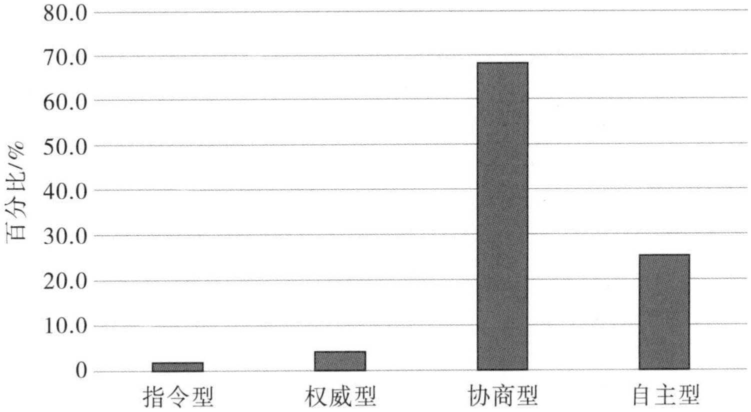

图 5－8 中小学教师对组织精神的选择

从组织学的角度来看，组织精神不是个体精神，而是集体精神，它凝结的是全体成员的意识，体现的是组织中大多数人的信仰和行为方式。因此，仅仅由决策者所倡导的组织精神未必就能真正成为学校文化，只有在全体师生的交往实践中逐渐形成的行为准则和行为方式才是真正意义上的学校文化。组织精神固然要受到决策者对学校组织和学校文化的认识的影响，但决策者的引领往往是一种价值引领、理念引领，决策者带领全体师生进行价值选择，并在这种价值引领下对学校发展进行系统规划，制定发展蓝图，从而创造一种美好的学校生活。

从微观政治学的视角来看，学校微观政治行为有积极影响与消极影响两重性。积极的微观政治行为重视和保障多主体参与组织精神塑造的权利，既让全体师生有充分的渠道和方式去实现参与，也让他们知道自己不仅仅是被动的接受者，而是创造者、影响者、见证者。组织精神塑造的过程，就是人人参与、人人互动、人人共享、人人负责的过程，它始终强调的是一个群体间的交往而不只是孤立的个体。重视和保障多主体参与的权利，是解决组织冲突的一个重要策略。汤姆·伯恩斯（Tom R. Burns）指出，不仅仅是在国家层面存在种种政治冲突，在一个组织层面同样也会面临着个体与群体之间的冲突与合作，其目的是使个体或群体获得更多的资源，这些冲突与合作导致的个人权力关系变化将影响到组织决策。① 单从教研组来看，有可能存在着两类主要冲突：一是教研组与学校之间的利益分配和利益平衡问题。例如，以校长为代表的学校管理者为了获得上级的肯定和认可，就会制定更多的教学改革方案以及相应的奖惩制度，就有可能打破了教研组内部或教研组之间的既有利益格局。又如，学校为了鼓励教研组投身到教育教学改革中，需要拓宽决策渠道，让教研组参与到决策中来；而教研组也需要通过积极参与（甚至作为决策主体之一），提出自身的种种利益诉求和发

---

① 赵萍. 教师专业发展制度研究：学校教研组——基于三种理论视角的探讨［J］. 教师发展研究，2017（1）：37－43.

展需求。二是教研组内部也存在利益分配和利益平衡问题。例如，在职称评聘、表彰奖励、评估比赛等方面，成员为达到个人利益最大化，会使用各种正式或非正式权利进行博弈、斗争、妥协，并由此而实现目标。只有充分保障组织成员的参与权，实现决策权分享，才能有效促进组织共同愿景的达成，减少组织内外的隔阂。组织成员之间相互尊重、信任、关怀和支持，必定会形成和谐、融洽的组织氛围，从而也为教研组发展提供了最重要的精神支持。

第六章
教研组创新的实践案例

推进教研组创新可以从三个层面展开：第一个层面，从县域教研机构的角度出发，探究如何在区域统筹的视域下推进各学校教研组的创新实践；第二个层面，从学校的角度出发，探究如何在优化发展环境、提供条件支持等方面推进各学科教研组的创新实践；第三个层面，从教研组的视角出发，探究如何发挥主观能动性，为自身发展赋能，从而推进本学科教研组的创新实践。这些实践案例丰富和完善了教研组的创新体系，为各地、各学校、各学科教研组创新提供了借鉴参考。

一、 区域推进教研组创新的实践案例

本部分内容以深圳市 B 区为例，探索区域推进中小学学科教研组创新的实践策略。2018 年 4 月，B 区中小学启动包括“好科组”在内的“六好”工程创建活动，“好科组”创建活动以学科教研组规范化建设为目标，以“标准驱动、指南引领、共同体构建、领导力培育、常态视导支持”为实践路径，推动学科教研组成为教师专业学习和专业发展的最佳场域。

（一）研制“好科组”创建的参考标准

所谓标准化，是指在一定范围内，对重复性的活动、事物或概念，制定、发布和实施共同使用的规则，从而达到统一的要求。推进教育标准化，是世界教育改革的重要趋势。它是经济、技术、科学、管理等领域的标准化建设思路在教育领域的推广，在此过程中也形成了具有教育自身特征的标准化建设思想体系和技术指标。① 标准化建

① 龙承建，周鸿．论教育标准化与义务教育均衡发展［J］．河北师范大学学报（教育科学版），2009（1）：117－121.

设对于一个组织来说尤其重要。一般而言，一个组织的发展是一个逐级递增的过程，从开始靠初创者的个人经验与魅力，积累了初步的发展，到发展壮大，必须建立规范化的运作体系，从而获得最佳秩序和效益。

从教研组发展的现状来看，经验主义的影响比较深远，其建设还处在一种相对比较随意化、碎片化的状态，对组织建设缺少方向性、规范化的认识和把握。制定一套指导教研组建设的规范，可以让教研组成员明确组织建设的方向，了解组织内部的权责关系，减少组织建设中出现的内耗，提高组织建设效能。

从组织发展的历时性维度来看，标准化应该是一个从投入到历经过程再到最终结果均达到最起码要求的一个完整过程。因此，教研组的标准化至少有两层内涵：一是学校配置的资源条件达到相对一致；二是从过程到结果，其发展要达到最起码的质量要求。基于“投入—过程—产出”基本框架，B 区构建了规范教研组建设的对策标准。其中，投入主要包括组织建设（A1）和制度建设（A2）两个方面，过程主要是实践活动方面（A3），产出主要是实践效果（A4）方面。在上述一级指标之下，设定二级指标，包括价值引领（B1）、合理规划（B2）、学术领袖（B3）、学校支持（B4）、运行制度（B5）、活动设计（B6）、活动组织（B7）、特色教研（B8）、专业提升（B9）、文化提升（B10）、育人效果（B11）等 11 个方面（见表 6－1）。

表 6－1　中小学学科教研组建设参考标准

一级指标	二级指标	内容描述	评价等级
A1. 组织建设	B1. 价值引领	C1. 体现全面育人要求； C2. 体现学校办学理念； C3. 有共同的目标和愿景	
	B2. 合理规划	C4. 有中长期发展规划、学期工作计划、学期行事历以及学期工作总结	
	B3. 学术领袖	C5. 教研组长具有专业引领与组织协调能力，能够主持、组织与指导组内教师进行校本研修； C6. 组内有学科带头人	
A2. 制度建设	B4. 学校支持	C7. 校长及中层干部常态化地参加、指导或督促教研组活动； C8. 学校提供相应的学习资源和资金支持； C9. 学校有教研管理制度和评价激励机制	
	B5. 运行制度	C10. 有完整的教研工作流程和行为准则； C11. 有健全完备的学科管理细则； C12. 有集体备课等常态化学习研修制度	

续上表

一级指标	二级指标	内容描述	评价等级
A3．实践活动	B6．活动设计	C13．有合理完善的活动方案以及反思记录	
	B7．活动组织	C14．内容与形式符合组内教师共同需求，教师参与度高； C15．组内教师关系和谐，主动合作与交流；活动目标、内容与形式具有一致性	
	B8．特色教研	C16．有1～2项特色教研活动，体现学校要求与教研组自主性的结合	
A4．实践效果	B9．专业提升	C17．涌现不同层级的骨干教师或学科带头人； C18．以国家课程为基础开发若干学科拓展课程、综合实践课程、校本课程； C19．承担不同层级的公开课或示范课 C20．承担不同层级的课题若干项，有若干学术论文发表	
	B10．文化提升	C21．形成和谐共振的教研文化	
	B11．育人效果	C22．能够让不同层次的学生取得学业进步； C23．能够让学生增强学习兴趣、学习信心； C24．能够发展学生思维品质，掌握学习方法，引导形成正确的价值观	

注：本标准共24个指标点，完全符合描述要求为A等、基本符合描述要求为B等、不太符合描述要求为C等。其中，20个A等以上为“优秀”，15个A等以上为“合格”，14个及以下A等为“不合格”。

参考标准的制定，坚持以发展性、综合性的原则来指导教研组建设过程与效果，即既要引导学校组织及领导对教研组建设的积极作为，也要鼓励教研组通过自身努力提升发展水平，获得发展效益。二者有机结合起来，才能全面考察一个教研组的发展。之所以确定为参考标准而不是标准，是因为教研组作为专业组织，与一般组织发展相比，既有共性，也有差异性。其共性表现在，作为一个组织，其发展也应该有一套规范化的建设体系。同时，考虑到组织专业发展的差异性，不能试图用一套规范的标准去约束教研组发展，而比较适宜用参考标准来指导教研组运作。而且参考标准也并不试图约束或格式化教研组的创造性行为，而是提供一个基本的发展框架，方便教研组在推进创新活动时有一个方向性的借鉴和参考。

（二）探索教研组创新行动指南①

在建立教研组建设参考标准的基础上，需要给教研组的创新行动提供一个指南。

① 朱利霞．学校教研共同体：专题与案例［M］．广州：广东教育出版社，2021：208－232．

参考标准是静态的指标，行动指南则是动态的准则。行动指南以发展实践共同体为目标，以文化生态观为方法论，对学校教研组的行动进行规范性、系统性、整体性的改进与创新，旨在引导学校和教师树立正确的教研组发展观，了解教研组行动的基本规律和特点，从而建立起学校教研组发展的基本框架和思路。

1. 制定行动指南的基本原则

（1）遵循教师发展和组织发展的规律和特点。

在教师发展方面，以团队评价和个体评价相结合的办法打破教师个人化的教育教学行为方式；以学校领导者自身的身体力行突破教师在教育教学上的惯性思维；以系统的设计改造整合目前碎片化的教研活动内容和方式。在组织方面，从组织定位上重塑教研组专业特征，淡化事务组、行政组色彩；在组织制度上采取赋权激能的做法，构建教研组自主发展机制；在保障条件上努力为教研组提供物质支持、制度支持和精神支持。

（2）关注组织建设的系统性和协调性。

要关注教研组内部的建设以及教研组外部的关系建设，注意从组织理念、制度建设、活动组织、效果评价等多个方面推动教研组建设，不能只追求一个方面或几个方面的发展。

（3）尊重组织发展的个别差异。

既要准确把握不同学段学科教研组的阶段性特征，又要充分尊重不同学段学科教研组的个别差异，支持和引导教研组从原有水平向更高水平发展，切忌用一把尺子来衡量所有的教研组。

2. 行动指南的主要内容

教研组的行动指南包括规划、设计、实施三个流程，由此形成行动指南的三个板块：制定教研组发展规划、设计教研活动方案以及实施教研活动等。上述三个板块都包括了基本框架、创新方法与策略、创新案例等三个方面。其中，基本框架特别对教研组三个方面行动的核心要素及其形式提出建议；创新方法与策略主要围绕核心要素，对如何实现行动创新提出建议；创新案例则是列举了一些能够有效帮助学校和教师理解创新发展的实际样例（见表6－2）。

表6－2　中小学教研组创新行动指南

内容	板块		
	基本框架	创新方法与策略	创新案例
制定发展规划	背景分析、发展目标、行动举措、保障条件	明晰规划的设计流程、把握制定规划的基本方法、加强规划的三类评价	某小学英语教研组三年发展规划

续上表

内容	板块		
	基本框架	创新方法与策略	创新案例
设计活动方案	方案名称、活动主题、活动目标、活动人员、活动时间、活动地点、活动准备、活动流程、活动作业、活动反馈	优选活动主题、把握两类活动内容、设计合理的活动流程	“长方体的体积”校本教研活动方案
实施教研活动	聚焦问题、实践研讨、策略梳理、再次实践、总结提升	掌握教研组活动的思维工具、明确教研组活动的内容与形式	青年教师如何解读教材

下面，主要呈现上述三个板块中的基本框架。

（1）发展规划制定的基本框架。

教研组发展规划的主要内容包括背景分析、发展目标、具体措施和保障条件等四个部分。在制定时，要求以学校发展规划为依据，在分析教研组背景、现状与问题的基础上，综合考虑学科教研组目前具有的优势及存在的问题，提出教研组在教师专业发展、课程建设、教学资源建设、制度建设、青年教师培养、教研组的文化建设等方面的目标与行动。

①背景分析。背景分析包括影响教研组发展历史、发展现状、发展环境、面临的困难、挑战与机遇等维度。背景分析的主要目的是摸清家底，找准教研组定位。背景分析要重视问题诊断与关键问题的确认。分析诊断学校发展中的问题，了解教研组发展的优势和劣势，对教研组的现状和发展进行科学的估计，确定问题的重要程度和解决问题的优先次序，找准教研组的“最近发展区”和“最优发展区”，才能制定适切的教研组发展目标。

②发展目标。规划目标一般由总体目标、分类目标和阶段目标组成。总体目标应高度精练，高度概括，朗朗上口，起到凝聚和振奋人心的作用。分类目标可根据学校和教研组实际，选择有轻重缓急，发展有优先顺序，如青年教师培养、教学方法改进、教研组文化建设等。阶段目标一般可以分成三年、六个学期分段实施达标。

③具体措施。教研组发展规划中措施制定，一般从制度设计入手，包含以下几个方面：

一是教学常规落实。制定本学科在备课、上课、辅导、作业、考试、评价等方面规范要求，形成教研组的学科常规管理制度，并进行检查落实。

二是教研活动制度。通过分析、诊断本学科中典型性、普遍性的教育教学问题，形成教研主题，进而寻找方法与对策，并具体落实到每学期、每学年。

三是校本研修制度。主要围绕教育理论与政策、课例设计、课程开发、论文写作、课题研究等展开定期的学习与培训，为教师成长提供平台支持。

四是课题研究制度。围绕教育教学中的实际问题开展课题研究，落实课题的选题、立项、实践、中期、结题以及推广等工作，推动课题研究规范化、科学化。

五是教学资源建设。主要包括：学科教育理论与实践研究文献；本校本学科的教育教学资料（如课例设计方案、课件资源、课堂录像、校本课程、研究课题）；专家资源库以及与相关学校、科研机构建立研究协作体等，定期邀请专家指导或外校同行交流。

④保障条件。主要包括：内部保障，如教研组的组织与协调、信息收集与反馈、自我评价与诊断、文化建设等；外部保障，指学校的支持，如经费的落实、师资的配备、规章制度等。

（2）教研活动设计的基本框架。

广义的教研活动，是指以教研组为组织进行的一切活动，包括教学管理、组织、检查、研讨等活动。狭义的教研活动，是指最能体现教研组本质功能，以教研组为单位开展的有目的、有主题、有程序、有总结的教学研究活动，包含集体备课、课例研究、主题研修、课题研究等，是促进教师专业发展和提升学校教育质量的重要途径。本研究关注狭义的教研活动。

为了确保教研组开展的教研活动有序有效，必须对教研活动的各环节进行系统思考和部署。由此形成的书面文本即教研活动方案。教研活动方案一般包括方案名称、活动主题、活动目标、活动人员、活动时间、活动地点、活动准备、活动流程、活动作业、活动反馈等基本要素。

①方案名称。对教研活动方案进行命名，让人快速地对本次教研活动有个大概认识。一般有三种形式，一是直接以“×××教研组活动方案”命名，突出活动主体；二是直接以“‘活动主题’+教研活动方案”，突出主题；三是用正副标题的形式，主标题概括活动主题，副标题体现活动主体，显得更全面、更准确。

②活动主题。就是对本次教研活动要研究什么进行具体的解释，让每一个参与者清楚地知道本次教研活动的内容。同时，还要对活动主题的由来做出说明，解释为什么要确定这个教研主题。对这个教研主题的价值进行简单论证，获得研究人员的认同。

③活动目标。又叫活动目的，说明通过本次教研组活动，在既定的研究主题方向上，希望取得什么样的效果。活动目标可以由总目标和子目标组成，子目标是指活动流程中每个小活动的目标，可以放在小活动流程之前。

④活动人员。一般为教研组成员。根据教研活动的需要，有时会有引领的专家或互助的同伴。

⑤活动时间。既指教研活动的日期安排，也指教研活动的时间长短。特别是要根据教研活动的内容和流程进行预估，为教研活动预留充裕的时间，否则会使教研活动走过场、形式化。活动时间也可以对准备时间进行限定，督促准备工作有计划进行。

⑥活动地点。一般指教研组固定的教研场所。根据教研活动的需要，可以安排在条件更好的场室。

⑦活动准备。除了活动硬件准备，更重要的是对教研活动内容、资料上的准备，还有参与成员学习、思考上的准备。只有准备充分才能保证后续的每一步达到想要的效果。

⑧活动流程。即教研活动的步骤。不仅是明确活动的流程，还要让每位参与教师清楚自己在每一个环节中的学习研究任务，保证每位教师都参与、都学习、都贡献、都收获。

⑨活动作业。是对教研组活动的延续。教研组活动的归属在于优化教学实践，所以要通过作业的形式，让源自实践的教研组活动回归实践，指导实践，接受实践的检验。通过提高教研组活动成果的利用率，提升教研组活动参与者的成就感，提升其参与度。

⑩活动反馈。包括对教研组活动进行总结、展示、宣传。通过各种形式对教研组活动进行反馈、激励、评价，增强成果意识，对教研活动负责，提高教师教研动力。

（3）教研组活动实施的基本框架。

教研组活动的实施要以问题为导向，实践为指引，并且不断地梳理出解决相关问题的办法，使得参与者体验真实的情境，并能站在主导者的角度去思考问题，这样的教研活动的价值才能最大化。

①聚焦问题。问题是深度教研活动的引擎，基于问题导向的教研组活动更具实效性和针对性。可以通过头脑风暴、问卷调查、听课议课等工具诊断出亟须解决的主要问题作为教研活动的主题，从而有针对性地进行问题的剖析与深入的探讨。

②实践研讨。针对不同的问题开展的实践研讨活动是完全不同的。其中最常见的应为基于课堂教学中的问题开展的课例研讨，涉及如何处理课堂生成与预设、如何组织学生展开小组合作学习等。如果想从名家名师的课堂中汲取智慧，那么课例点评或者案例分析的方式是比较有效的。此外，自我反思的诊断课、问题修正与优化的课题研究等都是实践研讨的方式。

③策略梳理。通过实践教研活动后，参与者提供了许多处理问题的建议，主导者则需进一步取舍，提炼总结并梳理出改进的策略。比如，要提高小组合作的学习效率，可能要在课堂中设计具有挑战性的问题、小组间的分工要非常明确、小组汇报时要运用相应对话语系等，从而真正地把小组合作落在真探实究上，这就是解决问题的策略。

④再次实践。二次实践往往是教师专业成长突破瓶颈的重要环节。通过正视问题，并根据相关的改进策略进行教学设计优化，可以促进教师教育思想和技能的变化提升。比如“认识厘米”一课，教师初次测量活动给学生提供了一根小棒和一把完好的尺子，结果学生很快就测量结束，并未产生思维冲突。教研活动后我们提出改变学生的探究工具，给一根小棒、不够测量小棒长度的尺子、不是从零刻度开始的断尺、完好的尺子。这样一来，学生在探究过程中首先要思考的是用这些工具如何才能准确测量。这样就产生很多问题，学生间也能产生思维碰撞，这就是再次实践的收获，更是对策略的验证。

⑤总结提升。这是教研组活动的关键，一是能促进教师思想的积淀，二是推动教

师从教育认识层面向教育行动层面转变，也使得活动的延展性效益最大化。一个好的观点、一次深度的对话能让人有如醍醐灌顶。因此，总结提升的环节是要在理论上拔高基点、在实践中指明方向、在研讨中明晰道理，让参与者在看中思、辩中思、听中思。

（三）打造教师实践共同体

根据实践共同体的理论，打造教师实践共同体可以从三个方面进行探索：一是构建相互卷入的密切关系，营造一起做事情的氛围；二是在集体协商中聚焦共同的事业和关键的问题，达成对共同体专业发展的共识；三是搭建共享的智库，形成资源共享与交流的平台。依据这三条路径，B 区中小学打造了六种类型的教师实践共同体。

1. 学科教研实践共同体

以 B 区中小学学科教研基地为依托，每学科打造 2 ~ 4 个学科教研实践共同体。学科教研实践共同体以各学科教育教学实践为基础，以自愿申请、自行组织为原则，成员们在共同愿景和共同事业的引导下，对教育教学实践中的问题进行分析与研讨，共同交流解决的策略与方法。

学科教研基地的遴选包括自主申报、材料评审和实践考察三个环节。在自主申报环节，各学校学科教研组对照学科教研基地申报条件，结合实际情况自愿申报，填写“B 区中小学学科教研基地申报表”；在材料评审环节，由区教科院组织评审，确定入围实践考察的候选学科教研基地；在实践考察环节，区教科院到学科教研基地所在学校进行考察，考察内容为科组情况汇报、教学课例展示、科组研讨活动展示等。区教科院根据评分最终确定获评的学科教研基地。

以学科教研基地为依托的学科教研共同体，一方面要在课程研发、教学改革等方面进行高质量的教研实践，探索基于学科核心素养的增值评价方式，形成学科教研基本范式；另一方面承担区内学科挂点帮扶工作，每年提供 1 ~ 3 个典型学科教研案例，每年至少承担区级以上学科教研活动 1 次，每学期积极承接区内的外校教师到校交流学习活动 1 ~ 3 次，在区域教研中起到示范引领与辐射带动作用（见图 6 – 1）。

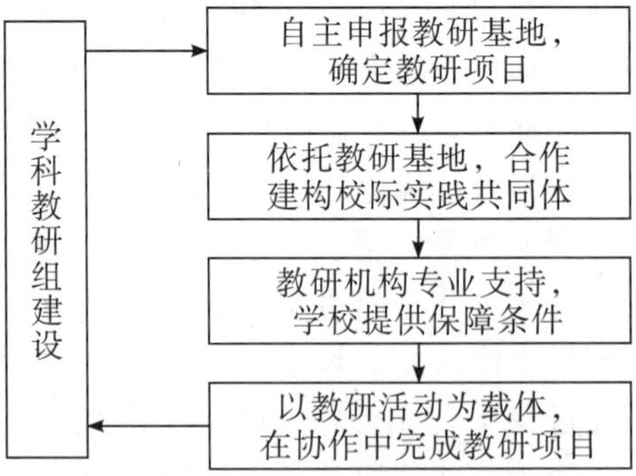

图 6 – 1　学科教研实践共同体的建构模式

2. 课题研究实践共同体

区教科院每年发布课题指南，组织区级教育科学规划课题申报评审，每年成立的课题组将近150个。这些课题组就是基于某一研究任务而由教师间自愿合作与参与形成的实践共同体。从成员构成来看，课题研究实践共同体中可以有某所学校、某个学科教研组的教师，也可以有跨学校、跨学科性质的项目团队，还可以吸收相关领域专家的参与。从运作机制来看，可以根据成员的学科背景、研究能力的不同而进行一定的职责分工，从而形成相互依赖、相互支持、相互协作的合作团队。从灵活程度来看，课题研究实践共同体因研究任务的开始而建立，因研究任务的完成而解散，因新的课题的产生而重组，具有较大的灵活性。因此，课题研究实践共同体不管是成员构成，还是运作机制及其灵活程度，都与学科教研共同体有较大的差别，但其教学研究的性质和任务又有一致之处。

课题研究实践共同体建设实践探索①
——以“基于审辩式思维的名著阅读教学实践与研究”课题组为例

目前的中小学课题研究空前繁荣，由此形成了众多的课题研究实践共同体。课题研究实践共同体的良性运作，将有助于提升中小学课题研究的成效，保证教学研究的发展和创新。本文拟以“基于审辩式思维的名著阅读教学实践与研究”课题组为例，探讨课题研究实践共同体的组建、组织的运行机制及课题研究实践共同体的效能分析。

一、以研究意识凝聚课题研究实践共同体的方向

（一）问题意识。爱因斯坦说过，提出一个问题比解决一个问题更重要。没有问题，就没有进步；没有问题，就没有课题。我校语文学科在“批注式阅读”“思维导图”“读书会”等语文特色方面做得比较超前，而且非常扎实，又取得了成效。在摸索前行的过程中，我们渐渐发现，阅读中除了批注、思维导图等形式方面的训练，在根源上，即学生的思维能力的培养方面力度不够，广度不够，深度不够。我国的教学目前总体来说，对于思维能力阶段性的培养和训练也是比较欠缺的，我校语文科组的骨干老师们也一直在思考着，如何在中学语文教学中突破这一局限，在训练学生的思维方面形成体系，能够让学生在初中三年通过语文学科的学习，促进思维能力的提升。在这样的疑惑中，“基于审辩式思维的名著阅读教学实践与研究”这一课题便应运而生。

（二）应用意识。我们研究现实问题，不管是有效的活动方案、制度措施，还是创新性的理论策略、成果形式，最终目的都是使得操作有可行性，实施有效果，更有效地解决现实问题。所以，课题研究要有应用意识。教师能够将课题研究的策略和方法运用到实际教学中，解决学习甚至生活中的问题。而围绕思维能力方面开展的“基于审辩式思维的名著阅读教学实践与研

① 本案例由深圳市宝安区实验学校袁婷老师撰写，发表于《语文教学通讯》2020年第3期。

究”课题的着力点便是借助阅读名著的方式来训练和提升学生的思维品质，使学生形成良好的思维习惯，并力求让思维能力终归能延伸到现实生活中解决具体问题的能力。

（三）创新意识。创新意识是课题的关键。教师在教学管理过程中，发现的新问题、产生的新思想、运用的新方法，都可以成为课题研究的对象。“基于审辩式思维的名著阅读教学实践与研究”这一课题具有时效性和创新性，它吻合了《初中语文新课程标准》中着力培养学生的思维能力的要求：逐步培养学生探究性阅读和创造性阅读的能力，提倡多角度的、有创意的阅读，利用阅读期待、阅读反思和批判等环节，拓展思维空间，提高阅读质量。

二、以专业引领推进课题研究实践共同体的构建

（一）理论指引，学以致用

课题组成员应主动开展理论学习，平时要多阅读专业书籍来提升课题素养，了解与本课题研究相关的理论和已有成果，提高研究的科学性。进行课题研究的理论学习大致有四个途径：阅读相关的书籍；查阅相关的文献资料；学习网络平台的资源；专家讲座指导。

在明确了课题研究的内容和方向后，我们课题组积极开展了工作。首先，课题组购买了《审辩式思维》《批判性思维》《批判性思维原理和方法》《学会提问》《中学生思辨读本》《语文课》《去魅与去蔽》等一系列书籍，提供给课题组成员接受、学习、消化概念，理解案例。还同步建立了微信群和QQ群，并且经常共享“审辩式思维”“外滩教育”“小花生网”“思辨读写”“东西方教育”等公众号里的一些好文章，不断地学习积淀，在上位的理论的指引下，逐渐提升了理论高度，打开了新的思考。

（二）专业引领，他山之石

在通常情况下，课题的诞生来自于主持人的思想。课题主持人首先需具备较高的思想素养、高度的责任心、强烈的科研意识、良好的组建团队及协调沟通能力。其次，还需在课题组研究共同体的专业方面起到引领作用，具备教育科研的基本理论素养，掌握教育科研的方法，具备学科专业的能力素养，包括创造与创新的能力、分析评价能力、综合判断能力等。

他山之石，可以攻玉。除了阅读提升自我和成员交流心得、主持人的专业引领之外，我们会请相关的专家来为我们做讲座，如有关如何做课题的讲座、怎样培养学生思维能力的讲座等。

（三）组织建构，实践探索

1. 确立核心成员。组建一个课题组，要确立课题主持人和核心成员。人员的稳定是课题研究有效进行的关键。只有确立了核心成员，才能保证课题组的良好运作。要重视课题研究共同体这一组织的建构，“要从实际出发，组建坚强有力的项目研究团队，参加项目研究的人员，不只是人数充足，还要结构合理，形成合力”“人员结构的合理性不仅指团队人员的年龄、性别、职

称等搭配合理，而且指人员的构成符合实际需要、人员的组织形成建制”。① 本课题组运行主要采取的是核心成员负责制。

2. 明确共同愿景。课题组之所以能够形成，是因为参与者有具体明确的共同愿景，所以参与者必须有相近的认识、协调的活动、一定的信用，才能使合作达到预期效果。“基于审辩式思维的名著阅读教学实践与研究”这一课题组的建构正是以成员自愿为基础，以语文教学、课题研究、兴趣爱好等因素为依托建立起来的。

3. 主张共享合作。课题组成员要避免孤军奋战，各行其是。只有开诚布公地合作，在实践中平等参与、倾听共享，才能使集体的力量大于个人力量之和，形成真正的专业课题组。

我们课题组珍惜每一次不同级别的授课、听课、评课机会，在不断的磨课过程中，形成了一个个精品课例，促进提升了每位课题组成员对课题的认知和发展能力。教研组、备课组力推“基于审辩式思维的名著阅读教学实践与研究”这一课题，尽量将它的影响辐射到整个教研组，动员语文老师都展开实践研究。在课题组和教研组的共同努力下，合作完成了广东省的部编教材七年级下册指定阅读书目《骆驼祥子》的网络阅读研讨课。

课题组成员平时随时在QQ群或者微信群分享自己的授课心得或者困惑，分享学生的优秀作业，我们不光研究语文教材中的单篇，还重点研究整本书的阅读，甚至是将审辩式思维的触角探寻到电影等其他艺术领域。总之，课题组成员研究积极性高涨，群策群力，研讨氛围热烈。

4. 细化管理分工。课题组成员的具体任务要分工明确细致。课题主持人和骨干成员是实践共同体的领导者和专业引领者，负责理论把关和专业引航，激发大家的研究兴趣和促成团队的和谐氛围。课题的协调者负责召集开课题组会议，联络专家、进行微信群公告。课题的实施者和合作者负责执行学习任务，进行实践尝试和探索，并积极地分享、撰写研究案例和策略。

三、以制度建设支持课题研究实践共同体的有效运转

没有规矩，不成方圆。课题组在运行过程中需建立日常管理机制，只有按照一定的制度办事，才能将课题进行到底。其中的制度包括：业务学习制度、成果撰写制度、考核评价制度等。

（一）业务学习制度。课题组每两周或每月召开一次碰头会议。教研活动有严明的纪律和要求，主持人应做好考勤，教师不得随便请假，确保全员参加。每次活动都要有充分的准备，主题明确，计划周密，有中心发言人，记录详细，总结及时，每位教师都要有专用的教研活动笔记。全体教师在教研活动中都要积极参与、踊跃发言，认真记录，及时写出心得体会和小结，使业务学习落到实处。

① 陆伯鸿. 上海教研素描［M］. 上海：上海教育出版社，2017：14.

（二）成果撰写制度。课题组要注意及时总结研究的成果，保管好研究资料，并且及时将实践转化为文字，注重课题成果的提炼和表达。课题研究的成果形式包括教学设计、调研报告、论文、专著等多种形式。将课题研究形成文字，也是课题总结和推广的方式。所以，对课题组成员有提炼概括能力、逻辑思维能力、写作表达能力等方面的要求。“基于审辩式思维的名著阅读教学实践与研究”课题组的成员们共撰写了《一次不同寻常的散步——谈〈散步〉的审辩式思维教学设计》等十余篇公开发表的论文，撰写了广西师范大学出版社出版的《〈骆驼祥子〉阅读全程指导》一书，推广课题成效的公开讲座发言稿若干。

（三）考核评价制度。课题组的考核评价不仅要面向整个课题组，还要面向课题组成员个体，体现评价多元化的特点。课题组研究实践共同体评价的优势在于关注团队学习研究的效果，个体评价更多的是了解成员个体在团队学习活动中的情况。课题组对成员的成果应提出具体要求，比如：一个学期至少阅读多少本专业书籍；课题组成员一个学期至少上多少节与课题研究相关的教学观摩展示课；一个学期至少撰写多少字读书笔记；一学年至少撰写或发表几篇论文或教学设计；等等。达到要求的成员则有一定的奖励，以评选优秀课题成员、排名驱动、奖金发放等形式调动课题组成员的积极性。

四、课题组的效能分析

（一）以谋求学生综合素养发展为目的的课题研究实践共同体

教研组是遵循一定的原则和规章制度建立起来的、进行集体教学研究的学校基层组织，是学科专业导向的实践性组织，它通过教师对教育过程中存在的问题进行理性认识，提出具体的解决问题方案并付诸实施，从而有效促进学生全面发展。[①]“基于审辩式思维的名著阅读教学实践与研究”课题组研究实践共同体正是以谋求学生综合素养发展为目的的课题研究组织，它符合新课改理念，更加明确了语文教育的方向，确立了学生的阅读应以培养主动探究能力为目的，具备比较、评价、质疑、反思的综合能力这一目标。使得学生转入更深层次的思考，逻辑推理能力、思维批判能力、实践创新能力得以训练。审辩式思维方法也将被广泛运用到其他学科，最终学以致用渗透到生活中去，用以提升学生解决实际问题的能力。

（二）以培养教研组文化氛围为核心的课题研究实践共同体

课题组研究实践共同体的建立，满足了教师寻求专业认同的内心需要。众人拾柴火焰高，“基于审辩式思维的名著阅读教学实践与研究”课题凝聚了语文教研组的全部力量，在成员配备上注重了跨年级的要求，有利于研究的全面性，确保课题研究得到科学、有效的实施。正是一次次的课题任务，凝聚了教研组内的骨干力量，发挥了教研组内不同风格的老师们的作用。也正

① 李叶峰. 建国以来中小学教研组建设的历史考察［J］. 教学与管理，2010（1）：20－22.

是一个个课题组研究实践共同体的形成培养了教研组的文化氛围，语文老师开始具有科研意识，尝试阅读学科前沿著作；更可贵的是在科研实践方面干劲十足，执行力强，能够具有马上将所学的理论知识运用到自己的教学实践中去的勇气，并且具有钻研能力和探索精神，更愿意改革创新和力行实践。也正是一个个课题组研究实践共同体，使得我校语文教研组内的骨干教师摆脱单打独斗的无助，更加注重团结的力量；找准学科研究方向，爆发出自己的科研潜能。尤其是年轻老师，初生牛犊不怕虎，敢想敢做，实践也证明了他们在专业道路上迅速成长并蓬勃发展。

（三）以提升教师专业成就感为基石的课题研究实践共同体

课题组研究实践共同体能够激活教师的内在机能，激发教师的活动参与意识，提升个人责任感，增强集体凝聚力，形成团结友爱的精神，更有利于教师综合素质的发展，促进整个科组专业水平的提升，促进学校的长远建设和发展。

课题研究实践共同体有利于激发教师的专业主动性。在课题组研究实践共同体的召唤下，教师更容易走出封闭的“自我”，唤醒专业自觉性，在与课题组成员分享知识与经验的同时，激发专业发展欲望，提高教师专业发展的主体性。课题研究共同体有利于促进教师主动反思。在课题组研究实践共同体的氛围中，教师们通过互相讨论、交流、不断探索，推动了教师的专业思考能力的发展，拥有更加深入、高质量的思考。

3. 名师工作室实践共同体

名师工作室是在上级部门或学校的支持下成立，但自身具有较大自主性的教研组织。与学科教研共同体相比，名师工作室最大的不同之处在于：首先，两者虽然都是自上而下成立的，但名师工作室的自主性更高，它在目标设定、任务设计、内容安排以及活动形式等方面都有较大的自主权。其次，名师工作室一般由一位名师和若干名骨干教师构成，它以骨干教师培养为根本目标，同时也将教育教学成果辐射、推广给更多青年教师。这是一种推动教师专业发展的组织新形态。

基于五项修炼理论之自我超越的名师工作室建设①

自我超越是美国学者彼得·圣吉在《第五项修炼》提出的修炼目标之一。彼得·圣吉认为，自我超越是“不断澄清和加深我们的个人愿景的修炼，是持续集中我们的能量、增强我们的毅力，并客观地观察现实的修炼”。自我超越源于对愿景的追求和对工作创新的追求。在组织中，有愿景的人才有可能去超越，既超越别人也超越自我。深圳市B区范国强名教师工作室在五项修炼理论的引领下，以工作室成员的“自我超越”为导向，确立了“打造师德高尚、业务精湛、富有活力、开拓创新的学习共同体”的愿景，并以市级课题“基于文体意识视角下的小学语文文本解读及教学策略实践研究”为载体，

① 本案例由深圳市宝安区龙腾小学范国强老师撰写。

打造学习型实践共同体，创造性地开展教学研究工作。

一、凝练名师工作室自我超越的四项品质

教学主张个性化。这是名师工作室自我超越的核心灵魂，有了教学主张就有了明确的教学追求和共同的目标朝向，有了把成员凝聚在一起的精神支柱，有了工作室的图腾。

主题教研系列化。这是名师工作室自我超越的基本保证。避免教研的盲目性和随意性，使每次活动聚焦一个或者一类问题，实行“点穴”式教研。范国强名教师工作室以文体分类教学为研究对象，分学期，每月开展一次教研活动。以不同文体的解读策略、教学策略为研究内容，目标明确，内容具体，有较强的实践性与价值意义。

项目研究常态化。这是名师工作室自我超越的重要抓手。名师工作室应成为教学改革的发源地、教学成果的孵化地、名师成长的基地、骨干展示的舞台、教学示范的窗口、科研兴教的引擎、教育改革的论坛。这就需要名师工作室确立成果意识，将项目研究作为工作室品质建设的重要抓手，以形成更多可复制、可推广的应用性成果。范国强名教师工作室树立了明确的成果意识，力图通过周期性的项目化运作，将项目的成果转化为产品，力求三年内将文体分类教学成果编印出版，并在区域范围内逐步推广。

数据实证可视化。学会用数据和实证表达是大数据时代的必然要求，也是名师工作室专业化建设的重要内容。对于名师工作室而言，成效可以通过活动呈现、论文表述、精彩课堂来表达，更为重要的是要通过数据、事实来证明，在实证过程中，学生显然应成为最为重要的表达因子。范国强名教师工作室在进行“基于文体意识视角下的文本解读及教学策略实践研究”过程中，始终坚持以数据和实证说话，如对成员的考核给予量化、在尊重现有评价机制的情况下检测教学效果，每次教研活动采集和分析数据，进行大样本分析和数据对照，发现文体分类教学与常规教学之间存在显著差异。

二、提炼学员自我超越的三重境界

特级教师张祖庆曾指出，教师成长的秘密只有两个字——专注。唯有专注，才能获得更好的生长。教师要想专业进步，除了专注于阅读、听课、写作等学习和实践之外，更需要让学习与实践专注于自己的愿景，让不断超越自己能力的愿望始终保持热度不减，让学习的热情和动力不降，从而不断突破“瓶颈”、消除“天花板”，不断超越自我。

我们提出工作室成员自我超越的三重境界。首先是用脑子想，推敲琢磨。主要解决决策层面问题。比如，不同文体的阅读方法的学习，如果频繁地变换文体，就像频繁地转换思维频道，在学生文体阅读尚未熟练之前，会增加阅读障碍；如果按照文体文类，一个单元集中一类文体，教给学生阅读这一类文体的基本方法，就可以让学生学得更集中、更透彻。

其次，用心神去想，仔细揣摩，解决执行层面问题。如现行部编语文教材如何进行文体分类、如何根据文体分类进行文本解读与教学等问题是工作室全体成员深度思考的问题。

最后，全身心地投入，沉心“着魔”，解决作业层面问题。思考在课题引领下，如何通过课例研讨、理论研修、专家指导等形式，全身心投入开展实践研究，实现课题研究的预期效果，实现自我超越。

三、明晰学员自我超越的四条路径

首先，目标是基石。工作室成员根据工作室的研究目标与三年规划，制定适合自身发展的个人三年发展规划，按学期分段研究不同文体的文本解读及教学策略研究，包括叙事性记叙文、散文、诗歌、说明文、童话等，做到方向明确、“有的放矢”。

其次，合作是前提。合作机制聚焦“四有”。一是有共享的规则。工作室的成员来自区域五所公办学校，在申请、管理、考核等环节形成了闭环管理，有明确的研修主题，有大家共同接受的研修规范，分工明确：有文字组、宣传组、财务组、考核组、备课组等组织架构。二是有主体的意愿。教师参与名师工作室的意愿源于自身真实的发展需求，这既是形成共同体文化认同感的前提，也是打造名师工作室特色的前提。三是有可分解的任务。名师工作室是围绕“基于文体意识视角下的文本解读及教学策略实践研究”特定主题来开展的，按照文体进行分解研究，稳步推进。四是有互惠的利益。名师工作室能否长效地运行下去，取决于成员能否在研修活动中学有所获。名师是工作室的核心，并不意味着工作室是名师的个人附属，也不意味着完全按照名师个人的模子去强制复刻成员的发展。名师与成员之间是亦师亦友、共同发展的关系。名师工作室应以学习为导向，在合作、包容的氛围下，通过分享教学实践，对实践进行反思，提升每一位参与者的发展水平。

再次，学习是保障。持续的生成性学习则是实现自我超越的根本途径。为此，工作室提出了“四个一”的阅读要求：一位导师引领、一本经典在手、一群书虫跟随、一段悦读时光。工作室成立一年来，共同研读专业经典丛书4本，其中包括西南大学文学院荣维东教授的《语文文本解读基本原理》、上海师范大学王荣生教授的《语文科课程论基础》等。按照工作室三年发展规划，每学期研究小学语文教材涉及的一种文体，学员根据研究主题，学期末提交相应文体的文本解读策略、文本教学策略、文本解读案例、文本教学实录。一年来，工作室完成了小学语文教材中的“叙事性记叙文”及“散文文体”教学研究，《各类文体文本解读及教学策略研究》第Ⅰ辑已正式出版。

最后，策略是关键。工作室积极推进“共享、共研、共荣、共进”的研修策略，重视工作室新型教研组的建设，围绕工作室研修主题，践行主题教研活动课程化的理念，实施“点穴”式教研，扎实有效开展文体分类教学主题教研活动。

4．在线实践共同体

在线实践共同体是实践共同体和信息技术结合的产物。在线实践共同体同样是以成员自愿结合为原则，并在共同事业的引导下开展共同实践以及分享经验、交流思想。与其他实践共同体不同之处在于，在线实践共同体打破了时空分离，以虚拟的网络环境作为主要的交流平台。

B 区中小学在线实践共同体主要包括两大类：一类是在线学科教研社区。以 B 区教育资源公共服务平台为依托，开展在线交流与研讨。目前已创建学科教研社区 33 个，3 800 多名教师参与了学科教研社区建设，总访问量近百万人次。另一类是以学科微信公众号为平台构建的实践共同体。通过学科微信公众号的建设，探索多元化教研互动方式。比如“B 区初语”微信公众号，集中展示初中语文教学教研成果，关注人数高达 5 万人；“B 区初中化学”微信公众号将学科工作室活动进行线上展示，取得良好效果；“B 区初中物理”微信公众号推送了中考复习全系列微课课程，大大方便了广大师生；“B 区初中地理”微信公众号开展了在线研学活动，是一种全新的教研方式。

5．RDS 实践共同体

RDS 实践共同体是指由研究机构（Research institution，包括大学和学术团体）、地方（District）、学校（School）① 三方合作形成的实践共同体。这类实践共同体一般是基于研究机构、地方教育行政部门和学校三方的不同需求，以合作契约为纽带，以项目为依托，以实践改进为目标，共享人力资源、学术资源和平台资源，促进区域教师专业发展的临时性合作组织。三者之间的关系结构如图 6－2 所示。②

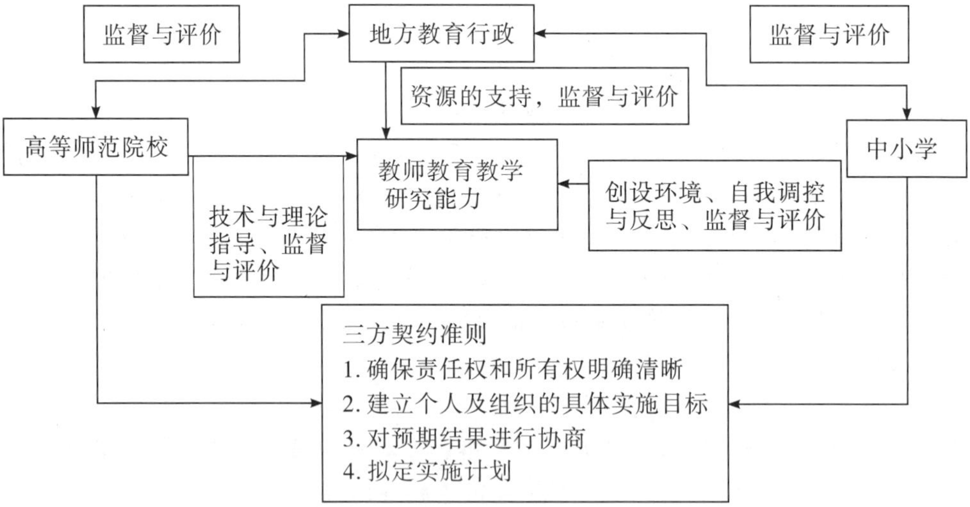

图 6－2　RDS 实践共同体中的三方关系

① 由于研究机构通常以大学（University）为主，故而也称作 UDS 实践共同体。

② 丁新胜．“UDS”合作共同体建设的理性认识和实践探索［J］．南阳师范学院学报（社会科学版），2013（11）：56－59．

2019 年 12 月，B 区与中国教育学会签署协议，合作共建教育现代化实验区，通过建立国家学术团体与地方政府合作伙伴关系，共同探索现代学校课程体系建设和现代教育人才培养的实践路径。以共建教育现代化实验区项目为依托，本着“互惠互利、相互学习、精准对接、成果共享”的原则，B 区构建了“学校课程发展”和“教育领军人才培养”两大实践共同体，以系统前沿的培训内容和科学务实的培训手段，让校长和教师们边学习、边实践、边提升，力争培育一批具有现代教育理念、能够在快速城市化过程中回应社会和时代发展要求的校长队伍和教师队伍，进而探索城市化进程中教育转型变革的 B 区经验，总结提炼经济发达地区教育现代化模式，为国家教育政策的制定、执行和调整提供有重要参考价值的基层依据。

6. 教师自组织实践共同体

自组织是一个与他组织相对的概念。所谓教师自组织，是指学校中教师在没有学校特定干预的情况下，在属于自己的时间和空间范围内，自发和自觉形成的教研组织。与学科教研实践共同体相比，教师自组织实践共同体有如下特征：一是由教师基于共同的学术爱好或其他共同点而自愿结合在一起；二是在形成过程中没有学校的安排或组织，具有自发性；三是组织结构相对开放，人员自由流动，基本能做到自我管理、自我发展。自组织在教师专业发展中显然是起到了内因作用，它让教师在一定程度上减少了对“他组织”的依赖，并产生了“1 + 1 > 2”的协同效应。

B 区心理教师“星期四读书沙龙”①

“星期四读书沙龙”是一个由跨学校的心理教师和相关人士（团队里有医生和班主任参加）组成的学习团队，团队成员大致保持在 10 ~ 15 人。团队成员可以根据自身兴趣和工作需要自行选择一个研究项目，然后进行读书分享、主题讨论和案例分析，并把研究成果实际运用到工作当中，或在学校、区域范围内进行展示。

一、形成的动因与过程

“星期四读书沙龙”的发起人为 H 中学陈老师，陈老师是该校的两位心理老师之一，原本教英语学科的他因为热爱学生心理辅导，转而从事学校心理健康教育。由于半路出家，业务上需要提升，但社会上的相关培训费用较高且无法有效解决工作上的问题，陈老师在一次区里组织的心理老师会议上跟几位同行商议组织一个读书沙龙。读书沙龙坚持一段时间后，大家决定为自己的组织取名，由于活动是在每月末的星期四开展，受“相约星期二”的启发，他们为自己的组织取名“星期四读书沙龙”。

“星期四读书沙龙”已经成立 11 年，大致有这么一个发展历程：（1）无主题的专业阅读阶段。最初是一人读一本心理学著作，后来觉得比较吃力，

① 朱利霞，董子啸. 一个“教师学习共同体”的效能研究［J］. 教师教育学报，2014（5）：29 – 35.

就改为共同读一本。(2) 专题阅读阶段。最初大家对书的选择比较随意，基本上成员感兴趣的心理学著作都在读。后来经过讨论，觉得应该针对学校心理健康教育工作实际，有选择地进行专题式阅读。(3) 形成方向阶段。经过三四年的主题阅读之后，成员们逐渐找到自己的专业方向，并自发结伴形成了几个固定的小组，比如，有一个组关注家庭治疗、有一个组关注图画疗法，有一个组关注沙盘游戏，等等。

从"星期四读书沙龙"的发展历程来看，大致经历了发起、磨合、规范、程序化几个阶段，随着阶段的深入，运作程序不断完善，成员共享互助关系不断增强，直至形成初步的运作机制，并开始发挥稳定的作用。

二、运行机制

"星期四读书沙龙"运行主要采取的是核心成员负责制。在这个沙龙里，陈老师是发起者和协调员，负责安排每学期核心发言人名单，在QQ群公告每期活动的时间、地点、内容和方式，并自然而然成为这个共同体的领导者；田老师、邓老师、孙老师是实施者和合作者，负责忠实地执行学习任务和学习要求，并积极地促成团队的和谐氛围；杨老师、田老师、邓老师是专业引领者，为同伴答疑解惑并获得同伴的高度尊重。邓老师、孙老师是记录/评估员，负责记录每次活动的过程中成员的发言，并对每次活动进行总结与评估。

从这个共同体的运作方式来看，有几点是值得注意的：

(1) 沟通分享机制的常态化。"星期四读书沙龙"一月一次，四年未间断，每次均有一个主题发言人，基本上每个人都可能成为分享者和共享者，多向互动避免了"搭便车"现象。中小学的学科组和教研组在某种程度上类似共同体，但我们可以发现这些共同体真正意义上的互动极少，只有资历较老的教师或少数积极分子在阐述自己的教学思考和教学实践，大多数教师处于沉默状态。优秀的教师觉得无法从其他人那里受益，可能就会在潜意识里排斥合作。

(2) 评价激励机制的有效化。笔者在和这个共同体成员交流时，发现一个很突出的现象，就是人与人之间都是非常积极的、正面的、肯定的评价。在他们的42份活动记录中（主要记录活动过程和讨论的主题，但每份记录都极具个性化，包括了记录者对参加者的评价和感想），每份记录都自觉不自觉充满了对成员的正面评价以及对自我的肯定。2013年底，笔者参加了这个共同体的年终聚会，主题是总结表彰，共同体的几个核心成员根据每个参加者的学习特点和性格特征，分别授予每个参加者"最佳××奖"。比如，最佳导演奖、最佳成熟奖、最佳问题儿童奖、最佳期待奖等等。颇具特色、形式丰富的肯定性评价无疑对每个参加者来说，都是一种有效的刺激。这种积极的评价对于凝集共同体精神，促进共同体发展起着举足轻重的作用。

(3) 榜样示范机制的高效化。在这个团队，陈老师、田老师、邓老师、孙老师、杨老师分别担当领导者、协调者、实施者、专业引领者的角色，他们是这个团队的核心人物和精神领袖，推动了这个团队的可持续发展。

“星期四读书沙龙”成员之间的合作学习极大促进了成员的进步。这个实践共同体的成员基本上都成为了B区心理教育学科教研组的骨干教师，其中4名成员还通过选拔成为深圳市教育局中小学继续教育讲师。

（四）培育教研组长领导力

教研组长是引领教研组发展的关键因素，加强教研组长领导力培育显得尤其必要。B区提出了“教研组长能力提升计划”，通过专题培训、自主研修、实践反思等方式，推动教研组长由传统的学科活动的组织者转变为学科文化建设的引领者。具体来说，教研组长要实现三种角色转变：一是由具体事务的安排者转变为教研组发展的规划设计者。善于规划，是任何一个组织领导者首先应具备的能力和素养，教研组长要在把握校情、师情、学情的基础上学会规划组织的发展。二是由上传下达的执行者转变为教研活动的策划组织者。这需要领导者具有较高的学科专业水平和教育教学能力，能让组织成员自觉自愿接受、认可和支持他倡导的观念和行为方式。三是由教研活动的推动者转变为教研组文化的引领培育者。有人的地方，就有社会关系的存在。教研组长在策划和组织各种教研活动时，需要不断地协调、不断地沟通，从而集聚各种资源，顺利地开展活动。教研组长在理解他和组织成员的关系时，应该认识到他们之间不是管理与服从、上级与下级的关系，而召集人与合作者的关系。作为召集人，教研组长首先应该担负起领导的使命，让每个人都清楚自己在这个组织内的角色和任务，明白相互合作的意义和价值。

除了实施“教研组能力提升计划”，推动教研组长持续地学习、实践与反思，不断地提升自己的专业能力；更为重要的是，B区积极倡导学校要给予教研组长充分的信任及赋权，将课程发展规划权、教学实验权、评估创新权赋予教研组长，从而形成教研组的自主发展机制，推动教研组自觉担当起与自我发展密切相关的规划、设计、实施、评估、反思与重建等一系列工作。

B区2020—2021学年第二学期小学数学教研组长专题培训计划

为落实B区小学“夯实基础，学科育人，融会贯通”的教学理念，践行小学数学学科“深度理解，多元表达”的教学主张，指导数学教研组长有效组织教研活动，促进教师团队成长，提高学科教学质量，根据工作计划，决定举办小学数学教研组长专题培训活动。

一、活动时间

2021年3—5月，共举行三次。

二、活动地点

××学校报告厅。

三、参加人员

学科教研员、小学数学教研组长。

四、培训主题

时间安排	培训主题	主讲内容	主讲人
3月	能力提升	科组长能力提升的若干建议	×××（教育研究专家）
4月	组织建设	让每位教师站在教研中央	×××（教学主任）
		聚焦科组教研的方式和策略	×××（教学主任）
5月	实践案例	深度研读教材，发展学生数感	×××（教研组长）
		如何进行小学数学质量分析	×××（数学教研员）

五、其他说明

本次活动的内容将作为小学数学继续教育课程，于活动结束后上传至B区小学数学教学资源平台，供各校数学科组及老师们交流学习选用。

（五）开展常态化的校本教研视导

教研组是实施校本教研活动的主体，校本教研活动的有效开展是学校教育教学质量提升的重要支撑。但上级教研部门在学校开展视导活动时关注较多的是教师的课堂教学行为及效果，而对教研组的教研行为及效果则重视不够。基于这一不足，本研究在区域教研视导的内容中增加了“校本教研视导”这一主题，推动区域教研与校本教研联动开展。

校本教研视导围绕两个层面展开：一是在学校层面上，调研与分析学校教研制度、学校课程计划、教学常规制度、教研组或备课组管理制度等，并进行相关的反馈与建议；二是在学科层面上，调研与分析教研组的学科教研规划、学科教研安排、教研组或备课组的活动规范、教学设计与实施要求、作业设计与实施要求、考试测验要求等，并进行相关的反馈与建议。

在校本教研视导的基础上，组织校际间的教研观摩，促进教研组之间的相互借鉴与学习也很有必要。校本教研观摩的形式与常规教研活动类似，一般是由某学科教研组进行展示，教研员组织区域内学科教研组长观摩。不同之处在于，校本教研观摩的第一环节（或阶段）里，所有的备课、上课、说课、评课与反思等均由承担此次活动的教研组完成。这一环节的目的是向观摩者（其他学校教研组长）展示一个完整的校本教研流程，让观摩者学习如何进行教研设计、如何推进教研实施以及教研评价等。校本教研观摩的第二环节（或阶段）由观摩者完成，观摩者进行总结与反思，并对本教研组的教研活动实施行动改进研究。通过常态化的视导与观摩活动，一方面可以加强和改进校本教研的效果，另一方面还可以总结和推广优秀教研组的经验与做法，起到典型示范、辐射引领的作用。

“基于学生前概念的科学教学”校本教研视导方案

为完善小学科学教研组建设，提升集体备课效率，切实提高教学质量，推广先进教研组校本教研经验，打造好课堂、好教师、好科组，现决定在L小学组织B区小学“基于学生前概念的科学教学”校本教研视导。

一、活动时间

2019年11月。

二、活动地点

L小学报告厅。

三、参加人员

学科教研员，全区小学科学教研组长、各课组长。

四、活动流程

（一）活动前的准备工作

1. 对学生掌握地球形状的前概念进行问卷调查，由L小学科学任课教师完成；

2. 组织“太阳、地球和月球”单元的集体备课活动，由L小学科学教研组共同完成。

（二）活动中的各项工作

1. L小学任课老师基于研修主题执教一节公开课“地球的形状”；

2. 任课教师说课与反思，同教研组教师评课与讨论；

3. 教研组长向外校观摩老师介绍本次主题教研的设计背景、设计过程以及组内成员分工协作的安排；

4. 外校观摩老师与L小学科学教研组的互动与交流；

5. 学科教研员点评与指导。

（三）活动后的整理工作

1. L小学科学教研组整理活动资料，撰写教研活动反思笔记；

2. 外校观摩老师撰写参加教研活动心得体会。

经过三年多的实践探索，B区创建高中阶段“好科组”18个，初中阶段“好科组”32个，小学阶段“好科组”77个，基本涵盖了中小学所有的学科范围，并形成《B区中小学“好科组”经验案例集》。

二、学校推进教研组创新的实践案例[①]

本部分以H小学为案例，研究学校整体推进教研组创新的实践策略。H小学创建于2013年，创建时间不长。学校具有新建校的天然优势，硬件设施配备好，师资队伍全新组建，办学定位高、办学理念新颖，后发优势明显。但同时，一个大部分由刚毕业的新教师组成的师资团队，其凝聚力、向心力，以及教师团队文化还需要一个培育

① 本案例中的部分内容由深圳市宝安区海港小学刁艺珊老师撰写。

的过程，其职业适应性、教学能力的提升都需要一段时间的积累，骨干力量的形成更需要长期磨砺。为此，学校围绕“人人勇为、人人智为、人人善为、人人美为”的“有为教育”理念，提出要办一所师生自主发展的实验性、示范性、有特色的优质学校，培育具有“勇、智、善、美”品质的有为少年。在办学策略上，提出“三个发展”，即以教研、科研促进教师的发展，以教师的发展促进学生的发展，以学生的发展促进学校的发展。

基于上述办学思考，H 小学确立了促进教师专业发展的基本思路：以学科教研组为依托和载体，以文化生态作为方法论，以专业主义作为组织价值取向，在教研制度设计、教研合作行为塑造、教研活动系统构建等方面整体推进有为教师的培养和锻炼。

（一）基于专业主义的组织价值期待

从 H 小学的实践来看，学校在对教研组的价值期待上呈现了强烈的专业主义倾向。在学校办学水平自评报告中，学校提出“敬业 + 专业 = 卓越！这是每一位 H 小学教师的追求”。学校要求学科教研组围绕“八个一”展开专业活动，即改进一个教育教学实践问题；完成一个学生成功辅导案例；上一堂表现自己教学模式和风格的展示课；制作一个可供交流使用的电子教案；编制一套高水平的试卷；写一篇教育叙事故事；研究一位名师并写出研究报告；研修一本教育实践或教育理论的书。

学校发展要靠专业化的管理团队和师资团队。因此，H 小学在挑选中层干部和教研组长时，德才兼备、教学业绩突出是首要的标准。例如，英语科组长 D 老师曾获全国小学英语综合能力大赛二等奖、深圳市小学英语青年教师综合能力大赛二等奖，为 B 区第三批小学英语名师工作室主持人，连续四年被邀请为区“五段互动式”“一课一席谈”以及“教坛三人行”的授课及主讲嘉宾。

在“我能贡献什么?”这一学校精神的引领下，学校把“自主学习、专家引领、自我反思、同伴互助”确定为校本培训和教师专业发展模式。

（1）自主学习。科学规划自己的职业理想，一是选择一位心目中最崇拜的名师进行跟踪学习，查找名师的相关事迹、教学设计、教学实录、教育书籍、相关言论等，进行模仿式学习。二是选择一位身边的名师进行实地学习，自己做影子教师，具体解决自己在教育教学中遇到的实际问题。三是向书本学习，从学校推荐的《公司船》《卓有成效的管理者》《包容的智慧》《第 56 号教室的奇迹》《教师第一》《我的教育理想》《新学校十讲》等书籍中获得更多的教育启示。

（2）专家引领。学校广泛搜集教师在教育教学中遇到的实际问题，根据教师需要来聘请相应的专家，在专家引领过程中，除面向全体式的讲座外，更多地进行“一对一”式的辅导，努力实现教师专业成长的“五个转变”：一是由研究以教为主向研究以学为主转变，把过去重视研究教、为教服务的工作重点，转向研究学、为学服务。二是由基于经验的教学研究向基于事实和数据的教学研究转变。运用科学的方法和手段，利用规范的研究方式，实现问题的解决，如通过对数据的分析，对大量事实的提炼，最终形成科学、理性的判断。三是由关注知识传授的研究向关注全程育人、综合育人、全面育人的研究转变。四是由单纯关注教材教法的研究向加强对教学质量的全要素研究转变。既要面向课堂、学生、教师，还要对学校的整体发展，进行整体设计、规划引领。五是由基于传统课堂教学的传统教育模式的研究向基于开放的信息化教学的现代教育模式的研究转变。

（3）同伴互助。独学而无友，孤陋而寡闻。教师的成长必须由各自的发展走向合作的交响，学校积极成立“教师专业发展共同体”，设立“教师专业阅读项目组”“专业写作项目组”“理想课堂研究项目组”“班主任成长项目组”，在团队合作中，教师积极分享自己的教育智慧，共享课程资源，获得精神上的成长和专业上的稳步提升。

（4）自我反思。教学反思是一种有益的思维活动和再学习方式，每一位优秀教师的成长都离不开教学反思。如果一个教师仅仅满足于获得经验而不对经验进行深入的思考，那么，即使是有“20年的教学经验，也许只是一年工作的20次重复”。在自我反思中教师要做到：课前反思教学设计，课中反思师生问答和教学生成，课后反思教学得失。

（二）基于赋权激能的教研制度设计

H小学在进行学校制度和教研制度设计时，采取上下协同的分权治理方案，由学校管理层分权到教研组，教研组长及教师参加变革决策，团体共同讨论教研组建设方案并提出问题解决的方法。Y校长提出，学校就好比一艘行驶中的船，好的学校应该让每位师生都成为“船员”，这条船是满载而归还是触礁搁浅，取决于船上的所有船员是否能齐心协力，同舟共济。因此，学校在建校之初就通过创建专业组织、减少中间层级等措施，推进管理重心下移。

1. 下移管理重心，实施扁平管理

在教研制度设计上，将教研组从学校行政体系中剥离出来，并且改变对教研组直接下达指令的做法。学校通过教研组、备课组对教师实行纵向管理，通过年级、班级对学生实行横向管理，纵横交错，互为补充。这样的管理办法，减轻了校级领导的压力，使其抽出更多精力投入到学校的高端定位和发展上。在家长的管理上，学校更多依托家长委员会，出台了《H小学家长委员会章程》，并尽可能地将家长管理变为家长培训、家校互动。每学期，学校邀请至少3位家教专家来校讲座及现场辅导，开展“亲子作业”“亲子运动会”“亲子绘画作品展”“亲子表演”等系列活动共20余次。

2. 赋权教研组长，谋划教研组发展

Y校长认为，学校管理团队并不熟悉各学科专业具体要求，专业的事情理应由专业的人去做，“今日之思”才能成就“明日之师”。同时学校还将组织发展设计与规划交由教研组和教研组长，由教研组自觉担当起组织发展任务。此外，学校只提出教研组建设的基本框架和要素，即构建学科宣言、学科标识、内部制度和学习地图等，具体的内容和行动方略则由教研组长带领教师们一起讨论完成。通过一系列赋权激能的举措，各个学科教研组基本形成了颇具学科特色的建设框架和行动方略（见表6-3），教师们可以“带着理念去上课”。

表 6－3　H 小学学科教研组建设行动方略

<table>
<tr><th>各学科科组</th><th>学科宣言</th><th>学科标识</th><th>内部制度</th></tr>
<tr><td>语文科组</td><td>重读写，厚积淀，强思维，拓视野</td><td>“1＋N”读写</td><td rowspan="6">1. 学科导引手册
2. 教学行事历
3. 集体备课
4. 每月常规检查
5. 评价检测</td></tr>
<tr><td>数学科组</td><td>学有价值的数学，做有智慧的少年</td><td>思维创造力</td></tr>
<tr><td>英语科组</td><td>说出一口自然而流利的英语；展现一种自信而大方的仪态；拥有一个广博而多元的视角；秉承一份尊重而包容的精神</td><td>PHONICS（语音教学）和分级阅读</td></tr>
<tr><td>音乐科组</td><td>培养良好歌唱能力，让音乐陪伴终身</td><td>班级童声合唱</td></tr>
<tr><td>体育科组</td><td>践行终身体育，创造健康生活</td><td>SFB（跳绳、足球、篮球）教学</td></tr>
<tr><td>美术科组</td><td>引导学生在愉悦的美术氛围中，感知视觉形象、创造视觉艺术，形成健康向上的审美情趣</td><td>绘本教学（平面、立体、动画）</td></tr>
</table>

3. 激能教师，协商教学规范

良好的学科教学常规管理能最大限度地为教师减负提效。H 小学鼓励各个学科教研组基于自身实际，协商形成教研组教学规范，通过一系列的常规标准化建设，让教师在繁杂的常规中做到有序、高效。下面是 H 小学英语教研组的教学规范。

（1）教研组制定教研行事历，让学科教研活动有计划、有步骤、有主题地开展；备课教研组制定教学行事历，让教学工作有秩序、有节奏、有目的地进行。

（2）备课组制定作业常规检查表、学科评价检测分析表、学生学科过程性跟踪表、学生学科评价项目单，让学科教学有数据、有过程、有方法、有跟踪、有反馈。

（3）教研组制定学生多元晋级评价体系，并详细罗列“听、说、读、写、做、演”六大技能下的微技能，给学科教师的日常教学提供教学方向，给学生提供学习标准。

（4）教研组制定《学科教学导引》，利用预备周的时间对新入职的学科教师进行系统的培训，含学科五年规划、学科特色、学科活动、学科常规、学科制度共五个方面，让新教师短时间内了解学科情况，更快适应新岗位。

教研活动建构课程文化，有主题、有内容；教研活动关注课堂文化，够实用、能借鉴；教研活动聚焦教师发展文化，全员化、过程化；教研活动围绕常规文化，有标准、有时效。正是基于课程文化、课堂文化、教师发展文化和学科常规管理文化的培育，形成了“四位一体”的学科教研模式，也为教师个人与团队的发展提供了一个新路径，实现了教学与教研同步的理想状态。

（三）基于深度合作的教研行为打造

学校教研行为是一个教师集体化的行为，合作与共享是其运行的根本机制。合作性的教师群体，其工作水平和工作成就感明显高于非合作性的教师群体。H 小学从制度建设与文化氛围营造等方面着手打造教师深度合作行为。

1. 实行教师项目负责制，校长成为首席服务者

如何推进教师之间的深度合作？H 小学采取了项目负责制的做法，每学期学校会将教育教学研究计划分解为各种项目，以项目组（可以是教研组或教师自组织）为单位，以其专业特长为基础，自主申报相关项目，并由学校学术委员会和行政会议确认。当项目审批完成以后，由项目负责人完成实施项目方案、招募成员、制定活动制度、组织研究活动等工作。在实施过程中，校长并不做过多的行政干预，同时尽可能为教师提供人、财、物等方面的支持和保障。项目组需在学期末向学校学术委员会进行现场汇报，并由学校委员会给出鉴定意见和建议，最后的团队表现将纳入学校年度考核范围。

H 小学除了由常规的教研组织承担项目以外，还以“教师专业阅读项目组”“专业写作项目组”“理想课堂研究项目组”“班主任成长项目组”等各种组织形式开展项目研究。与此同时，H 小学还有一个特殊的“搭档”制度，就是所有新调入 H 小学的教师，都需在学校的协调下认领一个“搭档”，两个“搭档”形成一个平等对话、关系紧密的互帮互助小组。在团队合作中，教师积极分享自己的教育智慧，共享课程资源，获得精神上的成长和专业上的稳步提升。

2. 培育全员、全程参与的教师合作文化

H 小学以教研组为组织单位，以六个年级的备课教研组为基本实施队伍，建立备课教研组学习共同体。每个备课教研组围绕着教研活动的主题先在备课组内进行研讨。遵循“人人有任务、人人有展示”的基本原则，每一位教师在教研活动中都必须参与其中，并承担一个角色，完成相应的任务。

每次教研活动皆做到“四有”：有主题、有主持、有发言、有交流。同时，做到“四个固定”：固定时间、固定地点、固定人员、固定环节。这旨在让学科教研文化成为学科组的常规，形成习惯，让备课教研组成为思考和解决一线教育教学问题和难题的核心队伍。

（1）教研组活动规范化。

每月一次的学科教研组活动围绕着某个特定主题，由教研组长召开和主持，旨在传达学科组近期工作、了解课程实施情况和解决各备课组教育教学问题。活动分为以下七步：

①外出学习教师进行心得分享；

②教研组长总结当月常规检查情况；

③教研组长布置学校当月主题工作；

④各备课组长汇报课程实施进度和备课组集体备课情况；

⑤讨论并解答学科教育教学问题；

⑥挂点行政进行小结；

⑦提交会议记录本、课件、照片到学校相关部门汇总备查。

（2）备课组教研活动过程化。

集体备课活动由备课组长组织，围绕着每周教学模块主题展开。每周的主备课教师进行主讲，其他教师全员参与讨论。活动分为以下七步：

①主备课教师提前一周完成备课，共享资源包。同备课组教师提前查阅，写下对本话题教学设计的思考；

②主备课教师现场说课，展示教学过程与教学目的；

③备课组教师现场提出意见与建议；

④备课组就本话题的教学目标、重点难点突破方法、学生活动展开形式等达成统一意见；

⑤备课组长小结备课组工作情况并传达本周备课组工作重点；

⑥备课组长小结；

⑦提交会议记录本、课件、照片到教研组长处汇总备查。

（四）基于整体理念的教研活动构建

学校教研活动普遍存在的问题，主要表现在宏观层面缺少整体规划和计划，中观层面缺少系统设计与推进，微观层面缺少规划与实践之间的一般模型。这是传统学校教研容易出现的弊端。对此，H 小学的做法如下。

1．在宏观层面，制定各学科导引手册和每学期的教学行事历

学科导引手册包括学校五年发展规划、学科教研组五年发展规划、学年学期教学计划、单元整体教学计划、课堂教学常规、作业与检测常规、科组建设常规等内容，这可以让教师了解学校系统的、整体的教研规划。教学行事历于每个学期的预备周由备课组集体讨论制定，每学期教学进度按照行事历一步一步落实。同时，人手一份，贴于教材扉页，做到“人人清楚教学目标，人人抓准教学节奏，人人懂得教学内容”。

2．在中观层面，聚焦学科核心素养打造课程与教学研究文化

推进课程与教学改革，是学科教研活动的主线和着力点。各学科教研组聚焦学科核心素养，基于国家课程建构起包括奠基课程、拓展课程、自选课程和综合课程等在内的学校课程体系，实现国家课程与校本课程的有机结合。为了让教师明晰学科教学目标和路径，各学科教研组通过集体教研活动制定出了一至六年级的学习地图，系统梳理了从学科素养到学科课程设置、课程目标、各年段教学目标、各单元教学目标、各单课的教学目标自上而下的关系，落实了从国家课程到课堂教学实施的技术路线。在实践技术路线的过程中，学科教研活动基于现实的问题导向，制定相关教研主题，并围绕着教研主题展开各年级备课组的研讨。从课程体系的系统建设，到学习地图的建构，再到一个个具体教研主题的展开，教研组在实践探索中逐步形成了有主题、有内容，路径清晰的课程研究文化。

为更好推进课堂教学，学校还构建了“六学”课堂教学模式，力求做到“三个简”：一是简化课堂结构，变流程化教学为模块式教学，即以学科素养为核心建构教学结构。如语文学科教学模块结构为背一背、读一读、说一说、写一写、演一演，等等；

数学学科教学模块结构为摆一摆、说一说、算一算、猜一猜、画一画等。二是减少教师讲授时间，更多组织学生进行参与式学习。三是精简“华而不实”的教学环节，着力研究常态课、常规课、接地气的课、简洁高效的课，课件应多反映学习任务或学习进程，少做无价值的渲染。做到备课做加法，上课做减法，而课件要在减法中再做减法。

（1）自学（自主学习）：培养学生独立思考的能力，养成静心自学的习惯，落实个性化学习，实现差异化发展，体验自主学习和建构的过程。在自学中要做到学有所思、思有所疑、疑有所得。

（2）互学（同伴互学）：学生的差异性是教学的最大资源，学生实际上是互为学习资源，在互学过程中形成优势互补、同伴互助，满足学生的社会性交往需求，大大提升学生参与学习的兴趣和信心。

（3）导学（教师导学）：明确教学目标，以自学学情为基础，点拨学习方法，激励学生自主完成学习任务，拓展相应的学习内容。

（4）研学（小组研学）：以问题或任务为向导，小组成员间进行合作探究式学习，重在形成不同的思想，提出多样性的解决办法。

（5）展学（全班展学）：以小组为单位进行学习成果汇报，培养学生的思维能力、语言表达能力、团队合作能力等，使小组间达成有效沟通、思维碰撞、激励竞争。

（6）拓学（拓展延学）：通过布置创新性作业，学生能够由课内走向课外，从一点拓展到多点，这既是一个探究、创造、生成的过程，同时也是学生自我完善的过程。

“六学”是课堂教学的基本要求，教师可以根据教学内容和学情分析进行设计和调整。以北师大版数学四年级上册的《旋转与角》为例，教师是这样设计“六学课堂”的：

——教师导学。让学生从给出的图形中发现数学元素，巩固锐角、钝角、直角的概念。

——组内互学。在小组内，拿出扣条，固定其中一条边，慢慢旋转另一条边，转一下，停一下，让学生说出角的名称，并想一想还有什么发现。进而得出：在旋转的过程中找到了锐角、钝角、直角、平角、周角；发现了大小关系；角的张口大，角就大。

——组内研学。让学生在练习本上画出一个平角和一个周角。小组内给所学过的角进行排序，并探究直角、平角、周角之间的倍数关系。

——课外拓学。想一想，在生活中，在哪里见过平角或周角……这样的教学，倡导“课堂即成长”这一理念，学生学有所思、学有所悟、学有所获。

3. 在微观层面，建构“观课、评课、思课”的“五维度”评价

“六学课堂”强调学生主动参与、乐于探究、勤于动手、合作创新。同时，要求教师在“观课、评课、思课”中也要落实“六学课堂”的精髓。基于实践探索，H 小学建立以课堂目标达成度、课堂环节推进度、重难点突破度、教师问题思辨度、学生表

现关注度等“五维度”为核心的优质课堂标准。“五维度”评价以实用为导向，旨在引领教师科学观课、用数据和证据评课。基于“五维度”的优质课堂标准，学科教研组制定了相应的评价标准，细化各个维度下的内容，让教师在观课、评课和思课的过程中清晰明了听什么、看什么、想什么、怎么听、怎么看、怎么想（见表6－4）。

表6－4　H小学观课、评课、思课“五维度”标准表

维度	具体表述	听课教师评价			听课教师思考
		优	良	待改进	
课堂目标达成度	1. 课堂设计是否体现课标要求； 2. 课堂目标设计是否符合教材要求； 3. 课堂目标达成是否符合学生实际运用需求				
课堂环节推进度	1. 课堂环节用时分布是否合理； 2. 课堂环节推进是否自然、科学； 3. 教师语言是否适合课堂环节推进				
重难点突破度	1. 重难点突破用时是否合理； 2. 教师采用的方法是否科学； 3. 学生是否掌握重难点				
教师问题思辨度	1. 教师是否采用问题链提问； 2. 教师提问是否能激发学生思考； 3. 教师提问是否符合逻辑顺序				
学生表现关注度	1. 学生是否对课堂感兴趣； 2. 学生是否能主动参与； 3. 学生展示、表现的分布是否合理				

同时，还建立教师观课、评课、思课“五维度”任务单（见表6－5），在每次的教研活动中，各教师领取相关的“任务单”，带着不同的任务走进课堂、观察课堂、反思课堂，并在接下来的评课环节中阐述自身的观察点与反思点，从而提高教师对课堂的思考能力、吸收与借鉴能力，最终服务一线教学。

表6－5　H小学观课、评课、思课“五维度”任务单

任务	负责教师	备　注
课堂目标达成度	教师A	提交课堂目标达成观课记录
课堂环节推进度	教师B	提交课堂环节用时分布与推进记录
重难点突破度	教师C	提交重点、难点突破环节用时分布与突破方法记录
教师问题思辨度	教师D	提交教师课堂问题与学生回答实录

续上表

任务	负责教师	备　　注
学生表现关注度	教师 E	提交学生提问座位分布图、学生表现形式记录
总评	教师 F	提交课例总评课稿
主持	教师 G	—
拍照	教师 H	教师、学生照片各 5 张上传至学科教研活动文件夹
录像	教师 I	课堂录像上传至学科教研活动文件夹
教研活动记录	教师 J	撰写教研活动记录本

H 小学通过制定学科导引手册、教学行事历，聚焦学科核心素养打造课程与教学研究文化，建构“观课、评课、思课”的“五维度”评价等，树立了系统性、整体性的教研活动理念，实现了教研活动序列化和层次化。2017 年，语文、数学、英语、美术等四个学科教研组被评为区级示范科组；2019 年，语文、数学、英语、美术、体育、音乐等六个学科教研组建设经验被评为区级“好科组”成果案例。

三、学科教研组创新的实践案例①

本部分以 C 小学数学教研组为案例，研究学科教研组创新的实践策略。C 小学数学教研组现有数学老师 12 名，其中 35 岁以下教师 9 名，数学教研组教师平均年龄 30.3 岁；从学历分布上看，12 名教师均为本科及以上学历，其中研究生学历 1 人，全日制本科学历 8 人，函授本科 3 人；区级以上名师 1 名，为南粤优秀教师、广东省“百千万人才培养工程”名师培养对象、深圳市骨干教师。从总体来看，该教研组整体素质较高，队伍年轻，也有名师引领，但缺乏教学经验和研究能力，教研组建设效能还有较大提升空间。

基于对自身现状的把握，该教研组在学校办学理念以及校长的引领下还对当前教研组建设的问题进行了分析，认为教研组建设存在“四无”问题：一是无“向”，即发展方向不明。学校基层管理者对教研组建设的内涵的理解停留在表层上，并未进行深度的解读与研究，导致了教研组的建设处于方向不明的状态，那就更谈不上教研组文化的继承与发展了。二是无“法”，即组织管理松散。教研组长对教研组建设缺乏方法、规划和思考，对教研组建设目标不明确，无法对教师专业发展起到促进作用。三是无“力”，即持续动力不足。不少教研组功能边缘化和行政化，只做不研或多做少研较为普遍，教研组逐渐退化为学校教学的基层行政单位，不再以专业立命。四是无“效”，即评价机制缺失。考评机制的缺失是当前教研组建设的突出问题，不少学校的做法都是走一步看一步，对于教师的专业发展标准、生涯规划，以及备课组的集体备

① 本案例由深圳市宝安区海城小学陈永畅老师撰写。

课制度、作业批改和质量监测等缺少明确的考核标准和评价机制，教研组建设显得凌乱、无序、孤立。

以上是当前教研组建设较为突出的问题。其主因是，不管学校领导层面还是教研组自身层面，大多以事务性思维来推进教研组建设，导致教研组建设的低效与无效。如何优化与改进教研工作，进而从学习型、研究型组织的视角打造教研组？C 小学数学教研组基于“学研”结合的价值取向，通过“一核心 + 双驱动 + 三平台 + 四举措”建设模式，探索推动自身的整体性改革，进而提升教研组建设效能。

（一）事务性教研组向“学研”型共同体转变

人们往往仅把“学习”定义为获取知识和技能的行为，其实这是狭义的。从广义上讲，学习还体现在开发自我、再造自我、认识世界和改造世界等方面。由此，学习型教研组的核心在于创新、创造，并经历知识获得、运用、创造和生成的过程，共同体成员具有共同愿景、相同目标，并逐渐促进自身通过积极主动、高效高质、乐在其中的学习来改进教育教学困惑，真正地获得成功与喜悦。

“研究”的关键在于问题意识、成果转化意识，主要体现在具有新思想和独特审视教育教学的思维。从研究的视角入手，只有开展教研队伍建设、教学质量检测、教学资源创作和教研思路创新，才能实现教研组建设从经验型向研究型转变，才能真正地提升教研组的品质和内涵。

“学研”型教研组则为学习与研究一体化组织，其主要特征表现为终身学习理念、共同愿景、主动探索、合作互动，强调自主性、个性化和实践性（见图 6 - 3）。将“学”和“研”作为教研组立体化建设的两个抓手，立足常规教育教学现场，探索“发现问题—分析问题—探索问题—解决问题—反思问题—总结问题”的教研路径，彰显教研组学习力、创新力和组织力，体现教研活动的团队性、合作性、实践性、开放性和深度性。从效能上讲，以学习和研究为基础的“学研”型教研组建设不仅能促进教师个人专业能力提升，还能提升教师群体的专业水准。首先，不同教师处理教育教学问题的思维方式是不同的，那么教师之间就能在沟通交流中展开互相学习和自我反思，打破“学研”的孤立状态，增强了专业发展的动力。其次，教师之间通过协作发

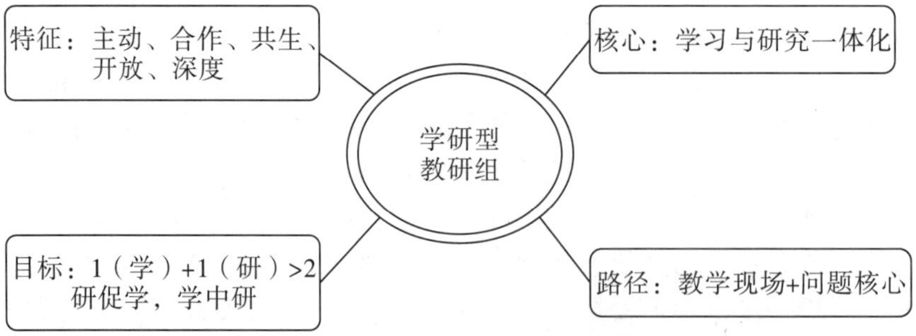

图 6 - 3　C 小学数学“学研”型教研组要素构成

挥合力，在教研活动的开发与组织中，提升了自我效能和教研组的集体效能。最后，教研组成员在交流与互动中，在反思与研究的学习中，逐步提升个人专业能力、组织能力和探究能力。“学研”型教研组体现了以人为本，并充分发挥每个教师的最大优势，因人而异、因地制宜，达成自我超越，从而实现“1+1>2”的目标。

（二）“学研”型教研组建设的路径与策略

随着基础教育课程改革的深入推进以及“双减”政策的颁布，教研组及教研组长专业化发展的功能取向逐渐得到认同，并成为主流。教研组的组织建设以及在构建更为科学合理的教研活动体系中的作用得到了理论界和实践界的同时关注。C小学数学教研组根据本校“一核心+双驱动+三平台+四举措”建设模式，结合自身发展现状，明确了“学研”型教研组建设路径。其中，一个核心是教研组建设的基础，指的是追求共同愿景引领下的教研组建设文化，它将贯彻教研组建设的方方面面。双驱动是教研组建设的保障，其中一条明线是学科共同体建设，一条暗线是制度建设，双翼就如双腿，能平衡走路、走远路、走好路。三平台是教研组建设的媒介，指的是课堂教学、课题研究和比赛锤炼，不管是教师的能力提升，还是文化凝聚和团队建设等都需要这三个媒介。四举措是教研组建设的重点，包含学思结合常态研、名师引领深度研、主题展示融合研、任务驱动联动研等，这四种不同的研讨方式指向的是满足不同教师的研训和成长需求，提供的是多元化课程，促成教师综合素养提升。这四者缺一不可、相辅相成、相互作用（见图6-4）。

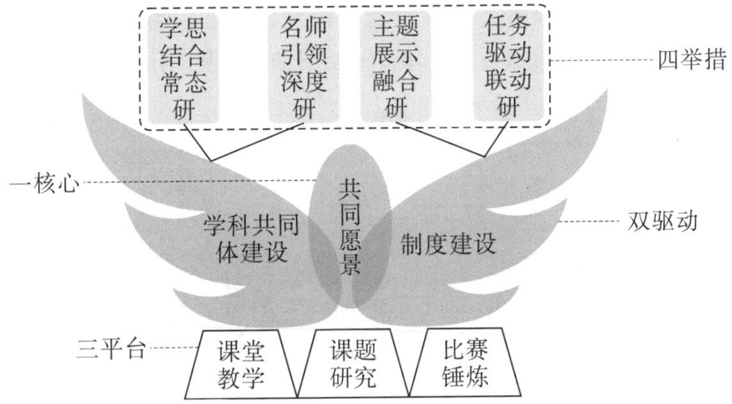

图6-4　C小学数学“学研”型教研组建设模式

1. 凝聚精神文化，形成共同愿景

共同体的创建基于有效交流的组织文化，成员拥有共同的价值观和愿景、持续的学习制度、有效交流的模式和成员间彼此信任和互助学习的氛围等。① 基于共同体理论

① 孙晓彤. 作为学习共同体的小学教研组建设的个案研究：以S小学语文教研组为例［D］. 金华：浙江师范大学，2020.

的教研组建设强调合作、协同、共生。要打造一支优秀的教师团队，学校必须关注每位教师的期待和信念，打造教研组的核心文化，达成共同愿景，用高度认同的理念来引领教研组的发展，从而形成“学研”型共同体。

C小学开办以来致力于通过“三阶三助”教师培养模式推进教师成长文化建构，三个阶段指的是确立方向、磨砺成长、名优功成，“三助”指的是自助、互助、共助。基于此，数学教研组确立了“共享·互助·相长”的核心文化（见图6－5）。首先，通过资源共享形成规范化教研组常规管理。该教研组年轻教师占比大，对教学常规管理存在较大问题，那么经验丰富的教师就会将作业管理小妙招、课堂调控小技巧、如何高效使用教参，甚至如何指导学生使用草稿本等都倾囊相授，帮助年轻教师站稳讲台、融合教研组。其次，就是互助的文化。该教研组一直强调团队作战，比如一位教师执教公开课或参加比赛，组内每个人都将肩负一个角色，可能是深度备课的参与者，可能是教具和课件制作参与者，也可能是模拟展示的评价和改进者，从而将互帮互助变成了教研组的一个特质，也就使得教研组中我中有你，你中有我。最后，正是因为每位教师都深度参与到了教研组的活动中，都肩负了一定的研究角色，因此也实现了相互成就、共同成长。例如某老师是师父的角色，他必须提前做好各种功课才能给予徒弟帮助，这个过程徒弟进步了，师父当然也提升了，这就是教学相长。有了这样的共同愿景，教研组成员不仅目标明确、团结互助，而且在活动设计上也具有了集体智慧，从而实现了整体的均衡化发展，即老教师找到新的平台从而有了新的突破，年轻教师找到了自己的位置从而实现了快速进阶式成长。

去个人化的“学研”型教研文化就是营造民主、开放、互助、进取的精神，通过逐步培育协作共进、优化人际交往、强化专业至上的团队文化，实现文化引领、精神统领，让自己成为教研组团队的主人翁。

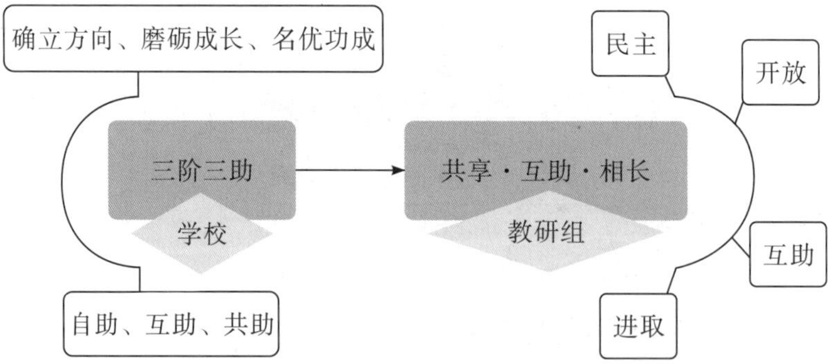

图6－5　C小学数学“学研”型教研组核心文化

2. 培育驱动之力，打造融合团队

双线推进是教研组建设的基本保障，而优质团队的建设需要有序、有规划的思路，也要有高效的制度规约。因此，在明线上该教研组侧重自身管理、专业的提升，在暗线上通过刚柔并济的制度规范教研组的常规工作、创新的评价激活教师的内在动力。

（1）学科教研共同体常规建设。

共同体理论指导下的教研组建设，不仅需要有规划，还需要发挥每个教师的特点形成合力。该数学教研组建设按照“自我诊断—规划制定—活动设计”的步骤展开常规建设。

首先，每位数学教师制定自我生长规划进行自我诊断（见表6－6）。因教研组每位成员受教育程度、研究专长、教学能力和习惯等都有不同，而共同体强调的是“1＋1＞2”，那么只有剖析自我、诊断优劣，找到自己能为组织贡献什么，才能最后确立教研组的发展方向。该教研组由三类人组成：缺乏教学经验的青年教师、常规教学扎实有丰富经验的“老教师”、具有研究视角和专研精神的骨干教师。因此，该教研组就将“老教师”的经验用研究的视角作为教研组建设的基础，比如草稿纸的使用、规范的答题格式、书写态度等常规学习习惯对学生学业成绩的影响如何，等等。如此一来，教研组就有了统一的目标，规范学生学习习惯；同时年轻教师能在一开始就有了规范教学的习惯，更有了严谨的治学习惯；经验型的“老教师”则又能不断向“研究型”转变；研究型教师则将常规问题转化为问题与课题，发挥其价值，真正地实现了多方共赢，学生综合素养和教师的专业素养都得以提升。

表6－6　C小学数学教研组某教师2021—2022学年自我规划生长表

姓　名	*	性别	女	出生年月	1994年7月
职称	二级	职务	教师	学历/专业	研究生/教育学
从教时间	2018年9月	教龄（年）	2.5	任教学科	数学
总结反思	优势： 1. 具有一定的研究能力，承担学校各项课题的文字工作以及PPT制作工作。组织学生参加学生课题活动、科技论文活动获得一定的奖项。 2. 具有一定的教学能力，承担学校多次公开课，录像课入选市展示课。参与B区与深圳市数学技能基本功大赛获得良好的成绩。 3. 愿意承担学校的一些公共事务，协助一些项目的开展。 反思： 1. 研究成果不够丰富，且未独立主持教育课题研究。 2. 教学水平，特别是语言表达、脚手架的设计有待进一步提高。 3. 组织活动能力稍弱，对事情的考虑不够全面和细致				
生长目标与实施路径	目标： 1. 提高将研究过程转化为研究成果的能力。 2. 进一步提高教学组织与调控能力。 3. 进一步提高组织活动的能力。 项目： 1. 申报并主持教师课题。 2. 承担校、区的公开课，参加学科比赛。 3. 承担班主任工作，提高交往与处理事务的能力				

其次，制定详细的教研规划（见表6－7）。教研规划是教研组建设的纲领，是工作开展的依据，更是“学研”型教研组建成的指引。根据第一步的诊断与分析后，该教研组从重点工作、具体措施、达成标志三个维度制定教研组建设规划。例如，2021年该教研组的重点工作是教学常规向教学研究转变、集体备课形成常态模型、教学比赛促进教师专业发展。其中，教学比赛的具体措施有三项：常态化的备赛训练（定人、定时、定反馈）、专题性和针对性专家指导（全员参与、全程互动）、赛前模拟冲刺（万无一失减少临场失误）。教学比赛的达成标志有三个：一是全员的教学能力提升；二是获得区级一等及以上奖项；三是参赛选手经过一轮训练能成为新一轮比赛的导师。通过具体的教研规划让数学教研组全员动起来，为比赛群策群力，这就是共同体的作用。

表6－7　C小学数学教研组备赛规划表

时间段	学段	任务	训练时间	科组展示时间	材料上交时间	上交材料
11月15日—12月15日	五年级上学期	教参＋课例	整月		月底	心得梳理
		教学设计	每周五		每周五	纸质稿
		说课	双周二	双周二	双周二	视频
		书籍阅读	整月		月底	笔记
12月15日—1月15日	五年级下学期	阅读教参	整月		月底	心得梳理
		教学设计	每周五		每周五	纸质稿
		说课	双周二	双周二	双周二	视频
		书籍阅读	整月		月底	笔记

最后，强化教研活动设计。活动设计是“学研”型教研组建设的关键。通过教师自我发展志向、专业诊断以及结合学校发展所需，该教研组精心设计教学型、教学研究型、综合发展型三类教师发展方向，分别搭建相应的新手教师、骨干教师、名师三级教师发展阶梯，并据此设计名师引领系列、骨干教师示范系列、新手教师锤炼系列课堂展示活动，课题研究、交流与展示活动，以及课程开发与提炼活动等。同时，基于全员滚动参与的方法，让共同体起到作用，如一节示范课，可能是名师说课、骨干演课、新手上课的形式，也可能是名师为师父全程指导、骨干全程跟进改课、新手全程逐步磨课的形式，都是把共同体调动起来，参与到研究中来。

（2）高效制度建设。

“无规矩不成方圆”，制度是“学研”型教研组可持续发展的动力之源，只有全面、细致的制度约束，教研组的建设才能有据可依，才能留下可复制、可改进、可完善的文化。而教研组内部的制度建设应基于民主、共享、共进，从而促进教研组形成自己独特的教研风格和特色，实现可持续、高品质、全方位的运行和发展。① 因此，该教研组经共同商议后，制定有《小学数学作业批改细则》《备课组基本研讨流程》《教师分层备课制度》《青年教师基本功比赛备赛制度》《教学质量监测分析制度》《师父结对考核制度》等。例如，为了确保教研活动的底线要求，该教研组规范了集体备课活动，按照“读书分享—年级教材分析—名师点拨解疑—科组工作布置”四步推进，不再单纯以工作布置为主，而是突出备课研讨的专业性。再如，为了避免教师不断重复统一工作，节省时间创造新思维，该教研组又设置教师分层备课制度（见表6－8）。

表6－8　H小学数学教研组分层备课制度

教师类型	备课要求	听课要求	备注
成熟型教师： 市区级骨干教师 校级学科带头人	与徒弟结对备课，每周对徒弟进行备课指导，并做好标记； 备书案＋板书设计	每月对徒弟进行一次听课指导	共享
生长型教师： 非骨干教师 3～5年教龄教师	电子教案＋教学反思，每学期提交一次； 备书案＋板书设计； 每周与师父同备一节课	每月听成熟型教师的课不少于1节	共研
新手型教师： 3年及以下教龄教师	电子教案＋教学反思，每月提交一次； 备书案＋板书设计； 每周与师父同备一节课	每月听成熟型教师的课不少于2节，先听后上	共生

教研组的制度建设必须走内涵式发展道路，建立理论学习体系，用“学”促进教育教学观念的更新；建立研究制度，用“研”营造学术氛围的形成。通过教学实践，让一些规矩形成一种习惯固定下来，逐步变成制度，使得“学研”型教研组建设有长久发展的保障。

这一明一暗的双线开展，才能打造具有自主发展、再生能力和上有指引、下有保底的教研文化，才能形成全面、融合、跨界、优质的教研组。

3. 发挥平台优势，提升专业能力

平台是教研组专业能力提升的重要媒介，也是成员相互学习、对话名师、“质疑”同伴、诊断自我的机会。

（1）课堂教学。

课堂是教师专业发展的主阵地，是评价教研组建设最重要的指标。该教研组通过分层次、分阶段开展不同的教学观摩课活动（图6－6）。例如，在开学初，新手教师亟

① 贡和法. 课改背景下教研组建设的文化思考［J］. 基础教育，2008（7）：42－44.

须认识和适应课堂时，推出名师示范课。在学期中段，推出成长型教师研讨课。这旨在提供一个研究的平台，教师们能通过这个平台对话名师，从而读懂教材、读懂学生、读懂课堂，实现了三类教师不同的发展。第三阶段，则是新手教师过关课。有了前两个阶段的积累，再经过师父的磨砺，新手教师在这个阶段对课已有不同的认识，经过这一轮磨课过程，他们的收获也将是最大化的。这种联动式的课堂研讨是让每位教师都成为课堂研究的主体，取长补短、互帮互助，围绕教研组的中心工作不断提升自身水平，从而促进教研组得到整体的优化。

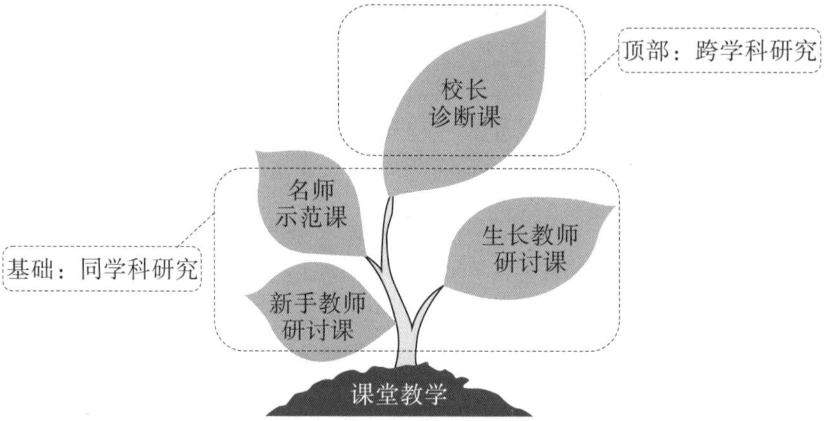

图 6 - 6　C 小学数学教研组不同类型的教学观摩课

（2）课题研究。

教研组除了要保证正常的教学常规工作，还应该思考如何进行有效的“研”，通过“研”进一步促进教与学。同时，课堂研究一定要来源于真实的教学观察与问题，才更具有生命力和生长力。例如，在第一阶段时，以教研组内教龄在 1 ~ 3 年的教师为主，那么课题研究的重点就放在教学常规上，聚焦“正确使用草稿纸对学业成绩的影响”“规范书写对学生学习品质的影响”“作业转 A 登记的使用”等研究。第二阶段，主要解决教学高品质和效率问题，那么课题研究就聚焦在“动态化使用教材”“数学绘本与课堂教学融合”“教师语言艺术”等方面。不同的时间围绕一个亟须解决的核心问题开展小课题的研究，这就是教研组文化一步一个脚印形成的过程（见图 6 - 7）。

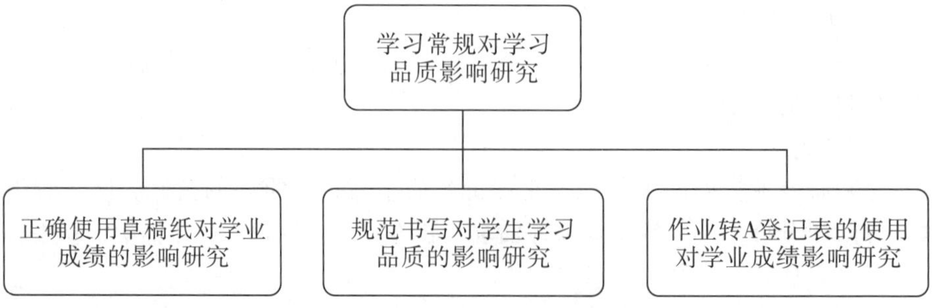

图 6 - 7　C 小学数学教研组小课题研究系列

（3）比赛锤炼。

赛场是职业素养迅速生长的平台，为了让年轻教师迅速成长，该教研组分四步走调动全员参与、共生共长。第一步，自我规划，实现自助。即制定备赛推进表，什么时间研究教材、拿出竞赛初稿、备课组内实践、学科验收等工作都一目了然。教师在有限的时间中设计“小步子”任务，整个过程分秒必争，整个经历步步蜕变。第二步，实践反思，寻求互助。从校领导到各处室负责人，每个人都是竞赛教练；从科组骨干到新手教师，每个人都担任不同角色；从团队组长到参赛教师、后备教师，都要全过程参与，将团队智慧落到实处。第三步，针对“痛点”，实现共助。教学设计如何凸显关键点并突破学之所困？如何能在多种情境中应变自如？如何使说课呈现得更加深入人心？针对这些痛点，该教研组借助校外专家设计教师生长性课程，在训练中不断突破。第四步，模拟情境，催化进阶。在关键点上模拟比赛情境，由校长带领名师团队一对一指导，不断“逼促”教师成长的最后一公里，催化了教师成长的进阶之路。这一过程中，教师全力以赴、全身心投入，其收获也就不言而喻。

4. 挖掘活动深度，发展研究素养

“学习、研讨、展示、链接”是“学研”型教研组的基本任务，也是“学研”型教研组建设的基本特征。

（1）学习：学思结合常态研。

学习是快速提高自我的教学能力和业务能力的手段，也是拓展自我视野、适应教育变革的一种方式。“学而不思则罔，思而不学则殆”，学思结合方能使得学习效果最大化。该教研组的学习设计也是常态化的。比如，在备课组学习活动中，读书分享是必选环节，而且是以“共读一本书”的方式开展的，分享后还需要面对听众的提问，这就需要分享教师学而有思。再比如，常态化的听评课活动中，为了不让教师的点评泛泛展开，该教研组的做法是让每位听课教师提炼出一个高质量的问题与上课教师对话，然后再谈自己的思考和设计的想法，从而深度地切入到课的本质，不再是以“观者”自居了。这些滚动式、体验性的学习活动在教研组的活动中是非常多的，重在让每个参与者都成为主角，不再是看客，而是一个思辨者，这样学习才能真正地发生。

（2）研讨：名师引领深度研。

教研组要负起研究教学、培养教师的责任，必须发挥名师或学科带头人的引领作用。为了发挥名师的引领示范作用，该教研组以“项目制”组建核心团队，成员包含名师、各年级备课组长以及部分处于成长型阶段的教师。确立“三级责任制”，即名师为项目第一责任人，负责项目的设计、开发和运作；备课组长为第二责任人，负责项目的开发与运作；成长型教师为第三责任人，负责项目的运作和检验。项目中每个成员都深入参与具体事务，将实践研究推向纵深，逐步提炼成果并实施交叉辐射，带动教研组成员的全面发展。这样的研讨设计目的明确，充分发挥名师的引领作用，全员滚动式参与，使得研讨和研究深度发生，效果最大化。

（3）展示：主题展示融合研。

输入对于学习者来说很重要，但是输出则更重要。C 小学为教研组搭设了各种展示平台，让教师将所学内化输出，真正地学懂弄透。该教研组对于教研主题活动的设计是现场还原式的。

第一步，现场展示单元整体集体备课，充分利用思维导图进行单元整体的知识呈现和互动，分主备课教师和辅备课教师；

第二步，进行课的研讨和演课，主备课教师说课的设计思考，辅备课教师提出适切的修改建议，然后形成定稿后演课；

第三步，教研组集体研讨，根据演课效果将课进一步完善，名师给予教学示范，这里可能包括了语言表达、活动组织、生成处理等；

第四步，教师现场上课，经过集体智慧形成了最后的设计稿，在常规课堂中执教；

第五步，课后互动，用问题驱动的形式，听课者根据听课感受提出 1～2 个问题与执教者互动，使得全体教师对课的内涵的解读和理解更深刻。

以一个主题融合开展教研展示，这是对教研活动的一个梳理过程，也是教师对于自我认识的一个梳理过程，而且准备需要特别充分，这就无形中激发了教师全身心投入学习和研究，这才是高品质的展示活动。

（4）链接：任务驱动联动研。

教研组长根据组内教师的专业基础和个人特长，促使成员与成员间能产生化学作用，在搭建链接的过程中让每位教师都有相应的任务，从而在任务驱动下开展联动性研讨和研究。例如，根据课堂教学质量保障这一任务，在教研组内构建“师徒结对”模式，搭建新老教师的链接桥梁，促进年轻教师快速成长，而年轻教师学习基础好、对技术敏感，反过来能促进老教师的信息更新和技术提升；在教研组外或校外，邀请学科教研员、学科带头人组成导师团，导师团不定期地走进教师课堂、参加教研组活动，通过课堂观察、课后交流等方式，助推教师专业发展。同时，积极争取区、市、省赛课和公开课等交流平台，通过备课、磨课、研课等活动，促进教师教育教学理念更新和课堂教学能力提升。用一个大任务将各级各类专家联动起来，使得年轻教师与老教师捆绑在一起，让校外专家与学校教师捆绑在一起，让校内活动与校外展示捆绑在一起，不仅能产生新的化学作用，更能使得教师在人与人的链接中习得自己亟须改善的短板。

（三）“学研”型教研组建设的经验与成效

1. “学研”结合引领组织建设专业化

C 小学对于“学研”结合的积极倡导与实际推动，促成了教研组专业性特征的回归与提升。“学研”型教研组以学术作为组织管理的基础，明确了组织成员各自的角色与任务，充分调动了教研组长的积极性，让教研组长有平台能发挥，有项目能负责，能课题能研究，尽量减少行政事务的干扰，为教师的专业发展提供保障。除此之外，C 小学还推动形成了师徒结对、课题组、青年阅读小组等项目式、专业化组织，与“学研”型教研组相互呼应、相得益彰。

2．行动研究促成教研活动规范化

学校教研工作是一项循序渐进的系统化工程，同时又是一项实践性很强的工作。因此，C 小学数学教研组按照系统论原理，以制定计划—实施行动—观察检查—反思改进的行动研究推进路径，形成了教研活动和管理的闭环。在学校的支持下，教研组以自上而下与自下而上相结合的方式，形成了专家引领、专题研究、问题研讨、课程开发、师徒考核等一系列制度，确保教研组的高质量建设。例如，在每个学期初，教研组对教研活动的时间、地点做好安排，让负责人各司其职、对号入座，将做好的相关时间推进表推送至学校信息化平台，督促校本教研和学术研究的落地。此外，教研活动推进表细化到活动主题、引领专家、上课内容等要求，让教师有一个长期规划，从而使教研活动更加有序、高效。

3．模式建构推动教师专业成长年轻化

教师是“学研”型教研组建设的核心，在“共享・互助・相长”的核心文化引领下，C 小学数学教研组以教学质量为生命线，秉持“共同体”的基本理念，建构了“一核心 + 双驱动 + 三平台 + 四举措”建设模式，借助学校的项目与课题，优先给年轻教师更多展示自我、磨砺自我的机会，督促他们参加各种教学研修、课例展示和教学比赛等，帮助年轻教师逐渐向骨干型教师发展。在教研组全体教师共同努力下，C 小学数学教研组多名年轻教师已逐渐成长为学校乃至全区、全市的新生力量。“学”和“研”双线推动，已经成为青年教师进步和发展的助推器，成为教师超越自我的平台，实现了教师在专业化的道路上走得更远的愿景。